社区治理创新研究报告

王杰秀 主编

中国社会科学出版社

图书在版编目（CIP）数据

社区治理创新研究报告 / 王杰秀主编 . —北京：中国社会科学出版社，2020.12
　ISBN 978 – 7 – 5203 – 7187 – 2

　Ⅰ.①社… Ⅱ.①王… Ⅲ.①社区管理—创新管理—研究报告—中国　Ⅳ.①D669.3

　中国版本图书馆 CIP 数据核字(2020)第 168994 号

出 版 人	赵剑英
责任编辑	王莎莎
责任校对	张爱华
责任印制	张雪娇

出　　版	中国社会科学出版社
社　　址	北京鼓楼西大街甲 158 号
邮　　编	100720
网　　址	http://www.csspw.cn
发 行 部	010 – 84083685
门 市 部	010 – 84029450
经　　销	新华书店及其他书店
印刷装订	北京市十月印刷有限公司
版　　次	2020 年 12 月第 1 版
印　　次	2020 年 12 月第 1 次印刷
开　　本	710×1000　1/16
印　　张	16.75
插　　页	2
字　　数	288 千字
定　　价	99.00 元

凡购买中国社会科学出版社图书，如有质量问题请与本社营销中心联系调换
电话：010 – 84083683
版权所有　侵权必究

编 委 会

主　　编：王杰秀

副 主 编：付长良　许亚敏

成　　员：(按姓氏拼音排序)

　　　　　陈建胜　陈荣卓　方闻达　黄晓春　刘丽娟
　　　　　谈小燕　王恩见　王　萍　项继权　原　珂
　　　　　张必春　张乃仁　赵婷婷

前　言

《中共中央国务院关于加强和完善城乡社区治理的意见》提出，城乡社区是社会治理的基本单元。城乡社区治理事关党和国家大政方针的贯彻落实，事关居民群众切身利益，事关城乡基层和谐稳定。习近平总书记强调："社区是基层基础，只有基础坚固，国家大厦才能稳固。""社区是党和政府联系、服务居民群众的'最后一公里'。""社会治理的重心必须落到城乡社区，社区服务和管理能力强了，社会治理的基础就实了。""要推动社会治理重心向基层下移，把更多资源、服务、管理放到社区。"党中央的政策文件和习近平总书记的这些重要论述，突出了城乡社区治理在党和国家战略全局中的重要地位，要求我们以高度的政治责任感和强烈的政治担当，大力推进城乡社区治理工作，为切实巩固基层基础、夯实党的执政根基提供强有力的支撑。

为推动城乡社区治理持续健康发展，为党和政府提供参考和决策依据，为社会各界参与和推进城乡社区治理创新提供理论和数据支撑，民政部政策研究中心"社会治理动态监测平台及深度观察点网络建设"项目，2018年继续对2015年、2016年、2017年采集的社区治理数据进行追踪调查。本书主要依据2018年调查数据，对我国城乡社区治理的若干问题进行研究分析，并提出一系列的政策建议。

2018年，"社会治理动态监测平台及深度观察点网络建设"项目在我国29个省份按照PPS方法进行抽样，共获得符合调查资格的样本10701份，分布在158个区县，1309个街道，3067个村居内。

2018年7月—2018年9月通过访员使用计算机辅助面访系统（CAPI）入户访问的方式对样本进行了调查，完成项目问卷10154份。2018年调查问卷主要分为5种，分别是城市社区治理现状综合调查问卷、农村社区治理现状综合调查问卷、城市居民参与问卷、农村居民参与问卷、社会组织问卷。

城市社区治理综合问卷主要调查对象为城市社区中的社区党支部书记、副书记或社区居委会主任、副主任等居委会干部。农村社区治理综合问卷调查对象为村党支部书记、副书记或村委会主任、副主任等村干部。城市居民问卷调查对象为满足年龄18—69周岁，过去一年中在家居住时长6个月以上，拥有受访能力的城市社区家庭成员。农村居民问卷调查对象为满足年龄18—69周岁，过去一年中在家居住时长6个月以上，拥有受访能力的农村社区家庭成员。社会组织问卷调查对象为在社区中开展各类服务、管理以及文娱活动的社会组织负责人，包括正式登记的社会组织（社会团体、民办非企业单位、基金会），备案的社会组织，以及街道认为长期、稳定活动的群众团队。问卷调查涵盖城乡基层社会治理中的大部分问题，为进一步了解城乡社会治理现状、问题并提出政策建议提供了较好的基础。

本书共有八章内容。第一章是对社会组织参与社区治理的分析。依据调查问卷统计资料，第一章重点分析了2018年受访社会组织的现状，考察了社区治理中的社会组织，在此基础上进一步讨论了社会组织参与社区治理中存在的问题与建议。提出现阶段社会组织已经有效嵌入到社区治理网络之中，成为社区治理多元主体的重要构成。但是，现阶段社会组织还存在党建工作仍需加强、专业化水平有待提高、透明化建设水平有待提高等问题。针对这些问题，提出从加强党建引领、优化政府购买服务制度体系、完善社会组织管理法律体系等方面着手加强社会组织建设。

第二章是对社区工作者队伍建设情况的研究分析。首先肯定了社区工作者队伍建设初显成效，专职社区工作者队伍呈现年轻化趋势，职业地位有所提高；社区工作者的考核、监督等规范制度建设进程加

前　言

快。提出专业社会工作机构成为社区服务的重要供给主体，但是依然存在社区社会工作者对社会工作认知缺乏、开展工作受制度限制以及专业社工机构承接社区服务项目领域较为狭窄等问题。针对现有问题，提出深化社区工作者职业化建设、优化社区工作者专业化发展空间是解决现有问题的突破口。

第三章是对居民参与社区治理的研究分析。研究分析了居民参与社区治理的总体状况，指出了居民参与社区治理的主要问题。提出现阶段存在居民参与社区活动水平不高、社工引导作用不明显、社区协商形式和渠道较为传统、社区事务监督不足等问题。针对现有问题，提出需要充分发挥社区社会组织平台作用与社工带动效应、拓展和创新社区参与形式、培养社区共同体精神等政策建议。

第四章是对社区服务体系现状进行的研究分析。提出城乡居民对于对于社区服务的整体满意度较高，但是，现阶段社区服务体系存在部分公共服务城乡覆盖率有待提升、社区专业服务供给存在较大城乡差异等问题。在此基础上进一步提出了加强城乡社区服务体系建设的政策建议。其中包括整合社区服务的供给主体、优化社区服务的供给机制、建立社区公共服务的均等化供给机制等等。

第五章是对社区矛盾冲突和化解能力进行的研究分析。在社会转型时期，城乡社区矛盾的冲突形式主要包括经济利益冲突、生态环境冲突、物业冲突等形式。现阶段对于社区社会冲突的处理存在制度平台缺失、治理成本上升等困境。针对现有问题，提出加强党和政府在社区冲突化解中的引导作用、全面提升社区居民综合素质和参与程度以及积极培育社区社会组织以提升社会资本等政策建议。

第六章是对社区协商进行的研究分析。提出当前城乡社区协商具有协商内容关系居民日常生活、协商形式多样、协商成果公示率高、公示方式集中等特点。但是在社区协商内容层面缺乏核心议题、多元主体参与度不高、自下而上的协商形式较少等问题。针对现有困境，提出应当从强化对核心议题的协商、丰富社区协商的参与主体等方面着手进一步加强社区协商工作。

第七章是对社区减负进行的研究分析。提出基层政府较好履行了社区事务职责，社会组织和社工助力"社区减负"，减负事项落实情况有一定成效。但是，社区减负依然面临相当挑战，主要包括基层治理体制和机制需要进一步改革、专业社工未能完全发挥作用、社区居民的自治能力有待加强等方面的问题。在总结各地社区减负经验的基础上，提出建立和完善社区减负工作机制、提高社区治理专业化水平、推进"互联网+社区减负"模式等改进方式。

第八章是对农村社区建设工作进行的研究分析。现阶段，农村社区建设采取了加强党建引领，加强社区自治组织建设，强化社区人才队伍等措施，农村社区建设取得一定成效。但是，当前农村社区治理在组织、设施、运转、功能和能力建设方面还存在不平衡。针对这些问题，提出要在把握农村社区建设新要求的基础上，通过完成社区建设规划指标、强化农村社区建设薄弱环节、完善党的领导和社区治理体制等方式进一步加强农村社区建设。

目 录

前 言 ………………………………………………………… (1)

第一章　社会组织状况及参与社区治理研究报告 ……………… (1)
　第一节　受访社会组织的基本现状 ………………………… (2)
　第二节　社区治理中的社会组织 …………………………… (10)
　第三节　问题与建议 ………………………………………… (27)

第二章　社区工作者队伍建设情况研究报告 …………………… (36)
　第一节　社区工作者队伍建设的现状与问题 ……………… (36)
　第二节　社会工作人才发挥作用的现状与问题 …………… (50)
　第三节　推进社区工作者队伍建设的对策建议 …………… (63)

第三章　居民参与社区治理研究报告 …………………………… (76)
　第一节　居民参与社区治理的基本现状 …………………… (76)
　第二节　居民参与社区治理的主要问题 …………………… (87)
　第三节　推动居民有效参与社区治理的建议 ……………… (96)

第四章　社区服务体系现状分析及对策研究 …………………… (100)
　第一节　城乡社区服务体系现状 …………………………… (100)
　第二节　城乡社区服务体系建设中存在的问题 …………… (109)
　第三节　城乡社区居民对社区服务的满意度 ……………… (117)

第四节　加强城乡社区服务体系建设的对策建议 ……………（125）

第五章　社区矛盾冲突和化解能力建设研究报告 ………（134）
　　第一节　社区矛盾冲突的主要类型 ……………………（135）
　　第二节　社区物业的复杂性冲突 ………………………（143）
　　第三节　社区矛盾冲突成因及现存治理困境 …………（151）
　　第四节　社区矛盾冲突化解与治理的政策建议 ………（155）

第六章　社区协商研究报告 ………………………………（167）
　　第一节　社区协商的基本现状 …………………………（167）
　　第二节　社区协商的主要问题 …………………………（187）
　　第三节　社区协商的推进路径 …………………………（194）

第七章　社区减负工作研究报告 …………………………（202）
　　第一节　社区减负工作的现状 …………………………（202）
　　第二节　社区减负面临的挑战 …………………………（214）
　　第三节　社区减负的地方探索 …………………………（221）
　　第四节　推动社区减负的对策建议 ……………………（229）

第八章　农村社区建设工作研究报告 ……………………（234）
　　第一节　农村社区建设内容和目标 ……………………（234）
　　第二节　农村社区建设的实践进展 ……………………（240）
　　第三节　推进农村社区建设的建议 ……………………（254）

后　记 ………………………………………………………（260）

第一章　社会组织状况及参与社区治理研究报告

自改革开放以来，我国社会组织数量激增，尤其是近年来，党和政府十分重视社会组织的发展，多次提出要将发展社会组织纳入社会治理创新的重要范畴：党的十八届三中全会报告中首次提出要激发社会组织活力；党的十九大报告提出在打造共建共治共享的社会治理格局时需要发挥社会组织作用，实现政府治理和社会调节、居民自治良性互动；2019年政府工作报告进一步提出引导支持社会组织、人道救助、志愿服务和慈善事业健康发展，这是自2011年以来，连续九年在"加强和创新社会治理"部分将社会组织写进政府工作报告，进一步为社会组织发展指明了方向。在此背景下，社会组织更是进入了一

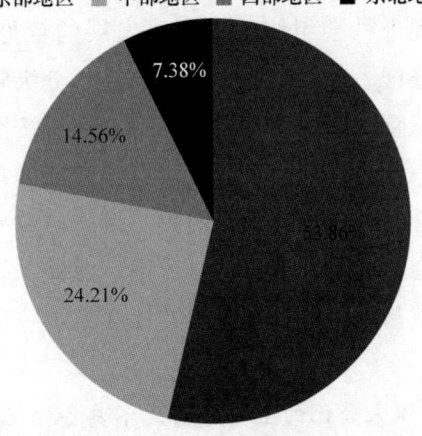

图1-1　社会组织地区分布

个全新的快速发展阶段。2018年,通过科学的抽样,对在社区开展活动的社会组织开展调查,样本覆盖了全国大部分的省、自治区、直辖市,对于了解我国社会组织发展现状有极为重要的意义。本调查涉及了29个省、直辖市和自治区的3131个社会组织,是样本量最大的一次调查。因涉及省份较多,报告在比较、分析地区差异时,将29个省分成了四类:中、东、东北和西部地区。如图1-1所示,东部地区的社会组织最多,有1686个(53.86%);其次是中部地区和西部地区,分别为785个(24.21%)和456个(14.56%);东北地区最少,为231个(7.38%)。

第一节 受访社会组织的基本现状

社会组织在近年来日益受到政府的重视,逐渐成为构建共建、共治、共享社区治理结构,提升社区治理水平的重要力量。在这样的背景下,社会组织发展的基本现状如何?调查的样本覆盖了全国的大部分地区,可以很好地对社会组织的现状进行描述。

一 登记状况与活动区域

2016年,中共中央办公厅、国务院办公厅印发的《关于改革社会组织管理制度促进社会组织健康有序发展的意见》要求,到2020年社会组织统一登记、各司其职、协调配合、分级管理、依法监管的中国特色社会组织管理体制建立健全。社会组织按照相关规定进行登记是其中的重要一环,是社会组织健康有序发展的重要保障,更是政府进行统一有效管理与引导的重要前提。调查研究发现,不具备登记条件成为受访社会组织未登记的主要原因。此外,受访社会组织的登记区域和活动区域基本一致,且各地的社会组织登记备案级别以区县级为主。

(一)社会组织未登记的主要原因是不具备登记条件

合理的登记备案制度对社会组织的健康有序发展具有重要意义,

第一章　社会组织状况及参与社区治理研究报告

政府对于社会组织的登记备案已经有了一系列的政策文件和制度。根据1998年的《社会团体登记管理条例》和《民办非企业单位登记管理暂行条例》，社会组织登记须遵循双重管理原则，即申请成立社会组织，应当经其业务主管单位审核同意，由发起人向登记管理机关申请筹备，且受到登记机关和业务主管单位的双重监督管理。这一制度虽对引导社会组织规范化发展具有重要作用，但也在客观上导致社会组织登记门槛过高。直到2013年《国务院机构改革和职能转变方案》提出，行业协会商会类、科技类、公益慈善类、城乡社区服务类这四类社会组织，可直接向民政部门依法申请登记，不再需要业务主管单位审核同意，这才使社会组织登记门槛大大降低。

在本次接受调查的社会组织中，正式在民政部门登记的社会组织有1073个，占比34.41%；已备案的社会组织有955个，占比30.60%；既没登记也无备案的社会组织有1092个，占比34.99%。需要指出的是，本次调查的调查对象优先选择的是正式登记社会组织，如无，则依次考虑替补为备案的社会组织或群众团队。因此，这一数据并不能够代表全国社会组织的登记备案情况。

表1-1　　　　　　社会组织未登记原因情况　　　　（单位：个,%）

地区类型	不具备登记条件		不想登记		正在申请，无困难		正在申请并遇到困难		准备申请		其他	
	数量	百分比	数量	百分比	数量	百分比	数量	百分比	数量	百分比	数量	百分比
东部地区	218	37.59	57	9.83	58	10.00	18	3.10	92	15.86	137	23.62
中部地区	66	32.51	17	8.38	11	5.42	12	5.91	27	13.30	70	34.48
西部地区	25	23.36	6	5.61	13	12.15	12	11.21	19	17.76	32	29.91
东北地区	16	29.63	11	20.37	5	9.26	0	0.00	15	27.78	7	12.96
合计	325	34.43	91	9.64	87	9.21	42	4.45	153	16.21	246	26.06

虽然登记备案的情况不具备代表性，但社会组织不登记的原因却是值得探讨的。调查数据表明，社会组织不具备登记条件是未登记的

主要原因。在受访社会组织中，34.43%的社会组织因此无法登记，"不想登记"和"正在申请，无困难"的比例分别为9.64%和9.21%，"正在申请并遇到困难"的仅占比4.45%，26.06%选了其他原因。

不同地区的社会组织在这个问题上的选择存在一些差异。首先，不具备登记条件是各地区社会组织未登记的主要原因，其中东部地区选择这一选项的比例最高，为37.59%；中部和东北地区其次，比例分别为32.51%和29.63%；西部地区最低，为23.36%。比较特别的是，选择"不想登记"的比例总体较低，各地区基本不超过10%，但东北地区这一数字高达20.37%。

（二）社会组织的登记区域和活动区域趋于一致

调查结果显示，社会组织的活动区域极少超出其登记级别。登记在国家级的社会组织均不超出国内活动范围；登记级别在省市级的社会组织，91.52%的活动区域都在本省市内，其中54.24%在本社区/街道/乡镇活动，10.17%在本区县活动，25.42%在本市内活动，1.69%在本省内活动；登记级别在地市级的社会组织，94.75%的活动区域都没有超出本市的范围，其中50.38%在本社区/街道/乡镇活动，6.02%在本区县活动，38.35%在本市内活动；登记级别在区县级的社会组织，86.60%的活动区域都属于本区县内，其中72.27%的活动区域在本社区/街道/乡镇，14.33%的本区县；登记、备案级别在街道、乡镇和居/村委会的，分别有88.98%和83.88%的组织活动区域在本社区/街道/乡镇。总体上，社会组织的活动区域与其登记级别趋于一致，且登记在不同层级社会组织的活动区域仍以本社区/街道/乡镇为主。

表1-2　　　　**不同登记备案级别的社会组织活动区域情况**　　　　（单位：%）

登记备案部门级别	本社区/街道/乡镇	本区县	本市内	本省内	跨省或全国范围	全球
国家级	57.14	0.00	14.29	14.29	14.28	0.00
省市级	54.24	10.17	25.42	1.69	6.78	1.70

续表

登记备案部门级别	本社区/街道/乡镇	本区县	本市内	本省内	跨省或全国范围	全球
地市级	50.38	6.02	38.35	3.76	0.75	0.74
区县级	72.27	14.33	8.93	1.87	2.49	0.11
街道、乡镇	88.98	5.51	4.99	0.17	0.35	0.00
居/村委会	83.88	5.49	9.16	0.73	0.74	0.00
合计	76.64	9.87	10.27	1.39	1.69	0.14

二 成立时间与组织规模

社会组织的数量与规模是衡量社会组织发展情况的重要指标。截至 2018 年年底，在各级民政部门登记的社会组织共有 792853 个，其中社会团体 353199 个，民办非企业单位 432755 个，基金会 6899 个，可见，社会组织数量已经十分庞大。而从调查数据中，我们可以大致了解社会组织发展的趋势和组织规模情况。

（一）近年来社会组织数量迅速增长

根据图 1-2 社会组织成立时间分布情况可以发现，从受访社会组织的成立年份来看，社会组织的数量自 1998 年开始有较为明显的增长，到 2008 年开始迅速增长，2013 年以后则增长幅度进一步加大，这几个时间节点的出现，实际上与宏观政策的调整周期高度匹配。1998 年国务院颁布的《社会团体登记管理条例》和《民办非企业单位登记管理暂行条例》为社会组织的发展创造了条件，但双重管理原则使得社会组织登记门槛较高，因此这一时期的社会组织数量增幅有限。2007 年党的十七大召开，报告中首次提到"社会管理体制"，要求重视社会组织建设和管理，2008 年社会组织成立数量出现第一个高峰值，此后社会组织的增长幅度大大提高。2013 年召开的十八届三中全会提出了国家治理理念，围绕"创新社会治理体制"的新命题，对社会组织改革发展进行专章部署，对社会组织的地位给予空前清晰界定，首次提出要激发社会组织活力，自此以后中国社会组织的数量呈现出爆炸式增长的趋势。

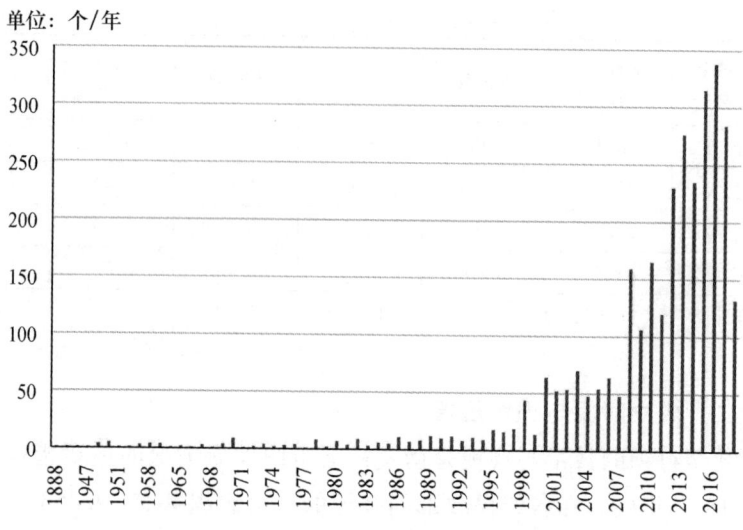

图1-2 社会组织成立时间分布情况

(二) 组织规模

调查结果显示,超过半数的受访社会组织个人会员数集中在0—20人(52.83%);其次是个人会员人数在21—40人的社会组织,占比20.52%;41—60人的占比7.99%;61人及以上的占比18.66%。团体会员方面,高达73.28%的组织有1个团体会员,拥有2—20个团体会员的占比23.28%,21个及以上的仅占比3.34%,此外还有3个组织团体会员数为0(0.1%)。这说明,目前大多数社会组织的规模较小。

三 社会组织的收入情况

当前我国社会组织的收入获取主要来源于财政预算、组织营利收入、社会捐赠以及提供社会服务获得的收入等,可以说组织收入是社会组织持续健康运营发展的必要条件,但目前多数社会组织都面临资金缺乏的问题,这在一定程度上会限制社会组织未来的可持续发展。总体来看,2018年受访社会组织总体收入普遍偏低,多集中在10万元以下,且较2016年相比变化不大。

（一）2017 年受访社会组织的收入集中在 10 万元以下

调查结果显示，2017 年绝大多数社会组织的收入都在 10 万元以下。收入在 0.01 元—3 万元之间的社会组织比例最高，占社会组织总数的 11.88%；其次是收入 3 万—10 万元之间社会组织占比 6.64%；收入在 10 万元及以上的组织则不足 10%。

虽然早在 2013 年国务院办公厅就发布了《关于政府向社会力量购买服务的指导意见》，明确要求在公共服务领域更多利用社会力量，加大政府购买服务力度，通过加强本土资金引导、加大购买服务的力度等，为社会组织注入活力，引导社会组织健康有序发展，但社会组织的收入普遍较低仍然是目前多数社会组织面临的困境。

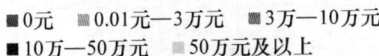
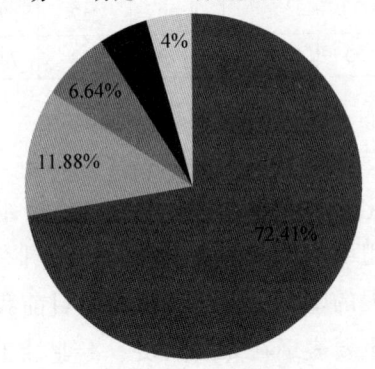

图 1-3　2017 年社会组织收入情况

（二）2017 年受访社会组织的收入和 2016 年相比变化不大

社会组织的收入水平影响着社会组织提供社会服务的能力，也是吸引高层次人才、保障组织持续发展的重要因素之一，因此，社会组织的收入水平直接关系到社会组织的前途命运。调查结果显示，社会组织 2017 年整体收入偏低，并且与 2016 年相比变化不大。高达 68.41% 的社会组织认为与 2016 年相比 2017 年的收入"差不多"，"说不清"的占比 16.67%，"增加"占比 9.70%，"减少"的仅占比 5.22%。

交互统计发现，不同地区的社会组织在这个问题的选择上大体一致，认为与2016年相比收入差不多的占多数，但也存在一些差异。东北地区和东部地区认为"差不多"的比例最高，分别为74.76%和72.54%，而中部和西部地区这一数字相对较低，分别为64.14%和57.11%。有趣的是，认为收入增加和减少比例最高的都是西部地区，尤其是认为增加的比例要远高于其他地区，为17.11%。

表1-3 社会组织2017年与2016年收入对比情况（按地区）（单位：%）

地区类型	增加		减少		差不多		说不清	
	数量	百分比	数量	百分比	数量	百分比	数量	百分比
东部地区	130	7.79	74	4.44	1210	72.54	254	15.23
中部地区	82	10.89	34	4.52	483	64.14	154	20.45
西部地区	77	17.11	36	8.00	257	57.11	80	17.78
东北地区	12	5.20	18	7.79	172	74.76	29	12.55

四 社会组织专业化水平

社会组织专业化水平的高低直接影响到社会组织提供服务的内容与质量，对于社会组织能否有效参与社会治理具有重要的作用，是社会组织健康持续发展的基石。但研究发现，目前我国社会组织的专业化水平普遍不高，主要表现在专职人员、专业社工、专业人士配备率不足这三个方面上。

（一）超过半数组织未配备专职人员

组织是否配备专职人员与组织的稳定性水平以及常态化运行能力有关。组织中专职工作人员越多，则说明组织越稳定，组织常态化运行能力也越强。此外，这也与组织的动员能力相关，当一个组织的专职人员健全时，成员间的联系也会更加紧密，会形成一个稳定的关系网，组织的动员能力自然会得到提升。据调查，在接受访问的社会组织中，配备了专职工作人员的社会组织占比54.61%。这说明，社会组织的专业化基础还很薄弱。

（二）仅有32.90%的社会组织配备了专业社工

组织是否配备专业社工与组织专业化的社会工作方法和服务有关，而专业化的工作和服务有助于推动社会治理。调查数据显示，仅有32.90%的社会组织配备了专业社工，这说明社会组织的专业化服务和工作水平的能力还有待提高。

（三）近80%的社会组织未配备专业人士

组织是否配备律师、会计师等专业人士与该组织整合资源的能力和应对复杂情况的能力有关。只有当一个组织的规模足够大，处理的工作日渐复杂时，组织才会需要律师和会计师等类似的专业人士。据调查，未配备专业人士的社会组织比例将近80%，换言之，绝大部分社会组织的资源整合能力不强，难以应对专业化的复杂工作，缺乏一定的独立性。

此外，交互统计发现，登记备案在不同层级部门的社会组织在专业化水平上存在一些差异，一般来说，登记备案部门的层级越高，专业化水平相对越高。有专职工作人员和有专业人士的社会组织比例均随着登记备案部门的层级提高而提高，前者在居/村委会层面仅为36.26%，到了省市级则高达79.66%；后者在居/村委会层面仅为11.72%，而省市级和地市级则分别为42.37%和45.11%。有专业社工的社会组织的比例则差别相对较小，最高的是区县级的社会组织，为38.25%；其次是省市级的社会组织，为33.90%；最低的则是街道、乡镇级和居/村委会层面的社会组织，分别为26.33%和28.94%[①]。

表1-4　社会组织的专业化水平（按登记备案部门级别）　（单位：%）

登记备案部门级别	专职工作人员		专业社工		专业人士	
	有	无	有	无	有	无
国家	85.71	14.29	42.86	57.14	57.14	42.86
省市级	79.66	20.34	33.90	66.10	42.37	57.63

---

① 考虑到登记备案在国家层面的社会组织样本量太少，仅有7个，不具有代表性，因此不计入分析。

续表

登记备案部门级别	专职工作人员		专业社工		专业人士	
	有	无	有	无	有	无
地市级	71.43	28.57	30.08	69.92	45.11	54.89
区县级	59.81	40.19	38.25	61.75	31.05	68.95
街道、乡镇级	47.81	52.15	26.33	73.67	18.76	81.24
居/村委会	36.26	63.74	28.94	71.06	11.72	88.28

第二节　社区治理中的社会组织

社会组织参与社会治理是创新社会治理的重要组成部分。2019年政府工作报告中指出，加强和创新社会治理要推动社会治理重心向基层下移，构建城乡社区治理新格局，引导支持社会组织健康发展。为了进一步加强对社区社会组织的认识和理解，在本次调查中，主要分析了受访社会组织的党建现状、参与社区服务和社区管理现状以及自身建设情况等。此外，针对社会组织与其他组织的合作水平和协同关系，也进行了一定的分析，力求对社区治理中社会组织的发展有一个更深入的把握。

一　社会组织参与社区服务现状

《中共中央国务院关于加强和完善城乡社区治理的意见》强调，要不断提升城乡社区治理水平，其中"提高社区服务供给能力"是提升城乡社区治理水平的重要方面。社会组织作为基层政府社会治理的主要力量，具有补充政府公共服务、提高社区组织化程度、促进社区参与、化解社区矛盾与冲突、增强社区凝聚力等功能，正日益成为社区公共服务的重要主体。调查发现，目前社会组织参与社区服务的程度在不断加深，大部分社会组织都已形成以需求为导向的服务供给机制，多元合作的社区服务网络也已现雏形，但伴随着社区公共需求的日益多样化和复杂化，社会组织在开展社区服务的过程中仍面临着一系列的困难和挑战。

（一）多数组织已形成需求导向的服务供给机制

总体来看，有50.45%的社会组织提供社会服务的主要依据是居/村民需求；其次是居（村）委会或社区（村）党支部建议；政府购买服务的清单与指南仅占10.52%。但与2015年的数据结果相比，2018年选择依据居民需求的比重下降了13.65%，而选择居委会或社区党支部建议的比重上升了7.00%。

图1-4显示，东北地区和东部地区的社会组织根据居/村民需要提供社会服务的比例更高。按照地域来看，东中西部地区总体情况相似，但也存在一些差异。其中东北和东部地区提供社会服务主要根据居民需要的比重最高，分别为56.80%和53.13%，而西部和中部地区这一数字为46.07%和44.66%；选择政府购买服务的清单与指南这一选项的地区差异也较大，东北地区仅为4.73%，而其他三个地区这一数字均在10%以上。

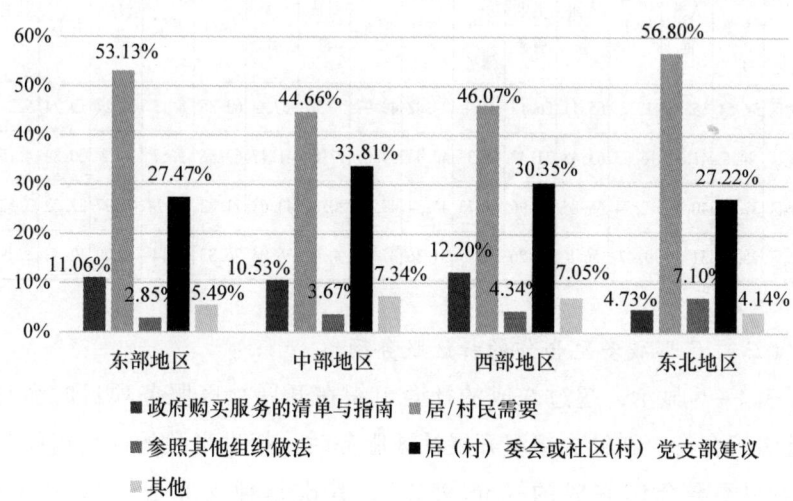

图1-4　社会组织提供社会服务的主要依据（按地区）

(二）社会组织提供的服务已覆盖多数社区需求领域

从表1-5来看，大部分社会组织都开展了社区服务（83.17%），并且覆盖面较广，基本覆盖了多数社区需求领域。其中，高达67.24%的社会组织在文体活动领域开展过社区服务；其次是一些服务人群较广、对专业化有一定要求的领域，包括老年人服务（64.29%）、便民服务（50.04%）、社区/村环保（45.93%）、儿童与青少年服务（42.59%）、妇女关爱（42.51%）、社区/村教育（38.63%）、帮困与就业援助（36.83%），在这些领域开展社区服务的社会组织的比例相近；但是需要专业化水平更高或者涉及人群范围较小的一些领域则比例较低，例如医疗卫生服务（28.53%）、社区/村戒毒（14.75%）、司法矫正（13.63%）。

表1-5　　　　**2017年以来在哪些领域开展过社区服务**　　　　（单位：%）

	帮困与就业援助	残疾人救助	司法矫正	老年人服务	医疗卫生服务	儿童与青少年服务	妇女关爱	便民服务	社区/村戒毒	社区/村教育	文体活动	经济发展	社区/村环保	倡议维权	其他
东部地区	34.54	35.93	13.2	65.11	26.13	41.7	39.82	49.97	13	37.6	63.86	8.13	44.27	19.74	5.21
中部地区	44.5	41.31	16.27	63.48	31.42	48.33	49.44	54.07	17.86	41.47	69.86	9.57	51.2	20.89	4.15
西部地区	37.94	40.65	12.74	65.85	34.96	41.73	46.34	49.05	20.87	43.63	71.82	12.74	47.97	22.22	3.52
东北地区	25.44	31.36	9.47	56.8	24.26	30.77	31.36	37.87	4.73	26.04	76.33	4.14	36.09	12.43	1.78

（三）已形成多元合作的社区服务网络

表1-6显示，超过八成的社会组织在开展社区服务项目时会与其他组织合作。在社会组织开展社区服务时，超过半数的社会组织是与居/村委会合作完成的（56.95%）；其次是独立完成（19.20%）和与其他社会组织合作完成（10.33%）；与政府部门合作完成的比例仅为7.95%，这说明多元合作的社区服务网络已现雏形。

从地区来看，东北地区与居/村委会合作完成的比例最低，为47.34%，其他地区均在55%以上；西部地区和东北地区独立完成的比例为23.85%和22.49%，高于东部和中部地区；而选择与其他社会组织合作完成的比例最高的为东北地区（14.20%），最低为西部地区，仅有7.59%。

表1-6　社会组织开展社区服务项目时与其他组织合作情况（按地区）

（单位：%）

	独立完成	与其他社会组织合作完成	与居/村委会合作完成	与政府部门合作完成	其他
东部地区	17.93	10.01	59.42	6.95	5.60
中部地区	18.50	11.64	55.02	8.77	6.07
西部地区	23.85	7.59	55.01	10.57	2.98
东北地区	22.49	14.20	47.34	7.69	8.28

二　社会组织参与社区管理现状

社会组织参与城市社区管理，既弥补政府力量的不足，也切合"小政府、大社会"的发展理念，是贯彻落实科学发展观、构建公民社会与建设和谐社区的基本要求。从社会组织参与的角度出发，此次调查主要关注了社会组织参与社区管理的重要特征和限制因素，并从中发现，大部分社会组织都承担过社区管理功能，但都集中在居民自治和与社区生活密切相关的领域，社会组织普遍偏好参与社区公共服务，资金和专业化水平正日益限制着社会组织管理功能的发挥。

（一）社会组织普遍承担社区管理功能

从社会组织承担管理功能的领域来看，社会组织参与组织居民自我管理、参与处理邻里矛盾、协助政府部门维持社区/村秩序的比例均超过45%，而帮助政府部门处理信访纠纷、参与解决物业纠纷这两项的社会组织则仅有25.84%和20.38%。可以看出，社会组织在相对专业化的领域承担社区管理功能较少，而在居民自治和居民生活领域的管理功能承担的较多。

表1-7　2017年来社会组织承担的社区管理功能（按地区）（单位：%）

	协助政府部门维持社区/村秩序	参与处理邻里矛盾	帮助政府部门处理信访纠纷	参与组织居/村民自我管理	参与解决物业纠纷	其他	都没有
东部地区	50.06	45.85	24.61	52.91	19.75	7.77	24.85
中部地区	48.81	50.00	29.82	50.66	23.22	5.94	26.52
西部地区	51.54	47.59	29.39	50.44	21.49	6.36	29.17
东北地区	27.27	30.30	14.72	32.03	13.42	5.63	40.69

（二）资金不足制约社会组织发挥管理功能

社会组织参与社区管理面临最大的问题是缺乏资金和缺乏专业力量支持。近半数的社会组织选择了缺乏资金这一选项，选择缺乏专业力量支持的也达到了26.92%。此外，选择政府部门支持不够和社会不认同的，均不足10%。从地区分布来看，表1-8显示西部、东北和中部地区资金缺乏问题相对更严重，选择比例为57.68%，53.91%和53.51%；东部地区缺乏资金的比例相对较低，为44.27%。而缺乏专业力量支持的情况则恰恰相反，东部地区的比例最高，为30.84%，西部地区仅为19.52%。

表1-8　当前社会组织参与社区管理面临最大困难（按地区）（单位：%）

	政府部门支持不够	社会不认同	缺乏专业力量支持	缺乏资金	其他
东部地区	8.73	6.6	30.84	44.27	9.56
中部地区	7.81	3.58	23.97	53.51	11.13
西部地区	11.62	4.17	19.52	57.68	7.01
东北地区	6.52	7.83	22.61	53.91	9.13

（三）与服务相比，社会组织参与管理的动力不足

十八大报告提出要"加快形成政社分开、权责明确、依法自治的现代社会组织体制"，将发展社会组织纳入社会治理创新的重要范畴；

第一章 社会组织状况及参与社区治理研究报告

十八届三中全会进一步提出"激发社会组织活力,正确处理政府和社会关系,加快实施政社分开,推进社会组织明确权责、依法自治、发挥作用"。也就是说,我国政府对社会组织的发展提出了多方面的预期,但从数据来看,超过半数的社会组织负责人更喜欢在社区服务中发挥作用;仅有9.36%的社会组织负责人更喜欢在社区管理中发挥作用;态度比较模糊,认为社区服务、社会管理二者没有什么差别的占34.58%。也就是说,相比提供社区管理,社会组织更愿意承担社会服务的功能。

三 社区"两委"与社会组织的协同水平

近年来,社区作为社会资源整合载体和公共服务运作平台的作用日益得到重视,基层治理创新的氛围浓厚。在此背景下,居委会与社会组织协同发展,有利于实现政府治理、社会调节和居民自治的良性互动。数据结果表明,目前社区"两委"与社会组织的协同水平已有了较大提升,社区"两委"与社会组织普遍建立了较为密切的联系,社会组织在社区工作开展中也发挥了不小的作用。

总体来看,社区"两委"与社会组织的关系密切,非常密切和比较密切的比例相加高达87.96%。社区"两委"经常借助社会组织在社区内开展活动。调查结果显示,在动员社区居民时,有40.53%的社区"两委"经常借助社会组织开展工作,有42.15%的社区"两委"偶尔借助社会组织开展活动,仅有17.77%的社区"两委"从不这样做,但是相比2015年,这一比例增加了10%左右。这表明,社区"两委"借助社区社会组织开展活动,已形成一种普遍现象。

调查结果显示,在推动社区民主自治方面,社会组织认为自身发挥作用非常理想、比较理想的比例累计达58.00%;在提升公众自我管理、自我服务能力方面,非常理想、比较理想的比例累计达64.71%;在增强居民对社区的认同感与满意度方面,非常理想、比较理想的比例累计高达76.05%。这表明,社会组织对自身在居民对社区认同感与满意度方面发挥的作用最为满意。

表1-9　　　　　社会组织对自身服务能力的评价　　　（单位：个,%）

	推动社区民主自治		提升公众自我管理、自我服务能力		增强居民对社区的认同感与满意度	
	频数	百分比	频数	百分比	频数	百分比
非常理想	637	20.34	654	20.89	943	30.12
比较理想	1179	37.66	1372	43.82	1438	45.93
一般	1014	32.39	897	28.65	628	20.06
不太理想	174	5.56	136	4.34	70	2.24
很不理想	41	1.31	33	1.05	27	0.86
不清楚	86	2.74	39	1.25	25	0.70

四　社会组织在社区治理中的作用

党的十八大以来，社会组织一直被视为多元治理模式中重要的治理主体，推动了社区治理的发展和能力的提升。社会组织在反映居民意愿、调解社会矛盾等方面发挥着积极的协同作用，能更充分地满足社会公众多层次的服务需求和创新公共服务供给机制的需要。社会组织在社区治理网络中所能承载的作用已得到广泛的认可和重视，调查数据显示，部分社会组织已有效地嵌入社区多元治理网络格局，在社区公共领域，经常能找到社会组织的身影。

调查发现，社会组织负责人或核心骨干担任居/村委会主任或社区/村党支部书记的比例为31.24%；担任党代表比例为12.06%，担任人大代表和政协委员的比例分别为10.59%和3.07%；另外，担任街镇层面组建的共治议事机构、党建联建机构成员和担任街道、乡镇办事处等政府机构组建的顾问委员会成员的比例分别为9.11%和6.68%。这表明，社会组织已有效嵌入到社区多元治理网络中，有利于推进多元利益主体在社区公共领域方面的协商与互动，实现社区自治与共治。

第一章 社会组织状况及参与社区治理研究报告

调查结果显示,社会组织负责人或骨干经常参与社区内的公共议事活动比例为57.56%,偶尔参与的比例占29.05%,累计高达86.61%,从不参加的比例仅为13.39%,这表明,社会组织参与社区公共议事活动较为频繁。

登记备案在街道、乡镇和居/村委会的社会组织参与公共议事活动更为频繁。数据结果显示,登记备案在街道、乡镇的社会组织经常参与公共议事活动的比例最高,为69.02%,其次是居/村委会,为64.10%;同时,从不参与公共议事活动的比例也是登记备案在这两个层级的社会组织最低,分别为6.88%和6.96%。登记在地市级的社会组织相对来说参与公共议事活动的水平最低,经常参与的比例仅为44.70%,而从不参与的比例达到了22.73%。

表1-10　　不同层级的社会组织参与公共议事活动频率　　（单位：个,%）

	经常		偶尔		从不参与	
	数量	百分比	数量	百分比	数量	百分比
国家级	4	57.14	2	28.57	1	14.29
省市级	33	55.93	18	30.51	8	13.56
地市级	59	44.70	43	32.58	30	22.73
区县级	564	58.63	292	30.35	106	11.02
街道、乡镇	401	69.02	140	24.10	40	6.88
居/村委会	175	64.10	79	28.94	19	6.96

经常参与公共议事讨论的社会组织,其意见更容易被吸纳或引起关注。经常参与公共议事活动的社会组织当中,意见被有效吸纳的比例占50.11%,意见引起充分关注的比例占29.67%,意见虽未被吸纳,但更了解社区情况的比例为16.83%,意见未被认真对待的比例仅为1.72%;偶尔参与公共议事活动的社会组织当中,意见被有效吸纳的比例仅为27.31%,意见引起充分关注的比例为26.76%,意见虽未被吸纳,但更了解社区情况的比例为35.35%,意见未被认真对待的比例为6.06%。

表1-11　参与社区内的公共议事活动频率与议事活动效果交互

（单位：个,%）

	经常		偶尔	
	数量	百分比	数量	百分比
意见被有效吸纳	902	50.11	248	27.31
意见引起充分关注	534	29.67	243	26.76
虽未被吸纳，但更了解社区情况	303	16.83	321	35.35
意见未被认真对待	31	1.72	55	6.06
其他	30	1.67	41	4.52

五　社会组织的管理现状

中办发〔2016〕46号①文件强调，要"大力培育发展社区社会组织"，并进一步明确"降低准入门槛、积极扶持发展、增强服务功能"的发展方向。目前，社区社会组织的发展总体上已有了明显的提升，但针对社会组织的制度化管理还有较大的进步空间。调查发现，社会组织的"枢纽式管理"在全国各地虽都有运用，但实际被纳入"枢纽式管理"中的社会组织占比并不高。此外，社会组织对外的透明化水平也有待提升。

（一）"枢纽式管理"总体效能

随着社会组织登记注册的门槛降低，一方面社会组织增长速度大大提升，另一方面原有的单纯依托行政体制、以行政化手段来管理社会组织的管理方法已经面临严峻挑战。在这样的背景下，"枢纽式管理"应运而生，成为创新社会组织管理的重要方式之一。"枢纽式管理"就是指在政府管理部门和社会组织之间设立一个组织载体，通过该载体服务和管理一个系统、一个领域的社会组织，行使一部分党和政府授权或委托的职能，并把社会组织的需求、意见和建议向政府管

---

① 中共中央办公厅、国务院办公厅印发的《关于改革社会组织管理制度促进社会组织健康有序发展的意见》。

理部门反馈，使其成为"加强党建工作的支撑、完善双重管理的依托、凝聚团体会员的载体和实现合作共治的平台"。

调查结果显示，"枢纽式管理"在全国各地都有运用，实际被纳入到"枢纽式管理"范围内的社会组织占总体的比重有所提高。44.62%的社会组织活动所在街道有枢纽式管理，这一数字相较于2015年的调查结果（32.15%）有所提高；依然有12.62%的社会组织选择了不清楚有没有枢纽式管理形式。

从地域来看，不同地域枢纽式管理的情况存在一定差异，东部地区有枢纽式管理的比例最高，为48.93%；其次是中部和西部地区，分别为41.42%和40.57%；东北地区最低，为31.60%（详见表1-12）。总体来看，东部地区枢纽式管理的实施情况最好，但有枢纽式管理的社会组织依然不到半数，使用范围依然不广。

表1-12　　　　　不同地域枢纽式管理的使用情况　　　　（单位：个,%）

地域	有枢纽式管理		没有枢纽式管理		不清楚	
	数量	百分百	数量	百分百	数量	百分百
东部地区	825	48.93	687	40.75	174	10.32
中部地区	314	41.42	336	44.33	108	14.25
西部地区	185	40.57	193	42.32	78	17.11
东北地区	73	31.60	123	53.25	35	15.15

在"枢纽式管理"中最常担任"枢纽角色"的组织是基层政府成立的社会组织服务中心和基层党组织成立的各类党建服务机构，在回答"哪一类社会组织在'枢纽式管理'中最常担任'枢纽角色'"这一题的1393个受访社会组织中，高达45.37%的社会组织选择了前者；其次是后者占比26.63%；除此之外，还有7.04%的社会组织选择了由各类社会组织联合会担任；而选择有一定官方背景的大型社会组织和社会组织孵化中心的仅为3.37%和6.96%。

"枢纽式管理"的效果主要体现为促进政府与社会组织间的良性互动，并支持社会组织发展。高达90.62%的社区社会组织认为"枢

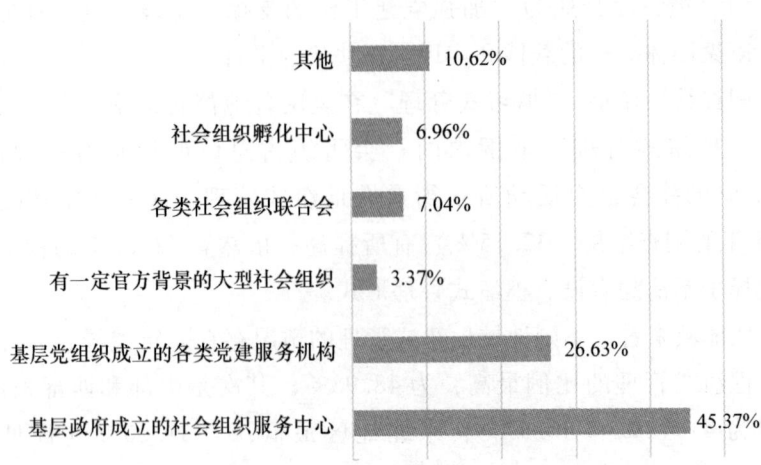

图1-5 哪些社会组织会承担"枢纽"角色

纽式管理"能够成为政府与社会组织间良性互动的桥梁；86.61%的社会组织认为"枢纽式管理"能够支持社会组织发展。选择其他效果的比例也都超过了50%，而选择不发挥作用的仅为0.29%。总体来看枢纽式管理在各方面都发挥了良好的效果。

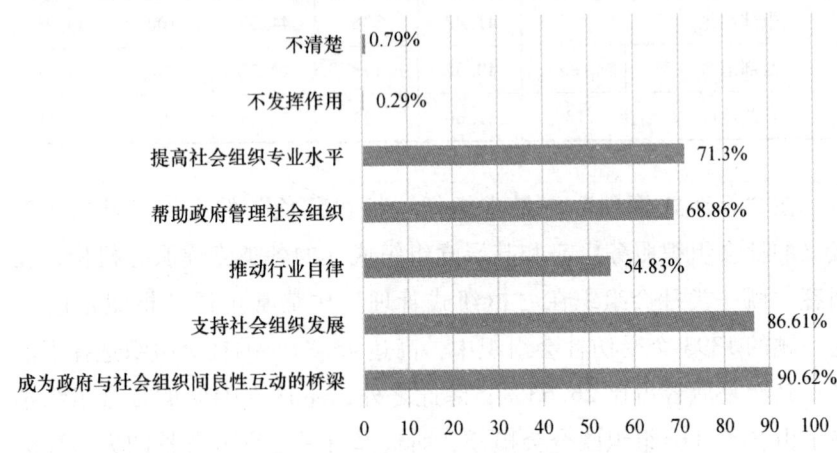

图1-6 枢纽式管理的效果

(二）社会组织内部的民主决策和透明化水平

75.43%的社会组织认为其重大决策"大多经过民主讨论"。11.37%的社会组织偶尔会对重大决策进行民主讨论。负责人说了算的社会组织仅占总体的13.20%。

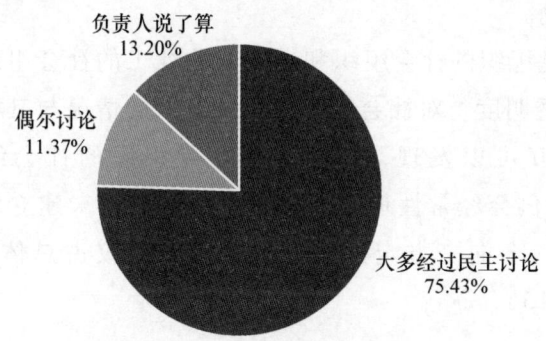

图 1-7　社会组织民主讨论状况

已经建立党组织的社会组织相对而言拥有更高民主决策和内部透明化水平。有92.20%的已建立党组织的社会组织大多会对重大决策进行民主讨论，而在未建立党组织的社会组织中，只有72.62%社会组织大多会对重大决策进行民主讨论。不难看出，社会组织党建对推进社区社会组织内部建设具有积极意义。

表 1-13　是否建立党组织对社会组织民主讨论的影响　（单位：个,%)

是否建立党组织	大多经民主讨论		偶尔有讨论		负责人说了算	
	数量	百分比	数量	百分比	数量	百分比
已建立	414	92.20	18	4.01	17	3.79
未建立	1941	72.62	337	12.61	395	14.77

（三）社会组织对外的透明度

数据显示，定期向资方公开财务信息的社会组织比例为43.04%，不公开财务信息的社会组织的比例则为56.96%。交互分析发现，西部地区社会组织的财务公开程度高于其他地区的社会组织。西部地区的社区社会组织中定期公开财务信息的占到了56.26%,其次是东部和中部地区,分别为43.97%和38.75%,而东北地区这一数字仅为24.24%。社会组织收入大部分来自政府财政支持和公众捐赠,因而有义务接受政府与公众监督,因此社会组织对外公开财务信息的透明度还有待提高。

已建立党组织的社会组织和招收专业社工的社会组织会具有更高的对外的透明度。对社会组织建立党组织的情况与其财务公开的情况进行交互可以发现,在已经建立党组织的社会组织中,有69.59%的比例会经常性地公开财务信息;而在未建立党组织的社会组织当中,会向资方定期公开财务信息的仅占总体的38.61%(详见表1-15)。

表1-14　　所在地域对社会组织财务公开情况的影响　　(单位:个,%)

	公开财务信息		不公开财务信息	
	数量	百分比	数量	百分比
东部地区	733	43.97	934	56.03
中部地区	291	38.75	460	61.25
西部地区	256	56.26	199	43.74
东北地区	56	24.24	175	75.76

表1-15　　建立党组织对社会组织对外透明度的影响　　(单位:个,%)

是否建立党组织	公开财务信息		不公开财务信息	
	数量	百分比	数量	百分比
已建立	309	69.59	135	30.41
未建立	1027	38.61	1633	61.39

对社会组织是否有专业社工与社会组织财务公开的情况进行交互可以发现,有专业社工的社会组织的对外透明度要高于没有专业社工的社会组织。54.39%的有专业社工的社会组织会经常性地向资方公开财务情况,而这一数字在没有专业社工的社会组织中仅为38.89%

（详见表 1-16）。

表 1-16　是否有专业社工对社会组织对外透明度的影响　（单位：个，%）

有无专业社工	公开财务信息		不公开财务信息	
	数量	百分比	数量	百分比
有	884	54.39	1389	61.11
无	452	38.89	379	45.61

总体来看，社会组织的透明化水平仍有待提升。社会组织的透明化水平对其自身发展有着至关重要的影响。一方面，高度透明化有利于社会组织吸纳各种社会资源，承担各种公共责任，体现自身价值追求；另一方面，有利于社会组织自主约束自身行为，让政府与公众更为全面了解社会组织的实际运作情况。

六　社会组织党建工作现状

习近平总书记指出，社会组织面广量大，加强社会组织党建十分重要，因为越是情况复杂、基础薄弱的地方，越要健全党的组织、确保全覆盖，防止"木桶效应"。因为社会组织党建工作不仅可以保障社会组织的自主性、民主性和服务性，提升社会组织的创新性、先进性、科学性和时代性，还能巩固社会组织发展的基础，确保其规范、有序发展，更可以汇聚起新时代改革发展的强大正能量，更好参与国家治理。综合调查结果可以发现，社会组织党建对于提高社会组织参与社区治理的水平具有一定的促进作用。

（一）社会组织党建工作覆盖率有待提升

2018年数据结果显示，接受调查的3131个社会组织中共有450家社会组织建立了党组织，仅占受访社会组织的14.37%，社会组织党建覆盖率有限。此外，社会组织党建还存在着地区发展不平衡的问题。其中，东部地区社会组织中建立党组织的比例为11.09%，低于西部地区（18.68%）、中部地区（18.57%）和东北地区（17.32%）。

表1-17　　　　不同地区社会组织建立党组织的情况　　　（单位：个，%）

地区	已建立		未建立	
	数量	百分比	数量	百分比
东部地区	187	11.09	1499	88.91
中部地区	137	18.57	621	81.93
西部地区	86	18.68	370	81.14
东北地区	40	17.32	191	82.68

（二）已建立党组织的社会组织党建工作制度化水平较高

在已建立党组织的社会组织中，大部分都有党务人员，且党员活动开展较为频繁。其中，具有专职党务人员的社会组织的比例为71.4%，具有兼职党务工作者比例为68.89%。在已建党组织的社会组织中，2017年平均开展了11.25次活动，并且52.8%的社会组织一年内开展党员活动次数在10次及以上。从地区来看，西部地区开展的次数最多，平均次数为12.83次，东北地区最低，平均次数仅为9.07次。可见社会组织党建工作制度化已有较高水平。

表1-18　　　　　2017年社会组织党员活动次数　　　　（单位：个，次）

地区	社会组织数量	均值	标准差	最小值	最大值
东部地区	184	11.21	23.47	0	300
中部地区	137	10.95	11.62	0	108
西部地区	86	12.83	15.70	0	72
东北地区	40	9.07	9.13	0	56

（三）社会组织党建对促进社会组织参与社区公共议事具有促进作用

已建立党组织的社会组织，其负责人经常参与社区公共议事活动的比例高达73.78%，比未建立党组织的社会组织经常参与社区公共议事活动的比例高了近20%。也就是说，已建立党组织的社会组织更经常参与社区公共议事活动。社会组织党建工作在一定程度上，能够促进社区自治与共治，激发成员参与公共议事的热情，促进社区自下而上地形成公共议题，激发社会组织活力与社区活力。参与社区公共议题的讨论，是社会组织表达自身诉求的渠道。

表1-19 社会组织是否建立党组织与参与社区公共议事活动的情况

（单位：个，%）

是否建立 党组织	经常		偶尔		从不参与	
	数量	百分比	数量	百分比	数量	百分比
已建立	332	73.78	89	19.78	29	6.44
未建立	1469	54.83	820	30.61	390	14.56

七 社会组织的发展预期

中办发〔2016〕46号①文件指出，要完善扶持社会组织发展政策措施，进一步明确了"支持社会组织提供公共服务、完善财政税收支持政策、完善人才政策和发挥社会组织积极作用"的具体方向。国家相关政策的出台，将社区社会组织的培育和发展提到了新高度，社区社会组织正迎来极佳发展时机。调查结果也显示，绝大部分社会组织对目前的发展和成长环境持有积极态度，普遍预期会进一步扩大自身规模，并将承接更多的社区服务项目作为当下主要的发展目标。

（一）绝大部分社会组织对目前和未来的发展环境持积极态度

绝大部分社会组织对自身发展环境感到满意。76.33%的社会组织认为近年来的发展环境总体上变得更好，仅有1.25%的社会组织认为近年来自身发展环境变得更差。

（二）多数社会组织有扩大规模的发展预期

调查结果显示，89.30%的社会组织对成长环境的未来预期持积极态度，认为成长环境会变得更好。72.78%的社会组织愿意进一步招收全职人员，而愿意扩大成员规模的比例更是高达86.59%。

交互发现，登记在省市级的社会组织愿意进一步招收全职人员的

---

① 中共中央办公厅、国务院办公厅印发的《关于改革社会组织管理制度促进社会组织健康有序发展的意见》。

比例最高，高达81.36%，其次是区县级（77.78%），地市级和街道、乡镇的这一比例分别为72.18%和71.43%，而居/村委会这一级的比例仅为66.30%。相反，在选择不招收全职人员中，居/村委会这一级的社会组织比例最高（28.57%），其次是街道、乡镇（20.48%），而省市级和区县级的这一比例仅为15.25%、16.20%。

表1-20　　登记备案层级与社会组织是否招收全职人员　（单位：个,%）

	招收全职人员		不招收全职人员		说不清	
	数量	百分比	数量	百分比	数量	百分比
国家级	5	71.43	0	0.00	2	28.57
省市级	48	81.36	9	15.25	2	3.39
地市级	96	72.18	27	20.30	10	7.52
区县级	749	77.78	156	16.20	58	6.02
街道、乡镇	415	71.43	119	20.48	47	8.09
居/村委会	181	66.30	78	28.57	14	5.13

（三）社会组织普遍愿意承接政府服务项目

调查结果显示，84.64%的社会组织愿意承接更多的政府服务项

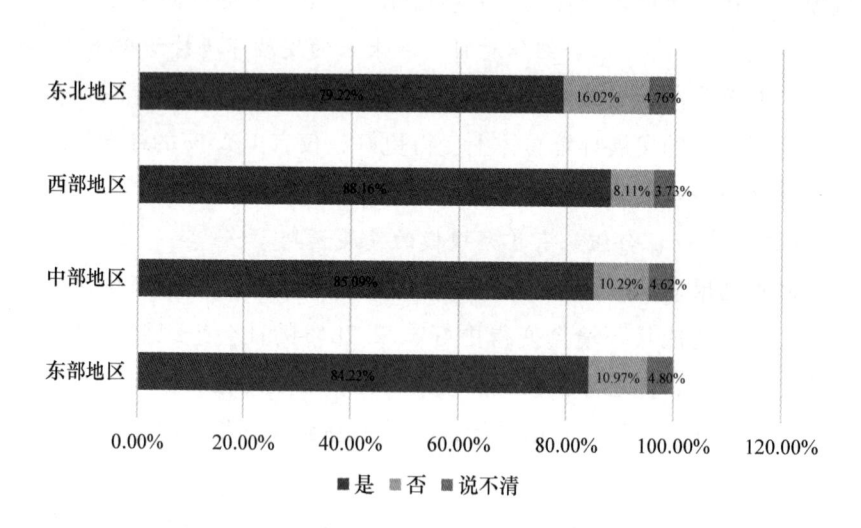

图1-8　不同地区社会组织承接政府服务项目的意愿

目。其中，东北地区意愿相对较低，为79.22%，其余地区愿意承接政府服务的比例均超过84%。社会组织提供社区服务的资金来源渠道主要包括政府资助、政府购买服务、政府奖励。因此，承接更多政府服务项目已成为当前社会组织的发展目标。

第三节 问题与建议

近几年，在社区开展活动的社会组织蓬勃发展，不论是在社区治理的创新探索中，还是在促进社会组织良好发展的政策文件中，都能找到社会组织的"身影"。伴随着此类社会组织制度化建设水平的提高，以及基层政府、职能部门给予社会组织的支持，社会组织在承接社区公共服务和公共管理项目过程中的协同能力、合作意识以及服务水平都有了较大提升。但通过调查数据可以发现，当前此类社会组织在快速发展的同时，仍存在着一些亟须引起注意的深层次问题。

一 当前社会组织发展存在的问题

（一）专业化水平有待提高

社会组织的专业化水平是其有效参与治理的重要保证。调查数据从一些侧面揭示了当前此类组织专业化发展中的深层次问题：

普遍存在频繁切换服务领域的行为。2018年的调查结果显示，仅有13.4%的社会组织在1个领域提供服务；39.98%的社会组织在2—4个领域展开服务；高达46.62%的社会组织在5个及以上的领域提供服务。考虑到有些领域间的专业要求差距较大，大多数有着明确组织目标和愿景的组织都不太可能频繁切换服务领域。这种现状实际上说明，在目前地方政府购买服务缺乏长期战略目标，且各职能部门各自为战购买服务的现状下，多数社区社会组织开始形成了工具主义的发展特征。这些组织往往是跟着各类"项目"走，由于缺乏长期在专一领域的沉淀和持续投入，导致社区公共服务的品质难以提升，社会组织进一步强化专业能力的空间受限。

专职和专业化队伍不足。这一点在草根发起的社区社会组织中尤为明显。调查结果显示，纯草根社会组织中专职人员、专业社工和专业人士的配备率分别为29.91%、10.48%和16.59%，均处于很低的水平。具有专业背景的社会组织虽然要比其他背景的社会组织配备专职和专业人员的比例要高，但其配备专业社工和专业人员的比例平均仅有四成左右，依然处于较低的水平。总体上，配备有专职人员、专业社工和专业人士的社会组织均未过半，掌握专业技能的"科班人员"少之又少。社会组织人员长期专业化水平不足，不利于社会组织专业化能力的提升。

承接的项目普遍缺乏跟踪评估。项目评估作为政府购买服务的重要一环，在实际的项目落地过程却普遍缺乏。调查数据显示，社会组织承担的所有项目中，开展了后续跟踪评估的仅为29.5%。项目评估的缺乏不仅会影响到社区项目的品质，还会在一定程度上造成社会组织发展的"短视"现象，将发展的重心放在项目获取上，而非质量把关和能力提升上。

(二) 党建工作仍需加强

近年来，随着传统社会组织登记管理模式向直接登记模式转变，尤其是各级政府不断加大购买社会组织服务的力度，我国社会组织迎来新的发展高峰，但随之也面临着如何在活力迸发的同时实现有序引导的重要战略问题。在这一新形势下，社会组织党建工作具有极为重要的战略意义，中共中央办公厅《关于加强社会组织党的建设的意见（试行）》以及中共中央办公厅、国务院办公厅印发的《关于改革社会组织管理制度促进社会组织健康有序发展的意见》都强调要在社会组织中加大党组织建设力度，切实发挥好社会组织党组织的政治核心作用。

本次调查发现，当前社会组织党建工作仍存在一定的不足：首先，受访社会组织党建覆盖率还处于较低水平，在2018年度接受调查的三千余家社会组织中，党建覆盖率仅为17.08%。其次，社会组织党建工作覆盖范围存在类型不平衡的特点，正式在民政部门登记的社会组织的党建覆盖率明显高于备案的社会组织和既未登记也无备案的社会组织。最后，社会组织党建覆盖度中存在地区不平衡现象，东部地区社区社会组织中建立党组织的比例仅为11.09%，低于西部地区、中部地区和东北地区，考虑到抽样调查中东部地区社会组织数高达全国比重的53.86%，进一步说明在社会开放度和异质性水平更高的东部地区，社会组织党建工作面临较大的压力。

（三）社会组织非均衡的功能发挥问题突出

社会服务和社会管理是社会组织所具有的两大重要功能。2018年的调查结果显示，社会组织的功能发挥并不均衡，首先，社会组织更偏好在社区服务中发挥作用。数据结果中，有56.06%的社会组织表示更愿意承担社区服务功能，仅有9.36%的社会组织愿意承担社区管理功能，这说明，社会组织具有明显的偏好选择，更愿意承担社会服务的职能，对承担社区管理职能的积极性不高。另外，社会组织承担的社区管理功能集中在非专业领域。社会组织在承担社区管理的过程中，仅有25.84%的社会组织参与过"帮助政府部门处理信访纠纷"的活动，还有20.38%的社会组织有参与解决小区的物业纠纷，其他主要集中于与社区生活密切相关的非专业活动。社会组织承担社区功能不均，与基层更注重社区组织的服务功能有关，但也可能说明社会组织的专业化水平还有待提升，社会组织在选择承接的项目时存在来自自身的能力限制。

（四）社会组织的透明化建设水平有待提升

社会组织的透明化建设是其获得社区公信力的重要途径，但调查表明，社会组织的透明化建设还存在着多类型的问题：

社会组织对外的透明度低于其对内的水平。总体上，有43.04%的社会组织会定期向出资方或社会公开财务信息，而不会定期对外公开财务信息的社会组织达到了56.96%。可见，社会组织更注重对内负责，定位不清，对外的透明化建设意识还远远不够。

社会组织的透明化建设存在地区不均。通过地域交互分析发现，2018年西部社会组织的财务公开程度高于其他地区的社会组织：西部地区的社会组织定期公开财务信息的比例为56.26%；其次是东部和中部地区；最低的为东北地区，仅有24.24%的社会组织公开财务信息。

（五）资金不足成为社会组织发展面临的最大困难

社会组织的发展从无到有、从少到多、日益丰富，在社区公共服务和社区资源整合方面发挥了不小的作用。大部分社会组织都对自身目前和未来的发展有一个良好的预期，日益宽松的发展环境和政府不断的政策支持都增强了社会组织发展的信心。但资金不足仍然是一个问题，75.19%的社会组织认为提升服务能力的主要瓶颈是资金不足；另有49.17%的社会组织认为缺乏资金是深度开展社区管理的主要困难。不同地区、不同背景的社会组织对这一瓶颈问题都呈现出高度的认同。虽然近年来各级政府购买社会组织服务的资金投放力度不断增大，但由于社区社会组织恰逢发展高峰期，资金不足的问题仍普遍存在。

二 社会组织发展的政策建议

（一）加强党建引领，有序激发社会活力

建议在全面提升社会组织党建覆盖率的同时，形成精准发力政策思维，如：根据草根社会组织规模小、组织化水平低、对接公共部门和资源能力弱的现状，强调党建的服务和支持功能，构建以党建网络为载体的社会组织公共服务与支持体系；根据社会服务机构专业化水平较高，以承接政府公共服务项目为主的发展特征，强调党建在项目实施中的嵌入式引领功能，使党建网络在这些机构承接项目、项目落地、事后评估等环节都发挥重要作用；根据基金会汇聚社会资源、服务公益事业的特征，强调党建在透明化运作、接受社会监督方面的核心作用，最终形成分类指导、紧贴现实需求的社会组织党建新格局。

以党建为依托推动社会组织融入基层治理体系。调查显示，社区党组织是社会组织服务落地、参与治理的重要依托，也是党建引领社会力量的重要制度载体。建议未来要以社区党建为依托，深度实施

"三社联动",在鼓励、支持社会组织融入基层社区治理体系的同时实施有效政治引导:一是街镇在构筑社区大党建格局时,应明确把社会组织吸纳进来,作为基层治理体系的重要构成;二是充分发挥社区党建联席会议等党建载体的桥梁作用,使社会组织、社区资源、公众需求间实现有效对接,提升社会组织参与基层党建的积极性;三是依托社区党建组织网络,实现公众对社会组织的监督与评议。

探索现代社会党建引领社会力量的新机制。在不断提升社会组织党建覆盖率的同时,有必要进一步探索现代社会政党引领社会力量的新型工作机制,以使党建政治引领功能在更高水平发挥作用。发达国家的实践表明,政党通过专业机构在提供服务的同时实现"润物细无声"的潜移默化引领是一种重要的引领技术。在上海等地的研究也发现,基层党组织通过孵化专业支持机构,由后者为社会组织提供服务的同时实施引导,其效能比单纯的"组织覆盖"更持久、更稳定。建议组织部门和民政部门共同推进一批可为社会组织专业化运行提供多层次支持的专业机构(如人力资源培训机构、财务托管机构、社区服务落地支持机构等),并将党建引领有效蕴含于专业服务之中,探索当代中国党建引领社会力量的新模式。

(二)为社会组织在社区治理体系中充分发挥作用提供更优制度条件

推动社会组织高水平嵌入社区治理体系对于进一步构建人人有责、人人尽责、人人享有的社会治理共同体具有重要战略意义。应充分发挥社会组织在提升社区民主协商水平、优化多层次社区服务体系建设、促进邻里守望相助、繁荣社区文化等方面的重要作用。一是结合社区治理创新的时代趋势,强化社会组织"深耕"社区的支持保障体系建设。不同地区应根据社区发展的实际情况,把社会组织培育发展工作纳入社区治理总体布局之中,结合编制城乡社区服务体系建设"十四五"规划,制定本地区社会组织"深耕"社区的专项支持计划。各级政府应进一步加大对服务性、公益性、互助性社会组织的扶持力度,使其在社区治理中发挥更大作用。二是紧贴社会组织发展诉求，搭建多层次社区支持平台。根据当前多数社会组织迫切需要得到专业支持、项目支持和场地支持的发展诉求，在街镇层次搭建以社会组织联合会、社会组织服务中心等枢纽型平台为主的支持体系，帮助社会组织更好发挥专业优势、更好整合资源、更好设计各类项目；根据社会组织服务落地需要得到社会网络支持的实际情况，在居、村层次搭建促进社会组织与居民交流的社区公共网络平台，以使社会组织更好了解居民需求并获得公众支持。三是围绕社区治理与建设中的"短板"问题，推动一批活动项目。鼓励基层政府结合实际组织开展社区服务项目洽谈会等供需对接活动，鼓励社会组织围绕社区发展的短板问题设计长期项目，鼓励公众自下而上寻找社区发展关键问题并将其转化为专业社会组织服务项目，以项目为载体进一步提升社会组织参与平安社区建设、和谐社区建设的能力。

（三）优化政府购买社区社会组织服务的制度体系

通过创新购买服务制度，不断提升社会组织的专业化水平。西方政府购买服务的机制主要包括合同外包、公私合作以及补贴制度等形式，其中以合同外包最为常见[①]。相比西方多样性、竞争性的购买服务机制，我国的政府购买服务机制显得较为单一，虽然类似的形式在我国政府购买服务的实践过程中也有体现，但是在实际的操作过程中却受到很多约束，其中仍以形式性、指定性购买为主，且带有支持和培育的性质。这就需要改变当前碎片化投入、缺乏长期规划的购买服务体系，形成具有长期效应的新型政府购买社会组织服务制度安排。首先，围绕政府购买社会组织服务的项目定价、发包机制、评估机制等，形成统一制度安排，规范不同政府部门购买社会组织服务的流程、标准与审计制度。其次，逐步形成多层级政府一体化运作的购买社会组织服务招标与项目管理平台，如对于街镇和区职能部门发布的项目，统一交由区级平台运作；对于市职能部门提出的项目，交由市级平

---

① 王名、王春婷：《国外政府如何向社会组织购买服务》，《中国社会组织》2011年第2期。

台运作，不同层级的平台相互联网、共享信息，形成"一口"发布的政府购买社会组织服务信息平台，建设更有效率的一体化政府扶持社会组织制度体系。最后，在养老、医疗、教育等需要长期投入的专业化领域，建议国家或省市职能部门出台长期购买服务战略，指引相应社会组织在这些领域长期投入，帮助其形成稳定的制度预期。

通过科学设计购买服务项目，构建类型和功能均衡发展的社会组织生态体系。目前，我国政府购买社会组织服务仍以"事"为导向，且集中在公共服务领域。而英国政府会根据社会组织所提供的实际服务内容，制定与之相匹配的购买服务项目。同时，在购买的过程中，政府会不断听取公众的意见，及时修正购买服务的内容和存在的问题。① 西方政府购买服务通常以价值判断和服务特性来界定购买范围，购买的服务主要集中在需要更多责任感、个性化和志愿服务、无利可图或只产生微利的领域。根据这些经验，我们在科学设计购买服务的过程中，需要逐步改变基层政府以部门需求为导向的"事本主义"购买服务制度环境，形成立足长远的购买服务制度体系，均衡设计社会组织能力提升类、枢纽式管理类、民生福祉类项目，努力形成支持型、枢纽型、实务型社会组织均衡发展的社会组织生态体系。增大在社区管理领域的购买服务比重，推动社会组织在社会治理中均衡提升服务和管理能力。

（四）建立健全社会组织综合监管体系

积极探索建设由民政部门牵头，联合财政、审计、税务和银行金融机构等共同构筑的综合监管体系。发达国家长久以来都十分注重对社会组织的监管而非登记，例如，美国没有设立专门的管理机构，对社会组织的管理主要依托税收，每年都有相关政府部门通过财务审计、社团财务公开以及举报的方式，对违规违纪的社团处以警告甚至吊销免税证书的处罚。② 此外，英国实施了更为严格的社会组织财务

---

① 姜禾：《国外政府购买社会组织服务的经验与启示》，《学理论》2015 年第 2 期。
② 王名、王春婷：《国外政府如何向社会组织购买服务》，《中国社会组织》2011 年第 2 期。

监督管理办法。根据英国慈善委员会的要求，社会组织每年都需要提交"托管人理事会"的年度报告和财务管理报告。年度报告要求社会组织提供证据说明组织年度取得的成果、后续计划以及资金的使用情况；财务管理报告对社会组织的财务开支、资金获取来源提出了更明确的分类要求。参照发达国家经验，我们应该建立监管制度，强化监管职能。具体来说，就是要依托信息化技术引入动态流程监管方法，按照公开透明原则强化事中事后监管，详尽实时地呈现出社会组织承接的项目及其执行状况。进一步强化对社会组织的财务公开与审查，规范社会组织的财务审计制度。建立社会组织信用评估体系，制订全国联网的社会组织信用评级体系等规范性、引导性政策，实现对社会组织行为的长效化管理。

（五）完善组织管理法律体系，确保组织权责清晰

在法律层面上明确社会组织参与社区治理的合法性地位及其权责义务，并依法对社会组织及其参与社区治理的活动进行管理。政府把部分社会职能转交给社会组织，做社会组织发展的助推者的同时，还需要严格把控社会组织的进入，清晰定位社会组织的权责。从国外发达国家的社会组织参与社区治理的实践经验来看，各国都积极推动建立一个完善的社区组织服务法律体系。在美国的城市宪章中，政府对各种社区组织机构的组成及权限都做了明确规定，并且具有法律保证。英国政府通过与社会组织签订《政府与志愿者及社区组织关系协定》，将与社会组织的"合作伙伴关系"上升至国家政策层面，在法律上赋予社会组织参与社会治理、提供公共服务主体的合法地位，规制了双方合作的基本原则和应该履行的职责。法律保障的合法地位和清晰权责，是实现政府与社会组织间良性互动、保证社会组织长效发展的重要前提。

（六）打造社会组织自身建设体系

强化社会组织队伍的培训机制和自身造血功能。社会组织治理能力的提升，符合政府和社会组织双方共同的利益。英国政府曾实施了名为"转变"的能力建设项目和"能力建设者"计划，从不同领域

对社会组织进行扶持和培训，大大提升了社会组织在除公共服务以外的人才吸纳、社会治理、资金再造等六个领域的能力。社会组织应避免"短视"现象，树立组织的长期目标。首先，加大队伍的培训力度、拓宽队伍的培训内容、改变传统的培训模式；其次，提高社会组织的自身造血能力，扩展资源获取途径；最后，政府的角色应限定在为社会组织的组织建设、资源获取和经费使用等方面提供规定和管理指导，给予社会组织自我发展的空间。

第二章　社区工作者队伍建设情况研究报告

面对基层社会治理中不断发展的社会化、法治化、智能化、专业化新趋势，如何统筹协调推进社区工作者队伍建设，使之成为基层社会治理体系与治理能力现代化的重要支撑力量，是一个重要的研究与实践课题。国家政策为地方推进社区工作者的职业化、专业化及规范化建设提供了合法性资源，而地方政府在实践中努力回应政策要求，在体制机制上呈现出渐进式改革模式。本章探究社区工作者队伍建设的现状、初步成效、存在的问题，从而深入了解社区工作者队伍建设的地方实践与国家政策相互建构的程度。

第一节　社区工作者队伍建设的现状与问题

基层社会治理体系和治理能力现代化备受地方政府重视，社区工作者队伍建设的重要性也不断被强调。从地方实践来看，社区工作者职业化建设主线突出，政治性、社会化、专业化程度日趋提高。本节重点对社区工作者构成情况、建设特点展开分析，社区工作者的专业化建设，即社区社会工作人才队伍建设放在下一节分析。从调查数据来看，社区工作者职业化建设初显成效，社区干部队伍素质明显提升，但面临着人员不足、薪酬待遇不够等问题；职业化保障水平不断提高，但政策执行有效性有待提升；城乡社区工作者差距逐步缩小，但在教育程度、专业化建设方面仍存在较大差距，需进一步弥合。

第二章 社区工作者队伍建设情况研究报告

一 社区工作者队伍建设的现状

基于社区工作者是社区组织及其专门从事社区治理与服务的组织的成员,从组织管理角度而言,可以区分为社区干部和专职社区工作者,前者包括社区党组织、基层群众性自治组织负责人和社区两委班子成员;后者主要指通过招聘,专职从事社区工作的人员。总体来看,社区干部队伍职业化建设以来,社区干部素质有所提升,队伍较为稳定;专职社区工作者队伍年轻化趋势较为明显,队伍构成日趋合理。

(一)职业化建设初显成效,社区干部队伍整体素质有所提高且较为稳定

从社区干部的年龄构成来看,26—35 岁的书记占比 8.6%、主任为 6.3%,年轻人占比较少,近 50% 的书记/主任年龄在 46—55 岁之间,平均年龄在 47—48 岁,年龄偏大,但工作经验、社会阅历相对丰富。

表 2-1   书记/主任年龄结构

书记/主任年龄分布	书记(%)	主任(%)
25 岁及以下	0.1	0.1
26—35 岁	8.6	6.3
36—45 岁	29.3	26.6
46—55 岁	44.7	47.6
55 岁以上	17.3	19.4

从社区干部的学历构成来看,大专以上文化程度占比均为 50% 以上,其中书记略高,为 57.6%,主任为 50.0%。高中或中专学历的社区干部占比为三分之一左右,初中及以下学历的书记有 11.4%,主任是 19.0%(见表 2-2)。总体上看,一半以上的社区干部为大专以上文化程度,素质有所提升,为社区治理奠定了重要基础。

表2-2　　　　　　　书记/主任受教育程度结构

受教育程度	初中及以下	高中或中专	大专	本科及以上
书记（%）	11.4	31.0	36.5	21.1
主任（%）	19.0	31.0	31.0	19.0

从社区干部任职年限来看，超过半数的干部任职均在4年以上，书记平均在职年数7.54年，主任平均在职年数6.83年（见表2-3）。可见，社区干部队伍相对较为稳定，且书记在职年数相对高于主任。

表2-3　　　　　　社区/村领导年龄与在职年数对比

	样本数	极小值	极大值	均值	标准差
主任年龄	2895	21	76	47.74	8.47
书记年龄	2954	18	76	48.78	8.22
主任在职年数	2894	0	45	6.83	6.27
书记在职年数	2953	0	46	7.54	6.94

在社区两委班子性别与年龄结构上，男性占55.2%，女性占44.8%，性别比较均衡。在年龄结构上，35—50岁中青年占比为48.0%，35岁以下青年占比为19.2%，50岁以上中老年占比为32.8%（见表2-4）。可见社区两委班子成员年轻化特点明显，且整体性别构成较为均衡。

表2-4　　　　　　　两委班子年龄及性别结构

年龄及性别		百分比
年龄	35岁以下	19.2
	35—50岁	48.0
	50岁以上	32.8
性别	男	55.2
	女	44.8

在社区两委班子政治面貌及学历结构上，党员的占比明显高于其

他专职社区工作者,达到78.4%;在学历结构上,具有大专以上学历的达到50.6%,其中大专学历为29.7%、大学本科及以上达到20.9%,高中/中专及以下的占比49.4%(见表2-5)。

表2-5　　　　　　两委班子政治面貌及学历结构

政治面貌及学历结构		百分比
是否党员	是	78.4
	否	21.6
受教育程度	大学本科及以上	20.9
	大专	29.7
	高中/中专及以下	49.4

(二)专职社区工作者队伍呈现年轻化趋势,职业地位有所提升

从专职社区工作者年龄及从业年数来看,35—50岁的中青年占绝大多数,其比例为49.9%,50岁以上的中老年占比23.7%,35岁以下的青年人占比26.4%。与社区干部相比,专职社区工作者的年轻化确实较为明显,这说明社区工作者的职业吸引力在加强,能够吸收年轻人参与进来,这对提升社区治理水平有积极作用。对于专职社区工作者的从业年数,10年以上的占比达到41.0%,6—10年的占比是21.5%,3—6年的占比是19.2%,3年以下的占比是18.3%,这表明专职社区工作者总体上还是稳定的(见表2-6)。

表2-6　　　　　　专职社区工作者年龄及从业年数

年龄及从业年数		百分比
年龄	35岁以下	26.4
	35—50岁	49.9
	50岁以上	23.7
从业年数	3年以下	18.3
	3—6年	19.2
	6—10年	21.5
	10年以上	41.0

从性别结构及政治面貌结构来看,性别比例较为均衡,其中男性为49.6%,女性为50.4%;其中,党员比例达到67.6%,在一定程度上体现了社区工作者队伍建设的政治性特点(见表2-7)。

表2-7　　　　社区工作者性别及政治面貌结构

性别及政治面貌结构		百分比
性别	男	49.6
	女	50.4
政治面貌	党员	67.6
	非党员	33.4

此外,在专职社区工作者是否兼职担任"两代表一委员",或是否拥有"劳模"等荣誉方面,其中获得"劳模"比例达到19.3%,担任"两代表一委员"的比例为2.7%(见表2-8)。

表2-8　　　　社区工作者其他基本情况

类型(人数)	极小值	极大值	均值	标准值	频率	百分比(%)
两代表一委员	0	17	1.58	1.91	3007	2.70
劳模	0	20	0.22	0.86	3006	19.30

(三)政府主导社区建设的职责日趋清晰,社区工作者的考核、监督等规范化制度建设进程加快

政府日益重视并积极推动社区建设,如基层政府在改善社区办公设施方面,被访者中认为参与较多的人占比35.7%,表示参与很多的人占比30.8%;在信息化建设方面,认为参与较多的人占比40.6%,表示参与很多的人占比30.4%;在开展维稳综治方面,39.5%的人认为参与较多,45.0%的人认为参与很多。这几组数据说明基层政府在为社区工作者提供工作场所、明确工作职责等方面做了很多努力(见表2-9)。

第二章 社区工作者队伍建设情况研究报告

表2-9 基层政府参与服务社区工作情况

工作类别	没有参与（%）	有些参与（%）	参与较多（%）	参与很多（%）
改善办公设施	4.8	28.7	35.7	30.8
信息化建设	2.5	26.5	40.6	30.4
开展维稳综治	0.8	14.7	39.5	45.0

相应地，从社区开展的服务项目情况来看，绝大多数社区均已经提供了网络化管理、治安维稳、环境维护等多项服务内容，与政府要求的工作职责基本一致，这说明社区工作者日常工作的内容和范围相对比较明确，制度化建设水平有所提升。

表2-10 社区服务项目开展的情况

项目	有（%）	无（%）
是否提供网络化管理	88.8	11.2
是否提供环境维护	93.1	6.9
是否提供法律服务	80.8	19.2
是否提供治安维稳	94.7	5.3

从社区信息平台的使用情况也可以看出社区工作者规范化建设的情况，如表2-11所示，69.99%的社区（村）同时使用多个网络平台，仅12.83%的社区（村）不使用网络平台，而且所有平台之间均能够实现信息共享的社区（村）为30.93%，部分平台之间能够实现信息共享的占比50.02%。可见，社区工作者使用信息化平台的比例还是比较高的，而且多个平台之间的信息共享程度也较高，这在一定程度上反映出社区工作者的规范化程度有所提升。

表2-11 社区（村）信息平台使用情况

网络平台使用情况		频率	百分比
使用网络管理平台情况	不使用	386	12.83
	只使用一个	517	17.18
	同时使用多个	2106	69.99

续表

网络平台使用情况		频率	百分比
平台间是否信息共享	所有平台之间均能够实现	651	30.93
	部分平台之间能够实现	1053	50.02
	都不能实现	401	19.05

对于社区工作者的考核监督体系建设，如表2-12所示，在双向评价工作方面，只有5.7%的社区表示没有做，而效果比较明显和非常明显的则分别占比51.4%和33.5%；在统一考评工作方面，仅2.0%的社区表示没有做，效果比较明显和非常明显的则占到93.0%；在取消一票否决工作方面，19.5%的社区表示没有做，效果比较明显和非常明显的则分别占比38.8%和30.9%。

表2-12　　　　　基层政府完善社区考核监督情况　　　　（单位：%）

工作类别	没有做	有，但效果不明显	有，效果比较明显	有，效果非常明显
双向评价工作	5.7	9.4	51.4	33.5
统一考评工作	2.0	5.0	46.7	46.3
取消一票否决工作	19.5	10.8	38.8	30.9

此外，社区工作者监督体系中，各地逐步建立起了自下而上的评价维度。如表2-13所示，调查区县中已经建立"群众满意度占主要权重的社区工作者评价"办法的社区占比67.18%，已经开始实行的社区有58.54%。这说明，对社区工作者的考核监督逐渐走上了规范化道路，强调从社区工作者的工作能力和服务质量来综合评价工作成效，更加全面、公正、客观。

表2-13　　　　　群众满意度评价方法实行情况

实施情况	频率	百分比
还没有建立	774	25.71
建立了，但还没有实行	260	8.64

续表

实施情况	频率	百分比
建立了，并已开始实行	1762	58.54
不清楚	214	7.11

二 社区工作者队伍建设存在的问题

（一）薪酬待遇低，社会地位不高

从表2-14可以看出，受访者认为社区工作者队伍建设中存在的首要问题就是报酬待遇问题，这也是职业化过程中的重要内容之一。从表2-15可以看出，共计有70.03%的受访对象认为社区工作者的报酬未达到社会平均工资水平，认为"达到了社会平均工资水平"的比例只占到14.69%，而认为超过了社会平均工资水平的更少，仅占9.16%。虽然各个地方社区工作者薪资标准不统一，甚至差距很大，但从整体来看，七成受访者表示社区工作者薪酬未达到社会平均工资水平，反映出社区工作者对薪资待遇并不是很满意。

表2-14　社区工作者队伍建设存在的问题

问题类别	是（%）	否（%）
报酬待遇问题	86.8	13.2
加强培训问题	76	24
专业化水平问题	62.4	37.6
减负增效问题	54.6	45.4
提升社会地位问题	51	49
完善考核监督问题	40.4	59.6
畅通上升渠道问题	38.9	61.1

表2-15　社区工作者报酬与社会平均工资水平的差距

差距情况	频率	百分比
达到了	247	14.69
超过了	154	9.16

续表

差距情况	频率	百分比
差距不大	522	31.03
差距还很大	656	39.00
不清楚	103	6.12

调查组进一步关注了"城市社区工作者是否按照国家规定参加社会保险并享受住房公积金政策"的情况，结果显示：13.20%的受访者表示既没有参加社会保险，也没有享受住房公积金；只参加基本养老保险和参加基本养老与基本医疗保险的人数占比分别为6.84%、11.53%，15.75%的社区工作者参加了基本养老、基本医疗以及失业或生育或工伤保险。有48.75%的社区工作者没有全面享受到国家规定的社会保险和住房公积金待遇，该群体的基本社会保障亟待提升。

表2-16   社区工作者社保情况

保险情况	频率	百分比
既没有参加社会保险，也没有享受住房公积金	222	13.20
只参加基本养老保险	115	6.84
参加基本养老和基本医疗保险	194	11.53
参加基本养老、基本医疗以及失业或生育或工伤保险	265	15.75
参加基本养老、基本医疗、失业、生育或工伤保险，并享受住房公积金	862	51.25
不清楚	24	1.43

（二）"减负增效"难度大，社区工作事多人少

一直以来，社区工作者队伍建设面临着工作压力大、人手不够、待遇不高等一系列问题。中央和地方政府均出台了不少"减负增效"的政策文件，但从政策执行的有效性来看，仍有54.6%的人认为"减负增效"效果不明显，社区负担重仍旧是阻碍社区工作者队伍建设的重要因素之一。对于这一问题的分析，调研重点关注了社区工作的人员配置问题，结果显示：

第一，居（村）两委班子成员配置在7人左右。参考表2-17可

以看到，居（村）两委班子成员在人数配置上，4—6人之间的比例最高、7—9人之间的比例其次，分别达到44.3%和37.9%，10人及以上和3人及以下的分别只有12.9%和4.9%。也就是说，基本上社区两委班子人数配置为7人。

表2-17　　　　居（村）两委班子成员人数

平均人数区间	3人及以下	4—6人	7—9人	10人及以上
百分比	4.9	44.3	37.9	12.9

第二，对人员配备情况的看法上，被访者认为居（村）委会工作人员配备稀缺的比例超过50%，其中认为大量稀缺的占比12.30%，认为比较稀缺的占比41.08%（见表2-18）。由于自上而下的任务与考核，居民自下而上的多样化要求，身陷双向多元"压力场"的社区工作者，工作任务是非常繁重的，因此也常会陷入人手不足的尴尬境地。

表2-18　　　　居（村）委会工作人员配备情况

人员配备情况	频率	百分比
人员大量稀缺	370	12.30
人员比较稀缺	1236	41.08
人员配备合适	1364	45.33
人员偏多	39	1.29

结合第一部分的分析，我们发现在社区工作人才队伍建设面临的问题中，按照比例高低，报酬待遇问题排第一，其次是培训、专业化水平、减负增效、社会地位等问题。一方面，这些问题是建设高素质、专业化、职业化社区工作队伍中面临的突出问题；另一方面，这些问题也是近年来国家政策重点强调的内容，这在一定程度上显示了社区工作者人才队伍建设的政策落地和执行有效性问题。

（三）区域间政策差异大，政策执行的有效性需引起重视

尽管国家层面引导性政策发挥了一定作用，然而由于区域经济社会的差异性，地方政府往往因地制宜制定本地域执行政策，进而导致社区工作者政策的区域不一致以及不均衡。从调研数据来看，在社区工作者队伍建设几个核心问题上，地方政府政策落地的成效不够明显，特别是在职业津贴、工资水平等方面，政策执行有效性仍有待提升。

从政策制定情况来看，如表2-19所示，对于"从社区工作者中招录公务员和事业编制人员政策"的政策制定情况，38.0%的社区所在区县已经制定了编制政策并已开始实行，但还有43.6%的社区所在区县还没有制定，职业津贴政策的情况基本类似。通过这两组对比数据，可以明显看到政策执行中的区域差异。

表2-19　社区工作者编制政策及职业津贴政策实施情况

实施情况	编制政策（%）	职业津贴政策（%）
还没有制定	43.6	46.6
制定但还没有实行	7.9	6.4
制定并已开始实行	38.0	31.2
不清楚	10.5	15.8

对于提高社区工作者职业化水平的重要抓手即加强培训的政策落实情况，如表2-20所示，社区工作者全都接受过培训的社区占比为48.84%，多数人接受过培训的比例为19.05%，少数人接受过培训和都没有接受过培训的社区分别占比24.93%和7.18%。可以说，新时代背景下，社区工作者需要拥有扎实的理论知识，灵活的沟通技巧以及较强的组织管理能力，以更好地开展如帮教刑释人员社区矫正、外来工融入社区及就业安置、精神疾病人员社区辅助康复、残障人士社区复健等专业性很强的工作，如果缺乏专业性、持续性、连贯性和系统性培训，社区工作者在解决实际工作问题时就容易出现无力感，从

而影响社区工作者队伍的职业化发展。

表 2-20　　社区工作者是否接受过培训

培训情况	频率	百分比
都没有接受过培训	216	7.18
少数人接受过培训	750	24.93
多数人接受过培训	573	19.05
全都接受过培训	1469	48.84

基层政府参与改善干部待遇工作情况在一定程度上说明政策执行的有效性，从表 2-21 显示情况来看，被访者认为基层政府参与很多的占比 21.65%，认为参与较多的为 32.39%，这说明一半以上的人认为地方政府落实政策还是比较积极的。但有 35.78% 的人认为有些参与，10.18% 的人则认为基层政府没有参与改善干部待遇工作。对于基层政府改善干部待遇工作的成效，有 57.35% 的人评价为"好"，37.73% 的人表示"中"，还有 4.92% 的人认为做得"差"，基层政府改善干部待遇工作尚有进步空间。从数据结果来看，在社区工作者队伍建设中，基层政府虽然积极参与改善干部的待遇，但是显然参与度不够，社区工作者的满意度不高，社区工作者实际待遇与理想待遇有一定的差距。

表 2-21　　基层政府参与改善干部待遇工作情况与评价

参与/评价情况		频率	百分比
参与情况	没有参与	306	10.18
	有些参与	1076	35.78
	参与较多	974	32.39
	参与很多	651	21.65
评价	好	1549	57.35
	中	1019	37.73
	差	133	4.92

(四) 城乡社区工作者差距较大,职业化建设的整体水平仍需进一步弥合

对比城乡社区工作者的情况,从队伍构成来看,社区书记中男女比例比较均衡,但村书记的男女比例严重失衡,分别为95.6%和4.4%(见表2-22)。

表2-22　　　　　　　　社区/村书记性别构成

书记性别	男(%)	女(%)
社区书记	51.3	48.7
村书记	95.6	4.4

从受教育程度来看,32.6%的社区书记学历为本科及以上,而村书记学历在本科及以上程度的只有6.5%,初中及以下的社区书记和村书记分别为2.6%和23.0%,社区书记大多数受教育程度在大专水平,比例为43.9%,而大多数村书记的受教育程度为高中或中专,比例为43.7%,社区书记的受教育程度明显要比村书记受教育程度高(见表2-23)。

表2-23　　　　　　　　社区/村书记受教育程度

受教育程度	初中及以下	高中或中专	大专	本科及以上
社区书记(%)	2.6	20.9	43.9	32.6
村书记(%)	23.0	43.7	26.8	6.5

从社区人员配备上来看,农村社区和城市社区受访对象的看法出现较大差异,如62.3%的人认为村委会人员配备合适,而只有31.6%的人认为居委会人员配备合适,认为人员略有短缺的村委会和居委会分别为30.2%和49.7%,也就是说六成以上的农村社区工作者认为人员配置是合理的(表2-24)。这在一定程度上说明,城市社区工作者的任务相对重,希望配置更多的人员来应付各种

事务。

表2-24　　　　居（村）委会工作人员配备情况

人员配备情况	村委会	居委会	综合百分比
人员大量稀缺	5.7	17.7	12.3
人员略有短缺	30.2	49.7	41.1
人员配备合适	62.3	31.6	45.3
人员偏多	1.7	0.9	1.3

对于社区工作者队伍建设的政策执行情况，我们从社区工作者专业岗位、职业津贴、社区工作者培训是否得到落实来看，整体上不尽如人意，农村社区的情况更不乐观。

第一，农村社区中社工专业岗位开发明显偏低，如表2-25所示，专业岗位开发整体情况不乐观，只有34.5%的城市社区有专业岗位，相比来看，农村社区有专业岗位的比例更低，只有13.6%。

表2-25　　　　　有无社区工作者专业岗位

社区类别	居委会（%）	村委会（%）	综合情况（%）
有	34.5	13.6	25.3
无	65.5	86.4	74.7

第二，社区工作者职业津贴政策的实施情况显示（表2-26），六成的农村社区还没有制定职业津贴政策，这一数据是城市社区的两倍左右，城市社区的政策落实情况明显好于农村。

表2-26　　　　社区工作者职业津贴政策实施情况

实施情况	农村	城市	职业津贴政策综合百分比
还没有制定	62.7	34	46.6
制定但还没有实行	5.3	7.1	6.4

续表

实施情况	农村	城市	职业津贴政策综合百分比
制定并已开始实行	11.8	46.6	31.1
不清楚	20.2	12.3	15.9

第三，社区工作者接受培训是职业化建设的重要方式和内容之一，对比来看，56.3%的城市社区的社区工作者全都接受过培训，而农村全都接受过培训的只有40.0%；4.7%的城市社区的社区工作者都没有接受过培训，而10.3%的农村社区的社区工作者都没有接受过培训（见表2-27）。

表2-27　　　　　社区工作者是否接受过培训

培训情况	城市（%）	农村（%）	综合百分比
都没有接受过培训	4.7	10.3	7.3
少数人接受过培训	20.3	30.7	24.9
多数人接受过培训	18.7	19.0	19.0
全都接受过培训	56.3	40.0	48.8

综合调查数据分析来看，社区工作者队伍建设的职业化方向比较明确，地方政府在推动队伍建设上已经取得了一些成效，尤其是队伍的整体素质已经有所提升，队伍的保障水平有所提高，队伍的社会认可度逐步上升。但是，由于国家政策重在引导，地方政府在实际政策制定和执行过程中往往会选择适合区域经济社会的建设路径，这就导致了社区工作者队伍的规范化程度不一致、区域发展不平衡、城乡发展不均衡等诸多问题。

第二节　社会工作人才发挥作用的现状与问题

社区社会工作人才，是指在社区内从事社会工作各领域服务的专门人才,它采用职业化、专业化为主,社会化为辅的发展路径,因而在外在形式上主要有两类:一类是社区社会工作者取得社会工作资格证书,着力点是社区工作者的专业化;另一类是以岗位设置、购买服务等方式引导那些运用社会工作理念与方法的社工机构、组织或个人在社区内从事社会工作领域服务,强调社区工作者并在社区内从事社会工作服务的人才。在岗位设置上,如浙江杭州下城区的"项目制社工",把原先的社区工作者编制放到街道社会组织孵化中心,同时在这一过程中取得社会工作资格证书,并在社区开展"项目化"服务;在购买服务上,主要是委托社会工作机构或社会组织中具有社会工作资格证书的人才开展服务。本节重点关注社区工作人才的专业化发展情况,即拥有社会工作资格证书的社区社会工作人才的发展情况,也兼顾以岗位设置或购买服务等方式引入的专业社会工作者,以期在重点关注的基础上兼顾整体性。

一　社区社会工作人才发挥作用的进展情况

社区社会工作人才发挥作用情况可以从政府对社会工作的推动、城乡社区对社会工作的认知、社会工作人才的专业化职业化、社区减负增效、专业社会工作机构介入服务五个方面进行分析,其中前三个是基础性条件,是社区社会工作发挥作用的前提。

(一)政府作为社区社会工作的推动者,参与者角色获得较好认可

基于我国社区社会工作政策推进是以"三社联动"机制为突破口的,尤其是"三社联动"起步阶段,其工作重心往往放在培育和发展社区社会组织及专业社会工作上,因此在很大程度上,可以用政府推动"三社联动"机制建设来大致呈现政府对社区社会工作的推动情况。

政府在参与"三社联动"(社区、社会组织、社会工作)工作上,高达90.56%的社区工作者认为是积极的,其中认为"有些参与"的是35.08%,"参与较多"的是32.06%,"参与很多"的是23.42%,而认为"没有参与"的只有9.34%,"不知道"的是

0.10%（表 2 - 28）。同时，在对政府推动"三社联动"作用的评价上（剔除社区工作者认为"没有参与"的人数），高达 98.31% 的社区工作者持肯定态度，其中认为"好"的占比 62.88%，"中"的占比 35.43%，而"差"的只有 1.69%（表 2 - 29）。这表明，在"三社联动"工作中，政府作为推动者、参与者的角色总体是得到社区认可的。

表 2 - 28　基层政府在"三社联动"工作方面的参与程度

参与程度	频数	百分比
有些参与	1056	35.08
参与较多	965	32.06
参与很多	705	23.42
没有参与	281	9.34
不知道	3	0.10

表 2 - 29　基层政府在"三社联动"工作方面的作用

作用	频数	百分比
好	1714	62.88
中	966	35.43
差	46	1.69

（二）社区工作者对社会工作开展的必要性形成正向共识

社区工作者对社会工作的"了解"比例达 78.11%，其中"一般了解"的比例为 57.05%，"非常了解"的比例是 21.06%，"不了解"比例占 21.89%（表 2 - 30）。这表明，大部分的社区工作者是了解社会工作的，但也仅限于"一般了解"，且还有约五分之一的社区工作者"不了解"，推进社区工作者对社会工作的了解尤其是深度了解任重道远。

表2-30 社区工作者对社会工作的了解程度

了解程度	频数	百分比
非常了解	634	21.06
一般了解	1717	57.05
不了解	659	21.89

在开展社会工作的必要性上，高达92.29%的社区工作者认为有必要，其中"非常有必要"的比例是38.44%，"有必要"的比例是53.85%，"无所谓"和"没有必要"的比例分别只有3.92%和3.79%（表2-31）。这表明，绝大部分社区工作者对社区开展社会工作的必要性已经形成了正向共识。

表2-31 社区中开展社会工作的必要性情况

必要性情况	频数	百分比
非常有必要	1157	38.44
有必要	1621	53.85
无所谓	118	3.92
没有必要	114	3.79

（三）社区社会工作人才专业化能力有所提升，薪资待遇得到改善

在社区工作者获得社会工作专业资格证书上，助理社会工作师均值为0.67个，社会工作师均值是0.33个（表2-32）。也就是说，平均每个社区都有1名社区工作者拥有社会工作专业资格证书。不过，这并不是说每个社区都有1名社区社会工作者，因为不同的社区，社区工作者获得社会工作专业资格证书是不均衡的。如在助理社会工作师资格证书的获取上，最大值达到15，最小值是0，标准差达到1.42；在社会工作师资格证书的获取上，最大值是9，最小值是0，标准差达到0.87，两者都超过了均值，表明社区内社会工作专业资格证书拥有量差异很大。而国家关注的是每个城乡社区持证社会工作者的配备情况，如民政部会同全国社区建设部际联席会议成员单位下发

的《城乡社区服务体系建设规划（2016—2020年）》，提出"力争到2020年，每个城乡社区至少配备1名社区社会工作者"。就此而言，对没有持证社区工作者的社区，各地应加大指导、监督和支持的力度。

表2-32　社区工作者获得社会工作专业资格证书情况

资格证类型	均值	最大值	最小值	标准差
助理社会工作师	0.67	15	0	1.42
社会工作师	0.33	9	0	0.87

在社区工作者社会工作职业津贴政策上，超过三分之一的社区工作者回答区县已经制定了社会工作职业津贴政策，其中"制定并执行"的比例是31.06%，"制定但还没有执行"的比例是6.45%；"没有制定"的比例是46.64%，"不清楚"的比例是15.85%（表2-33）。

表2-33　社区所在区县是否制定社会工作职业津贴政策

政策制定情况	频数	百分比
制定并执行	935	31.06
制定但还没有执行	194	6.45
没有制定	1404	46.64
不清楚	477	15.85

在"制定并执行"社会工作职业津贴政策的区县，对获得助理社会工作师证书的社区工作者每月发放的均值是178.68元，对获得社会工作师证书的社区工作者每月发放的均值是265.64元。2018年政府发放社会工作职业津贴与2017年相比，有了明显的提升，其中助理社会工作师职业津贴提升了49.04%，社会工作师职业津贴提升了53.46%（表2-34）。这表明一些地方政府已经逐步意识到，建立社会工作职业津贴制度并提高职业津贴标准是提升社区社会工作水平的重要手段。陕西省、江西省、江苏省苏州市、福建省泉州市、广东省

第二章 社区工作者队伍建设情况研究报告

中山市、浙江省建德市等地近几年出台了社区社会工作者社会工作职业津贴制度，给予持有高级、中级、初级社工师资格证的社区工作者发放每月100—600元不等的职业津贴。这一举措激发了当地社区工作者学习社会工作专业知识、提升自身专业能力的热情，有效引导了社区工作者队伍向专业化方向发展。

表2-34　**2017年与2018年政府发放社会工作职业津贴比较**

资格证类型	2017年（元/月）	2018年（元/月）	增长幅度（%）
助理社会工作师	119.89	178.68	49.04
社会工作师	173.10	265.64	53.46

在社会工作岗位设置或项目开发及运营方式上，有四分之一的社区设置社会工作岗位或开展社会工作服务项目。在已设置和开展社会工作服务项目的社区中，"政府购买社会工作机构的服务"是主流方式，占比达到62.6%；其次是"设立的社工岗位开展服务"，占比是18.3%；而"建立专业社工机构开展项目服务"和"社会组织或企业等社会力量购买社工机构的服务"这两种方式才刚刚起步，分别只有8.6%和5.7%（表2-35）。

表2-35　**社区社会工作岗位设置或项目开发及运营方式**　（%）

岗位与项目开发	有	25.3
	无	74.7
运营方式	政府购买社会工作机构的服务	62.6
	本社区/村设立的社工岗位开展服务	18.3
	本社区/村建立专业社工机构开展项目服务	8.6
	社会组织或企业等社会力量购买社工机构的服务	5.7
	其他	4.8

（四）专业社会工作机构成为社区服务的重要供给主体

在社区减负增效功能发挥上，高达90.23%的社区工作者认为社会工作者有积极作用,其中认为"有很大作用"的占比34.86%,"有较大作用"的占比25.56%,"有一些作用"的占比29.81%,而认为"基本没有作用"和"说不清"的比例分别只有6.02%和3.75%(表2-36)。

表2-36　　　　　社会工作对于社区减负增效的功能

作用发挥情况	频率	百分比
有很大作用	1049	34.86
有较大作用	769	25.56
有一些作用	897	29.81
基本没有作用	181	6.02
说不清	113	3.75

在社会工作对社区减负增效及提升工作水平有促进作用(剔除"基本没有作用"和"说不清"两类)的原因上,主要是"增加专业社工能分担居(村)委会的一部分工作""社工的专业理念和方法具有优势"和"专业社工能更好地动员社会力量"三个方面,其比例分别为79.1%、71.3%和70.4%,"居民更加信任专业社工"的比例是44.8%(表2-37)。

表2-37　　　社会工作对社区减负增效及提升工作水平
有促进作用的原因

原因	频率	百分比
增加专业社工能分担居(村)委会的一部分工作	2148	79.1
社工的专业理念和方法具有优势	1936	71.3
专业社工能更好地动员社会力量	1911	70.4
居民更加信任专业社工	1216	44.8
说不清	54	2.0

在专业社会工作机构在本社区治理服务中的作用上(剔除没有建立专业社会工作机构或引入专业社会工作机构的城乡社区),69.53%

的社区工作者认为有作用，其中"作用很大"的是16.65%，"作用较大"的是21.88%，"有些作用"的是31.00%，而认为"没什么作用"的是30.47%（表2-38）。这表明，大部分的社区工作者对专业社会工作机构介入社区治理是持正面看法的，但有近三分之一的社区工作者表示"没什么作用"，需要引起注意。

表2-38　专业社会工作机构在本社区治理服务中的作用情况

作用情况	频率	百分比
作用很大	283	16.65
作用较大	372	21.88
有些作用	527	31.00
没什么作用	518	30.47

在社区已开展的相关服务项目中，尽管居（村）委会、基层政府仍然是最大的供给主体，但专业社会工作机构也开始成为辅助供给主体，尤其是在养老服务、法律服务、医疗服务等领域已成为重要提供主体。如在"老年人卫生保健""医疗服务""法律政策讲座""法律服务""老年人康复护理"服务项目上，专业社会工作机构供给比例都达到20%以上，"家政中介服务""居家养老""机构养老""就业技能培训"服务项目上，供给比例在15%—20%之间（表2-39）。

表2-39　已开展相关服务项目的社区中专业社会工作机构供给情况

服务项目	频数	样本量	百分比
老年人卫生保健	432	1621	26.65
医疗服务	587	2383	24.63
法律政策讲座	491	2208	22.24
法律服务	515	2430	21.19
老年人康复护理	100	483	20.70
家政中介服务	96	505	19.01
居家养老	235	1263	18.61

续表

服务项目	频数	样本量	百分比
机构养老	83	471	17.62
就业技能培训	257	1630	15.77
残疾人服务	225	1660	13.55
老年人照料	97	787	12.33
互助养老	55	487	11.29
青少年服务	154	1428	10.78
社区矫正	194	1913	10.14

专业社会工作机构成为医疗卫生与法律服务重要供给方，是意料之外、情理之中。理论上，医疗卫生、法律服务有专业供给主体，理应由专业主体负责，但实际上医疗体制机制方面的问题及社区法律服务较多是社会性而非市场性特质的，导致部分医疗卫生与法律服务主体缺位，尤其是在医生进社区、卫生保健宣传与服务、法律政策讲座、法律咨询与援助等方面尤为缺失。同时，它还与当前实务社会工作介入方式与内容相关。由于实务社会工作在社区还处于起步阶段，专业能力与水平较为有限，尤其面对医疗卫生、法律、心理咨询等本身专业化"区隔"较为明显领域，社会工作实务介入的方式往往都是链接资源、开展讲座、组织群众参与等。加之政府对专业社会工作机构的服务成效评估往往采用"任务目标"而非"过程目标"，即关注群众参与人次、活动举办次数、新闻媒体报道等，较少评估参与过程、能力提升、潜能发挥等成效，因此链接资源、开展讲座、举办活动等方式成为专业社会工作机构应对政府评估的重要手段。这三个因素，使得那些因自身专业化"区隔"供给不足、社区和居民需求量大的服务领域，可看到专业社会工作机构较多开展服务的情况。

二 社区社会工作人才队伍建设存在的问题

在取得积极进展的同时，社会工作人才队伍建设还存在着以下几个方面的问题：一是社区工作者对社会工作的认知还处于中间状态；二是社区社会工作的开展还存在制度性障碍，社区工作者专业化程度存在城乡和社区发展不平衡；三是专业社会工作机构在社区治理与服务领域拓展不够，主体功能发挥不足。

（一）社区工作者对社会工作的认知度还不高

如果把社区工作者对社会工作的了解做一个从低到高的连续谱，那么当前社区工作者对社会工作的了解还处于连续谱的中间状态，即两端人数都不高，而"一般了解"的比例最高，达到了57.0%。社会工作十分强调专业性，它是以利他主义价值观为指导，以科学的知识为基础，运用科学方法助人的服务活动，因此仅限于"一般了解"显然不够。同时，还有21.9%的社区工作者"不了解"社会工作，这更不利于社区社会工作的引入和发展，需要引起重视。

此外，对社会工作的了解还存在着较为显著的城乡差异。城市社区工作者对社会工作的了解程度达到91.0%，高于农村社区61.9%近三十个百分点，"非常了解"的比例是农村社区2.6倍，而"不了解"的比例是农村社区的四分之一（表2-40）。可以说，农村社区工作者对社会工作的了解远不如城市社区工作者，尤其是"不了解"的社区工作者比例还较高。

表2-40　城乡社区工作者对社会工作了解程度的比较（%）

了解程度	城市社区	农村社区
非常了解	29.3	11.1
一般了解	61.7	50.8
不了解	9.0	38.1

在社会工作开展必要性上，城市社区工作者认为有必要的是97.0%，农村社区工作者认为有必要的是86.2%，城市社区高出农村社区十个百分点，而在"非常有必要"这一项上，其中城市社区工作者达到47.7%，而农村社区工作者只有26.4%（表2-41）。

表2-41　城乡社区中开展社会工作的必要性情况比较（%）

必要性情况	城市社区	农村社区
非常有必要	47.7	26.4
有必要	49.3	59.8
无所谓	1.3	7.2
没有必要	1.7	6.6

（二）社区工作者开展社区社会工作制度受限，且城乡发展不平衡

尽管社区工作者对社会工作的了解和重视程度总体较好，但绝大部分社区工作者认为社区开展社会工作存在障碍这一比例高达90.0%，而存在障碍的最主要因素是"缺乏资金支持"，其比例高达64.2%，其次是"缺乏政策支持""居民对社会工作不了解、不认同"和"社区工作者对社会工作认识不足"，其比例分别为38.7%、37.4%和36.3%，再次是"社区工作负担过重影响着社工发挥专业优长"，其比例是24.6%，最后是"基层党政领导重视不够"和"社工对专业理论和方法会记不会用"，其比例分别为14.9%和11.0%（表2-42）。这些障碍正是造成社区社会工作岗位设置或项目开发不够的重要因素。有研究者以社区社会工作岗位设置为例，发现在居委会体制下设置岗位往往导致待遇与专业化不匹配、行政性事务挤压专业社工时间、没有完整的社工岗位体系等问题，而影响了社区社会工作岗位的开发[①]。

在社会工作专业资格证书持有上，城市社区平均有2个社区工作者持有社会工作专业资格证书，而农村社区只有0.12个社区工作者持有社会工作专业资格证书。不过，城市社区工作者持有社会工作师资格证的比例远低于持有助理社会工作师资格证的比例，而农村社区工作者持有社会工作师和助理社会工作师资格证的比例都非常低。

---

① 徐若兰、林李:《社区社会工作岗位设置与评价体系研究》，《福建论坛》（人文社会科学版）2014年第3期。

表 2-42　　社区开展社会工作的阻碍因素

开展社会工作情况及阻碍因素		百分比
开展社会工作障碍	有	90.0
	无	10.0
障碍因素	缺乏资金支持	64.2
	缺乏政策支持	38.7
	居民对社会工作不了解、不认同	37.4
	社区工作者对社会工作认识不足	36.3
	社区工作负担过重影响着社工发挥专业优长	24.6
	基层党政领导重视不够	14.9
	社工对专业理论和方法会记不会用	11.0
	其他	1.5

在社区工作者社会工作职业津贴政策上，城市社区工作者认为"制定并执行"的比例是46.60%，高出农村社区的11.80%；而城市社区工作者认为"没有制定"的比例是34.00%，低于农村社区的62.70%。在补助标准上，城市社区与农村社区也不相同，城市社区的社区工作者取得社会工作师资格证书和助理社工师资格证书的平均补贴分别为292.30元和220.50元，而农村社区只有234.00元和136.90元。这意味着，区县市政府制定的社区工作者社会工作职业津贴政策存在城乡"区隔"。

在社会工作岗位设置或项目开发上，城市社区"有"社会工作岗位设置或项目开发的比例是34.60%，而农村社区只有13.60%（见表2-43）。这表明，农村社区社会工作岗位设置或项目开发较为羸弱。

表 2-43　　城乡社区社会工作人才专业化、职业化建设情况比较

项目内容	具体项目情况	城市社区	农村社区
社会工作专业资格证书均值（个）	助理社会工作师	1.48	0.08
	社会工作师	0.52	0.04

续表

项目内容	具体项目情况	城市社区	农村社区
制定社会工作职业津贴情况（%）	制定并执行	46.60	11.80
	制定但还没有执行	7.10	5.30
	没有制定	34.00	62.70
	不清楚	12.30	20.20
职业津贴均值（元/月）	助理社会工作师	220.50	136.90
	社会工作师	292.30	234.00
社会工作岗位设置或项目开发（%）	有	34.60	13.60
	无	65.40	86.40

社区社会工作人才专业化、职业化建设不仅存在着区域、城乡差异，还存在着社区之间的差异。仅以社区工作者拥有社会工作专业资格证书情况来看，无论是助理社会工作师资格证还是社会工作师资格证，其标准差都大于均值，这意味着他们之间的组距非常大，不同社区社会工作资格证书持有率存在较大差异。在社会工作岗位设置或项目开发上，即使都是城市社区，也存在着从城区（市内）向城乡接合部再向小城镇依次递减的趋势（表2-44）。

表2-44 城市社区位置与社会工作岗位设置或项目开发的情况（单位：%）

社会工作岗位设置或项目开发	城市（市内）	城乡接合部	小城镇
有	36.8	32.4	27.6

（三）专业社会工作机构承接社区服务项目领域不够宽

专业社会工作机构尽管在发挥作用方面得到较好认可，并逐渐成为社区服务的辅助供给主体，在养老服务、法律服务、医疗服务等领域成为重要提供主体，但其在社区秩序维护、儿童青少年及妇女服务、流动人口服务等方面拓展不够，与基层政府、居（村）委会等供给主体相比，差距明显，甚至与其他社会组织发挥的作用相比，还处于劣势。

对比各类社会组织在参与社区治理服务过程中发挥的作用情况，

受访者认为专业社会工作机构"没什么作用"的比例最高,达到30.4%,而"作用很大"和"作用较大"的比例却最低,只有16.6%和21.9%(表2-45)。这一方面,固然因为专业社会工作机构是新生事物,其"嵌入"需要一个过程,而其他类社会组织有较为长久的历史传统,与传统及现代中国社会对秩序、互助、文化活动的追求密切相关;但另一方面,也提醒专业社会工作机构在开展实务社会工作过程中探索实现社会工作"本土化""在地化",尤其要把现代社会工作理念、方法、技术与中国传统和社会转型过程中的特征结合起来。这个问题不解决,无论是专业社会工作机构还是社区自身设置的社区社会工作岗位,其参与治理和服务都将面临巨大挑战。

表2-45　　**各类社会组织在社区治理服务中的作用情况**　　(单位:%)

社会组织类型	作用很大	作用较大	有些作用	没什么作用
志愿服务和公益慈善类社会组织	31.4	30.4	30.8	7.4
老年人社会组织(如老年协会)	23.5	28.8	31.9	15.8
养老、托幼类社会服务机构	20.4	25.5	31.4	22.7
群众性文体类社会组织	28.8	33.0	29.0	9.2
群众性调解治安维稳类社会组织	30.5	33.1	25.7	10.7
专业社会工作机构	16.6	21.9	31.1	30.4

第三节　推进社区工作者队伍建设的对策建议

尽管近几年社区工作者队伍在职业化、专业化和素质化建设方面取得了较好进展,如建立了老中青相结合的社区工作者队伍,社区工作者社会认同度不断增强,社区工作者待遇保障有所提升,社区工作者社会工作专业化建设取得进展等,但也存在着一些需要突破的重点问题,如社区工作者的薪酬待遇仍然未能达到预期水平、社区工作者的职业发展空间受限、社区工作者在社区治理中的权责关系模糊等社区工作者职业化发展难题。此外，还面临着如何培育和发展社区社会工作人才及其嵌入社会治理后怎样发挥作用等社区工作者专业化发展难题。就此而言，应重点从社区工作者职业化建设、专业化发展空间方面进行政策创制和机制创新。

一 深化社区工作者职业化建设

职业化的本质强调一套职业规范与职业标准。以市场为导向的职业化，往往由市场与行动者互构形成职业规范与职业标准，而社区工作者职业化场域并不在市场，而在社会、城乡社区。社区所具有的基层社会属性，决定了它往往是政府规制与社区互动的交集点。又因为中国社区治理的政府主导性，社区工作者的职业化更多体现为政府的规制行为。当然，这一规制也需要考虑社区、社区工作者自身的特性。因此，可以说，社区工作者的职业化在很大程度上取决于政府。就此而言，当前要推动社区工作者职业化发展，需要从政府维度，尤其是政府政策出台及政策落实两个方面三个层次加以深化。

（一）出台以职业化为重点、专业化为支撑的社区工作者队伍建设指导意见

从全国层面来看，既没有专门出台关于社区工作者人才队伍建设的实施意见，也没有出台配套性支持文件，而是把社区工作者人才队伍建设放置到社区治理相关政策文件中。这些文件尽管也涉及职业化、专业化等内容，但不全面且缺乏针对性。基于我国高度纵向治理结构的特点，上级文件是下级出台政策文件的重要依据，使下级文件出台具有合法性。因此，由于国家层面没有出台社区工作者专门文件，地方出台文件的积极性就大打折扣，以致一些地方出台、一些地方不出台，导致不均衡发展。社区工作者作为基层社会治理的主力军，是党政可以依靠和发挥重要作用的生力军，是负责城乡社区治理与服务的专门人才，理应对其发展和发挥作用有政策与法理的支撑，即应从夯实基层基础、提升治理服务、推进社会治理体系与治理能力

现代化的高度，从全国层面出台社区工作者人才队伍建设的实施意见，并在此基础上出台配套文件，使之更具有权威性、操作性和可行性。

这一文件应着重关注社区工作者职业化、专业化发展的突出问题。其中职业化应重点解决以下几个突出问题：一是薪酬待遇与职业发展空间；二是工作内容与权责关系；三是人员配置；四是服务水平及标准化建设。就第一个问题而言，应建立岗位职级与专业等级相衔接的机制，建立薪酬动态调整与正常增长机制。如浙江宁波出台的《关于加强专职社区工作者队伍建设的实施意见》中规定，"确保社区正职、副职和其他人员年平均收入水平分别不低于当地上一年度全部单位在岗职工年平均工资的1.6倍、1.3倍、1.1倍"。规范和落实"五险一金"制度，按企业职工工资标准足额缴纳"五险一金"。同时要严格落实带薪休假、免费体检、高温津贴、社区社会工作者职业资格津贴制度等。在职业发展空间上，除了拓宽岗位职级、专业等级发展渠道，还应对其进入事业单位和政府部门有开放的空间和渠道，将优秀社区工作者纳入各类人才工程参评范围，并享受相应待遇政策。在工作内容与权责关系上，须进一步梳理政社关系，在此基础上明晰政府、社区、社会组织三者权责关系，一方面为社区工作者减负；另一方面引导社会力量参与社区治理与服务，这对社区工作者而言，也是减负增效的办法。在权责对等关系上，应树立法治理念、法治思维，强调工作范围与内容的权责而非地域权责。在人员配置上，应建立以户数为主要依据、事项与任务多少为补充参考的配备标准，如一些地方户数与其他地方相同，但面临的养老服务、环境保洁服务（并没有交给物业）、治安服务（如流动人口远超户籍人口等情况）等任务极为繁重，应加大人员配置。在提升服务水平及推进标准化建设上，应建立专业化与群众化相结合的工作思路，鼓励地方因地制宜建立适合本地的社区服务工作制度和地方标准，严格落实AB岗、错时上下班、节假日值班等制度，建立"群众满意度"评价机制，建立专职社区工作者退出机制。

（二）严格落实政策文件，建立"硬考核"机制

对政策文件落实机制的研究发现，高位政策文件和"硬考核"机制与政策文件的落实具有正相关关系。高位政策文件出台上文已述，本部分关注"硬考核"机制。一是对已出台的政策文件中涉及的社区工作者发展的政策措施，应强化"自上而下"的考核机制。如中共中央、国务院出台《关于加强和完善城乡社区治理的意见》中涉及的"将社区工作者队伍建设纳入国家和地方人才发展规划""加大从社区党组织书记中招聘公务员和事业编制人员力度，注重把优秀社区党组织书记选拔到街道（乡镇）领导岗位""支持其参加社会工作职业资格评价和学历教育，对获得社会工作职业资格的给予职业津贴"等，应建立相应的考核指标体系，一些重要考核指标内容应纳入地方的党政考核事项。如浙江省把社会工作考证率纳入党委政府极为关注的"平安"考核系列，极大地推动了社会工作考证率和社区社会工作人才"跨越式"发展。二是对酝酿出台的涉及社区工作者发展的政策措施，应置入相应的硬性指标与内容，引导、监督地方加以完成。这些硬性指标应着重关注"社区工作者报酬与社会平均工资水平"的关系、社区工作者的"五险一金"、社区工作者社会工作职业津贴、优秀社区工作者进入事业单位或公务员系统的发展通道、社区工作者培训、社区减负、社区工作标准化建设等内容。三是探索"自下而上"的考核体系，即一方面，强化社区工作者对乡镇（街道）、区县市职能部门参与社区治理与服务的考核，宜采用"匿名"机制，着重关注乡镇（街道）、职能部门参与社区治理与服务的"联动性"，社区参与涉及社区治理与服务的重要规划、重点项目及其政策文件的制定，社区减负，落实上级政府关于社区工作者待遇的情况等，以"自下而上"的考核强化政府对社区工作者职业化发展的支持。另一方面，强化社区居民对"社区工作者"的满意度评价，尤其应关注服务态度、服务标准、服务及时性、服务获得性等方面的满意度评价。

（三）建立社区工作者城乡融合发展机制和区域衔接发展机制

当前，无论是社区治理，还是社区工作者实际的发展情况，城

乡、区域差距都较为明显。就社区工作者而言，其薪酬待遇、五险一金、晋升渠道、社区社会工作人才、专职社区工作者使用等方面，在政策规定和实际效果上都存在着城乡、区域差距。党和国家已经意识到这一问题，为此中共中央、国务院出台了《关于建立健全城乡融合发展体制机制和政策体系的意见》，提出"走城乡融合发展之路"。依循此方向，应建立社区工作者城乡融合发展机制和区域衔接发展机制。一是构建与完善社区工作者城乡融合发展机制。强化以财政投入为主的村级组织和农村社区服务运转经费保障机制，加大农村专职社区工作者招聘力度，专职从事农村社区服务工作，如"一站式"公共服务、居家养老服务、儿童青少年服务、社区社会工作服务等。建立城乡专职社区工作者交流机制，以超过城市社区工作者1.2—1.5倍的薪酬或补贴（如一些地区实施的乡村教育计划，乡村教师的收入是城市教师的1.2—1.5倍），增强农村专职社区工作者岗位的吸引力；农村专职社区工作者通过服务满一定年限可以申请进入城市社区工作；在一些具有城乡社区的地区，可以尝试推行城乡社区专职社区工作者相互挂职、交流机制。加大农村社区社会工作人才培育和发展力度，在农村地区举行考试培训，建立和完善考试通过一次性奖励及社区社会工作职业津贴制度，加大政府购买社会组织服务力度，引导城市社会组织、农村自我培育的社会组织参与农村社会工作服务项目，提升农村社区工作者专业化水平。完善农村社区工作者薪酬体系，使其专事农村社区治理与服务。二是构建和推进社区工作者区域衔接发展机制。社区工作者人才队伍建设及发挥作用区域不平衡亦是问卷调查所呈现的重要内容，须引起重视，应建立和推进社区工作者区域衔接发展机制。具体来说，主要包括以下几个方面：其一是应建立社区治理对口帮扶机制，推行省、地区、区县市、乡镇街道、社区五个层面的结对帮扶机制，重点关注政策、资金、人才、项目等方面的结对内容，导入发达地区先进的社区治理及社区工作者发展经验与做法；其二是不同地区就近区域，探索建立社区治理一体化机制，如在长三角一体化示范区维度上加入社区治理一体化建设内容，注重社区工作者制度衔接机制等；其三是建立区域社区工作者交流学习、挂职工作机制，引入发达地区先进的社区工作者管理与服务机制，推动欠发达地区社区工作者管理与服务理念、方式方法的创新。

二 优化社区工作者专业化发展空间

社区社会工作人才是社区工作者专业化发展的核心内容，是推进社区治理专业化、精细化的重要方面。社区社会工作人才队伍建设及发挥作用，首先基于社区社会工作的"嵌入性"，不能把其视为"添加性"的工作，而是现代社区治理与服务创新的重要工作，并能够引领社区治理与服务创新。其次，应建立诱致性发展的社会工作政策，强化政府在资金供给、人才职系与待遇体系建设、大平台建设上的功能。最后，应采用扶低、提中和创高的社区社会工作推进机制。

（一）社区社会工作发展模式："嵌入性"而非"添加性"

"嵌入性"理论来源于新经济社会学，它最早由波兰尼提出，主要强调人类经济活动形式或制度是嵌入在经济和非经济制度之中的，特别是社会和文化结构之中的。格兰诺维特进一步阐述了嵌入性理论，认为"人类的目的性行为，是镶嵌于具体的、不断变化发展着的社会关系系统之中的"[1]。同时，他还区分了关系嵌入和结构嵌入概念，前者关注行为嵌入与他人互动所形成的关系网络中，后者关注组织之间及与第三方之间的联结。祖京和迪马吉奥提出了结构嵌入、认知嵌入、政治嵌入与文化嵌入四种类型[2]。当前，嵌入性理论不仅在经济社会学领域，在政治社会学、组织社会学、社区社会学研究领域及其相关政策研究上都有广泛应用。嵌入性实际上要表明，一个行为或组织活动方式及制度是嵌入在与其他行为或组织及制度之中的，尤

---

[1] Mark Granovetter, "Economic Action and Social Structure: The Problem of Embeddness", *American Journal of Sociology*, 1985, 91 (3).

[2] Zukins, Dimaggio P., *Structures of Capital: The Social Organization of the Economy*, Cambridge University Press, 1990. 转引自林嵩《国内外嵌入性研究述评》，《技术经济》2013年第5期。

其是社会结构与行为之中的。就社区社会工作而言，它必须嵌入在社区及社区与政府、社会关系之中，它不能成为一种"添加性"的工作，即在原本繁重的社区工作中，简单灌输式的增加社会工作的内容，这既不利于社区接受社会工作，也不利于认知和关系及结构上的转变，往往造成社区认为"又增加了一项工作任务"，以至于草草应付了事。上述社区工作者对社会工作的了解还处于连续谱中间状态、政府对社区社会工作深度参与不足、社区工作者专业化程度提升不够及岗位设置与开发程度有限等问题，在很大程度上是因为我们把社会工作视为一种"添加性"工作，而非"嵌入性"工作，在认知嵌入、关系嵌入和结构嵌入上推进不够。

1. 强化社会工作的认知嵌入。社会工作认知嵌入不是简单的了解和培训，这往往容易形成外部的植入而非内生的动力，它关注的是社会工作与社区日常生活世界产生"耦合"，即能否产生有助于社区治理与服务的社区社会工作。也就是说，社区社会工作能在什么方面、什么程度上解决社区相关的问题。基于此，应在以下两个维度上推进社会工作的认知嵌入。

一是社会工作须嵌入在党和政府关心的中心议题上，并在这些中心议题上产生积极功能。如当下的乡村振兴战略、基层治理现代化议题应有社会工作的介入空间与方式，又如一些地方通过社区营造来推动乡村旅游经济、创意经济、共享经济、民宿经济的发展，还有一些地方通过引入具有社会工作理念的社会组织来推进基层治理，获得了地方政府和居民的广泛认可，使得地方政府和社区积极发展社会工作。具体案例有浙江众联村，采用社区营造的方式构建社会组织来制定村庄治理与服务的"众联60条"，衔接银行、企业、青少年宫等资源直接普惠居民，以至于其所在的乡镇和农村社区开始自觉推动社区社会工作的发展。一些研究也表明，在乡村振兴战略与扶贫战略背景下，构建"发展性社会工作"将产生积极影响。有研究者认为，发展性社会工作是一种将经济发展与社会服务协调融合起来，组织和动员服务对象开展具有生产性质的活动的服务①。这种社会工作不仅具有社会服务功能，还具有经济服务功能，且经济服务与社会服务能够融合，可以较好地应用于乡村振兴战略。不过，"发展性社会工作"必须与地方性知识相衔接，要产生能够交流、互动和动员的机制。

二是社区社会工作知识必须本土化和在地化。当前，尽管社区社会工作被社区的认可度总体较好，但实地的调研发现许多社区工作者认为书本或考证的社会工作知识难以"落地"社区，存在着社会工作知识与社区工作实践"两张皮"现象，这在很大程度上是因为社会工作尚未本土化、更没有在地化。因此，国家相关部门和地方政府应与高校、社区、社会组织协同，推进社会工作、社区社会工作本土化、在地化，提炼出一些本土化、在地化的经验，形成实操性强、易于掌握的社区社会工作方法与技术。

2. 提升社会工作的关系嵌入。关系嵌入强调社会工作者与居民、社区的互动与交往，要把自己变为社区人、变为社区与居民的熟人、友人。不然，很容易出现问卷调查中所出现的"居民信任社工程度"不高的问题。特别是专业社会工作机构中的社会工作者，尤其应加强与社区组织成员的互动，使其能够从互动中更好地熟悉社区工作的特点、方式，并借助于与社区组织成员的社会关系、社会资本来服务并推动社区营造等工作。另外，应加强与社区居民的互动，通过居民走访、交谈，了解居民特征与需求状况并构建社会关系网络，把自身变为社区居民的一员，并用专业的社会工作去影响和服务他人。

3. 增强社会工作的结构嵌入。结构嵌入强调社区社会工作岗位、社区社会工作室及专业社会工作机构与社区组织、政府之间的关系。嵌入的前提是权责明确，即明确社会工作组织、类组织或岗位的工作职责、工作内容，并在此基础上构建其与社区组织、政府之间的联结

---

① 陈涛、徐其龙：《社会工作介入乡村振兴模式研究——以北京市Z村为例》，《国家行政学院学报》2018年第4期。

关系。广州、深圳等地之所以社区社会工作发展快，一个重要原因是较为有效地切分了政府、社区和社会组织（包括社会工作机构）三者之间的关系，较好地明晰了各自职责，并通过政府购买服务、议事协商等机制产生联结性关系，使得社区社会工作及专业社会工作机构有了新发展空间。

（二）社区社会工作政策供给：强化制度诱致

制度诱致强调对现行制度的变更或替代，创造新的制度安排，进而提升制度效能，它有助于促进制度变迁。针对社区社会工作岗位设置与项目开发不够专业社会工作机构发展不强等问题，应强化社区社会工作政策的制度诱致功能，具体来说，应在以下方面强化：

1. 增加政府资金投入，尤其是政府购买社会力量参与服务的资金投入力度。当前，政府在社区的资金投入主要还是在基础设施与服务设施、社区办公经费、社区工作者报酬上，对社区社会工作岗位设置与项目开发的投入经费极少，同时政府购买社会力量服务的资金，尤其是购买专业社会工作机构服务的资金总量仍然不足。据各省上报民政部2018年"三社联动"的数据来看，社会工作最为发达的广东、上海、北京、江苏、浙江，政府在社会工作的投入资金分别为17.7亿元、14.02亿元、5.3亿元、3.6亿元和2.02亿元。而人口只有700多万的香港，其福利署一年资助社会服务机构（绝大部分是以社会工作者主导或领衔的机构）为195亿元，[①] 而社会资金高达200多亿元，差异不可谓不明显。

为此，应加大政府对社会工作，尤其是社区社会工作的投入力度。建议进一步梳理机关事业单位职责，将适合于社会组织，尤其是专业社会工作机构等社会力量承接的事项全部纳入政府购买服务项目，并搭建政府购买服务的大平台，把不同部门转移的职能纳入平台中，做大做强政府购买服务。同时建立机关事业单位实施政府购买服

[①] 陈建胜、李爱燕：《以"三社联动"为抓手高质量助推浙江基层治理现代化——兼与北京、上海、广东、江苏、香港的比较分析》，研究报告，2019年4月。

务的目标考核机制，推动各单位增加政府购买服务项目的数量与资金，落实政府购买服务常态化机制，强化对服务项目的考核评估，使社会工作参与基层治理更精细、提供社区服务更专业。

2. 建立和完善社区社会工作人才职业津贴政策。明确社区社会工作人才岗位职责，加大社区社会工作岗位设置，建立和完善社区社会工作人才职业津贴制度。率先探索开展社会工作职业体系建设，可以借鉴香港经验，按照社会工作主任职系和社会工作助理职系建立更为细致、科学的社会工作职系，率先在社区社会工作、专业社会工作机构领域应用。

3. 搭建社区社会工作平台，驱动社区社会工作发展。运用"跨界基金社会投资战略"，采用政府财政资金投一点、市场化运作资金投一点、居民慈善捐助资金投一点等多渠道相结合的方式，在乡镇（街道）层面建立社区社会工作发展基金，该基金主要用于社区社会工作人才培养、专业社会工作机构服务、社区社会工作岗位开发与项目运行，也可以采用冠名基金、留本冠名基金（本金归企业、利息归基金）等方式，建立社区社会工作发展基金。同时，基于社区社会工作专业性、起步性特点，可以在乡镇（街道）层面设置社会工作服务站或服务中心，培育和联动城乡社区层面的社会工作。如广州、深圳通过在镇街设置社会工作服务站（家庭综合服务中心），采用113X模式设置服务项目①，并配置政府购买服务，不仅使社会工作服务站能够有效运转并做大做强，还对社区减负增效、提升参与度和治理服务水平产生助力。

4. 建立社区社会工作与现代慈善有机融合机制。建立"社区社会工作+慈善"制度体系，制定社区慈善捐赠点服务指引、社区慈善基金服务指引，探索实践各级慈善组织支持社会工作服务机构、社区社会工作室开展的各项社区公益服务，形成"社区社会工作+慈善"

---

① 113X 模式，是指"1"个核心项目——强化党建引领社会工作服务，"1"个重点项目——突出辖区居民群众最迫切需求、最需要、最直接的服务，"3"个基础项目——夯实家庭、长者、青少年社会工作服务，"X"个特色项目——探索拓展多领域社会工作服务。

战略协同发展运作模式。发展社区慈善基金（会），乡镇（街道）可通过在市、区慈善会或其他具有公开募捐资格的慈善组织设立专项基金等形式成立社区慈善基金。设立社区慈善捐赠点，推动乡镇（街道）社会工作服务中心或基地成为社区居民群众参与慈善活动、连接慈善资源的服务平台，承担社区慈善捐赠功能，引导和鼓励乡镇（街道）社会工作服务中心与具有公开募捐资格的慈善组织合作开展募款活动。打造"社区社会工作+慈善"服务项目，围绕民政重点服务领域，打造一批创新性强、示范性好的"社区社会工作+慈善"品牌服务项目。

（三）社区社会工作分类推进机制：扶低、提中与创高

针对地区、城乡、社区之间社区社会工作发展不平衡、不充分的问题，应推行社区社会工作分类推进机制，在中西部地区、农村地区、没有社区工作者取得社会工作资格证的社区采取扶低战略，在社区中引入社会工作；而对于发展较好的地区，应采用创造战略，创新社区社会工作运行模式与机制，介于两者之间的则可采用提中战略，注重社会工作人才培养、使用和服务机制推进。

1. 扶低机制。对中西部地区、农村社区及没有社区工作者取得社会工作资格证的社区，基本目标是强化社区对社会工作的了解与嵌入，如对于中西部农村地区，在政策激励和引导中，应给予资金倾斜，开展"东中西"、城乡之间社会工作结对扶持计划。结对扶持计划除了联动相应政府部门外，还应联合高校、基金会、社会工作机构、企业等参与，如浙江省即将推行社会工作"南北协作"工程，推动社会工作先行地区与相对落后地区结对帮扶，共同提升社会工作服务水平。仅在高校参与上，就要推动浙江拥有社会工作专业的相关高校与地方建立全方位的合作，采用挂职、结对、政府购买服务、社会工作项目研发、实训基地、专业督导等方式相结合的办法，重点推进在社区、养老、医务、企业、戒毒、矫正、优抚安置、社会救助、妇女儿童等社会工作相关领域的合作、研究与服务。针对中西部地区、农村地区经济社会发展的特点，不仅要强化社会工作政策文件的出

台，也要注意社会工作实践基地的建设。考虑到政府具有一定"绩效导向"的特征，即政府往往关注能够取得实效、产生绩效的领域，社会工作可借鉴"精准扶贫慈善基地"的做法，在这些地区的乡镇（街道）、城乡社区创设能够产生实景、实效、绩效的社区社会工作基地，注重社会工作在养老、精准帮扶、乡村振兴等领域的应用，使之成为可学习、可借鉴的模式，产生以点带面的效果。

2. 提中机制。对介于社会工作发展较好与社会工作发展较弱的地区和社区，社区社会工作应关注组织与机制的创设，社区社会工作介入社区治理与服务能力的提升。具体来说，应注意以下几个层面：一是推进社区社会工作组织化机制建设，在乡镇（街道）、城乡社区设置社区社会工作岗位，鼓励和发展专业社会工作机构，建立督导队伍，强化对社区社会工作人才、服务项目、运行机制的督导。二是强化社区社会工作介入社区治理与服务的能力，各地应梳理典型经验与做法，探索适合于自身经济社会发展特征的社区社会工作模式与机制，并采用制度化的方式给予巩固提升。

3. 创高机制。对于社区社会工作发展水平相对较高的地区和社区，社区社会工作应注重存量提质和模式创新，特别应关注社区社会工作人才如何能够发挥作用，引领而不仅是适应社区治理与服务模式的创新。就此而言，可以在以下几个方面创高：一是在国家"社会工作服务综合示范区"建设的基础上，创设"社会工作服务创新实验区"，以开拓实验的方式突破既有路径与服务机制，创新社会工作参与基层治理、社会服务、乡村振兴、精准扶贫等领域的模式与机制，为全国社区社会工作乃至社会工作的发展提供支撑性条件。二是构建社会工作智慧平台，形成省市社会工作大数据库，推动全国建立社会工作智慧服务平台，使政府、企业、社会、社区互联，实现需求信息、服务供给无缝衔接。三是注重社区社会工作模式与机制的创新，引入现代社会工作理念、技术与方法，如资产为本的社会工作、"人、文、地、产、景"融合的社区营造等，强化社会工作引领社区治理与服务创新的能力与水平。四是加大对参与城乡社区服务的民办社工服务机构的扶持力度，注重民办社工机构与社区联动，建立购买服务方、社区联合监督民办社工服务机构开展服务的机制，使民办社工服务机构更接地气，并以此成效来反向激励政府对民办社工机构的投入力度。

第三章 居民参与社区治理研究报告

党的十九大报告提出，建立共建共治共享的社会治理格局，加强社区治理体系建设，推动社会治理重心向基层下移，发挥社会组织作用，实现政府治理和社会调节、居民自治良性互动，这为新时代推动城乡社区治理提供了政策支撑。《中共中央国务院关于加强和完善城乡社区治理的意见》从用好社区协商机制、探索居民群众参与社区治理纳入社会信用体系、推动学校普及社区知识和拓展流动人口参与四个方面提出了有效扩大居民参与的方法与途径，这为开创新时代社区治理新局面提供了基本遵循和行动指南。城乡居民作为推动社区治理创新的主体和创新成果的受益者，其参与社区治理的态度和能力对推动新时代社区治理尤为重要。

第一节 居民参与社区治理的基本现状

居民作为社区的重要主体之一，既是推进社区治理创新的主体，同时也是社区治理创新成果的主要受益者，在社区治理中发挥着重要的作用，因此，只有不断扩大群众参与，尊重居民群众的主体地位，发挥居民群众的主人翁作用，才能在更广范围内、更高程度上提升社区治理水平。

一 调查样本的基本指标

（一）受访者的来源

2018年城乡居民参与社区治理样本共4013个，覆盖21个省、4

个直辖市、1个自治区（见表3-1）。与2017年数据样本相比，2018年数据样本减少884个，从各省份来看，2018年样本数据缺少青海省和宁夏回族自治区。具体来看，山东、安徽、河南、湖北、四川、辽宁六省样本最多，共计1873个，占总数的46.67%；广西、重庆、上海、吉林、福建、天津六省样本最少，共计271个，占总数的6.75%。

表3-1　　　　受访者各省份分布情况（N=4013）①　　　（单位：个,%）

省份	样本数量	百分比	省份	样本数量	百分比
北京市	91	2.27	山东省	555	13.83
天津市	26	0.65	河南省	267	6.65
河北省	107	2.67	湖北省	266	6.63
山西省	164	4.09	湖南省	212	5.28
内蒙古自治区	60	1.50	广东省	233	5.81
辽宁省	242	6.03	广西壮族自治区	75	1.87
吉林省	35	0.87	重庆市	62	1.54
黑龙江省	143	3.56	四川省	264	6.58
上海市	52	1.30	贵州省	87	2.17
江苏省	173	4.31	云南省	117	2.92
浙江省	108	2.69	陕西省	130	3.24
安徽省	279	6.95	甘肃省	89	2.21
福建省	21	0.52	江西省	155	3.86

（二）受访者的个体特征

1. 性别分布较均，农村多于城市。从性别构成来看，男性2024人，女性1989人，其中城市社区男性607人，占比38.99%，女性950人，占比61.01%；农村社区男性1417人，占比57.70%，女性

---

① 本章数据来源若无特别说明，均来自民政部政策研究中心"社会治理动态监测平台及深度观察点网络建设项目"之"居民参与问卷"2018年追踪调查数据。

1039人，占比42.30%（表3-2）。纵向来看，因样本总数减少，2018年城乡社区男女参与人数与2017年相比均有所下降，分别下降531人和363人；横向来看，2018年农村社区样本数量均多于城市社区。

表3-2　　　　　　　城乡居民个体特征　　　　（单位：个,%）

类别	变量	城市社区		农村社区	
		频数	百分比	频数	百分比
性别	男性	607	38.99	1417	57.70
	女性	950	61.01	1039	42.30
年龄	18岁及以下	1	0.06	4	0.16
	19—35岁	134	8.61	255	10.38
	36—45岁	245	15.74	372	15.15
	46—59岁	616	39.56	1046	42.59
	60岁及以上	561	36.03	779	31.72
文化程度	初中及以下	859	55.17	1979	80.58
	高中/中专	403	25.88	370	15.07
	大专	195	12.53	78	3.17
	本科及其以上	100	6.42	29	1.18

2. 年龄差异明显，中老龄比重大。将样本按年龄划分为老年、中年和青年，大致分为18岁及以下、19—35岁、36—59岁、60岁以上四个阶段，其中，36—59岁可进一步分为36—45岁和46—59岁两个阶段。在所有样本中，46—59岁之间参与人数最多，共计1662人，占样本总体的41.42%，其中城市社区616人，农村社区1046人；60岁及以上人数次之，共计1340人，占样本总体的33.39%；而18岁及以下参与人数最少，共计5人。

3. 文化程度偏低，农村尤为显著。从文化程度来看，初中及以下人数最多，共计2838人，占总数的70.72%，其中城市社区859人，占比55.17%，农村社区1979人，占比80.58%；本科及以上阶段人数少，共计129人，占样本总数的3.21%，其中城市社区100人，占比 6.42%，农村社区 29 人，占比 1.18%。由此可见，受访者中城市社区居民受教育水平高于农村社区。

(三) 受访者的社会特征

1. 多数为已婚人士。在参与受访的居民中，已婚人数最多，共计 3514 人，占总数的 87.57%，其中城市社区 1319 人，占比 84.71%，农村社区 2195 人，占比 89.37%。

表 3-3　　　　　　城乡社区居民社会特征　　　　　(单位：个,%)

类别	变量	城市社区		农村社区	
		频数	百分比	频数	百分比
婚姻状况	未婚	61	3.92	81	3.30
	已婚	1319	84.71	2195	89.37
	离异	67	4.30	45	1.83
	丧偶	103	6.62	126	5.13
	其他	7	0.45	9	0.37
政治面貌	中共党员	354	22.74	398	16.21
	共青团员	69	4.43	118	4.80
	民主党派成员	3	0.19	2	0.08
	普通群众	1129	72.51	1930	78.58
	其他	2	0.13	8	0.33

2. 政治面貌以普通群众居多。在政治面貌方面，普通群众的人数最多，共计 3059 人，占总数的 76.23%，其中城市社区 1129 人，占比 72.51%，农村社区 1930 人，占比 78.58%；中共党员在城乡社区分别占比 22.74% 和 16.21%；共青团员在城乡社区分别占比 4.43% 和 4.80%；民主党派成员最少，仅有 5 人，占总数的 0.01%，其中城市社区 3 人，占比 0.19%，农村社区 2 人，占比 0.08%。

3. 户籍性质以农业户口为主。被调查者的户籍性质属于农业户口的为 2468 人，非农业户口的为 851 人，居民户口为 693 人（图 3-1）。因此，就被调查者所处的社区类型而言，2018 年问卷调查主要集中分布在农村社区，这与之前对被调查者的个体特征和社会特征的分析结果相契合。

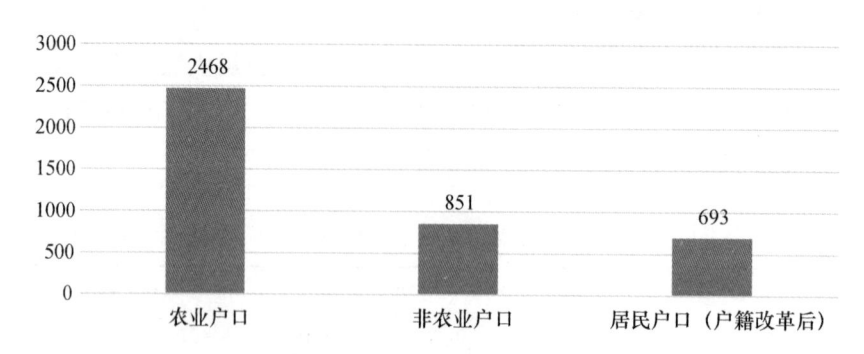

图 3-1 受访者的户籍性质

二 居民参与的基本情况

(一) 换届选举参与率比较高

2018年城乡社区居民参与换届选举人数分别为1057人和1869人，占比67.89%和76.13%，其中农村社区居民参与率高于城市社区，总体上高出近10个百分点（表3-4）。这表明，农村社区实行直接选举的形式对居民参与换届选举发挥了较大作用。从整体来看，2018年城乡社区居民换届选举参与率较高。另外，就换届选举中承担的角色而言，普通选民人数最多，共计2384人，其中城市社区870人，占比82.31%，农村社区1514人，占比81.01%；选举委员会成员和选举监督委员会成员人数最少，换届选举角色较为合理。可以看出，2018年我国城乡社区居民参与换届选举总体状况良好。

城乡社区居民中没有参与换届选举的人数共1086人，其中城市社区500人，占比32.11%，农村社区586人，占比23.87%。在没有兴趣、没有人通知、没有选举权、没有作用、不方便等原因中，"没有时间"占比重最多，城乡社区分别为29.30%和34.00%，"没有人通知"次之（图3-2）。值得关注的是，城乡社区分别有7.80%和3.20%的人认为换届选举没有作用。与2017年的调查结果相比，"没有时间"和"没有人通知"仍是居民参与换届选举的主要制约因

第三章 居民参与社区治理研究报告

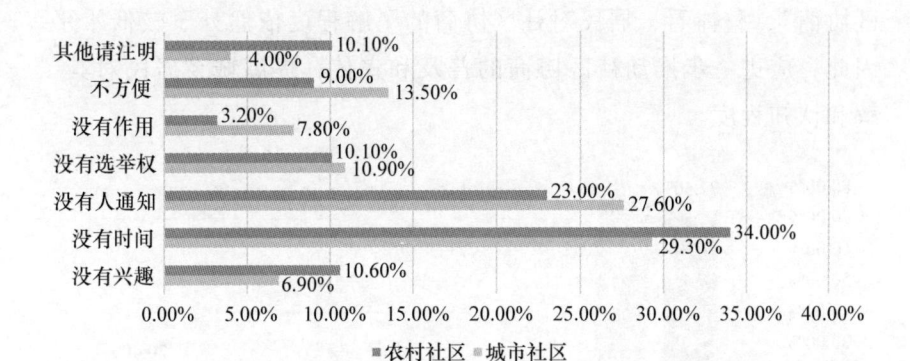

图3-2 城乡社区居民没有参与换届选举的原因

素,说明换届选举信息公开透明度不够,宣传力度有待加强。

表3-4 城乡社区居民参与换届选举情况 (单位:个,%)

类别	变量	城市社区		农村社区	
		频数	百分比	频数	百分比
是否参与换届选举	参与过	1057	67.89	1869	76.13
	没有参与过	500	32.11	586	23.87
	总计	1557	100.00	2455	100.00
换届选举中承担的角色	普通选民	870	82.31	1514	81.01
	监委会成员	43	4.07	82	4.39
	选委会成员	64	6.05	104	5.56
	候选人	80	7.57	169	9.04

注:"不清楚""不知道""不适用"均作为缺失值处理。

(二)社区协商参与率有提升

城乡社区居民知晓社区协商的比例在上升,但整体知晓度不高。2018年"从来没有听说过社区协商"的居民比例下降了6.60%,"听过但不理解"的下降了2.40%,"听过并理解"的居民比例上升了8.90%(图3-3)。这说明社区协商正在逐步被城乡居民了解,知晓度逐渐提升。2017年有72.50%的居民"从来没有听说过社区协商",2018年仍有65.90%的居民表示"从来没有听说过社区协商",整体看,居民对社区协商的了解程度依然处于较低水平。因此,应进一步推动社区协商的普及和宣传,提高城乡居民对其了解和认知程度。

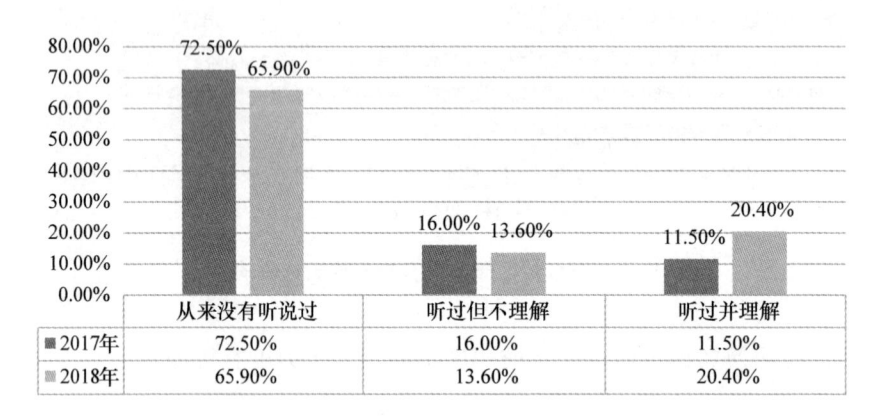

	从来没有听说过	听过但不理解	听过并理解
2017年	72.50%	16.00%	11.50%
2018年	65.90%	13.60%	20.40%

图3-3　城乡社区居民对社区协商知晓情况

在参与社区协商的主题分布上,社区居民参与主题多样且有所不同(图3-4)。城市居民参与协商比例最高的是"居委会选举问题",占比69.70%,参与协商比例最低的是"公益资金使用分配

	居/村委会选举问题	公共设施建设问题	社区/村庄规划与发展问题	邻里纠纷问题	公共环境卫生治理问题	规章制度/村规民约制定问题	特殊人群服务问题	社会救济、福利问题	治安问题	公益资金使用分配问题	村集体经济的经营或资金使用分配问题
城市社区	69.70%	51.20%	31.10%	50.40%	66.80%	30.30%	37.00%	34.20%	48.60%	21.10%	0.00%
农村社区	68.40%	67.00%	54.40%	58.10%	67.40%	52.10%	41.90%	43.70%	54.00%	30.20%	27.00%

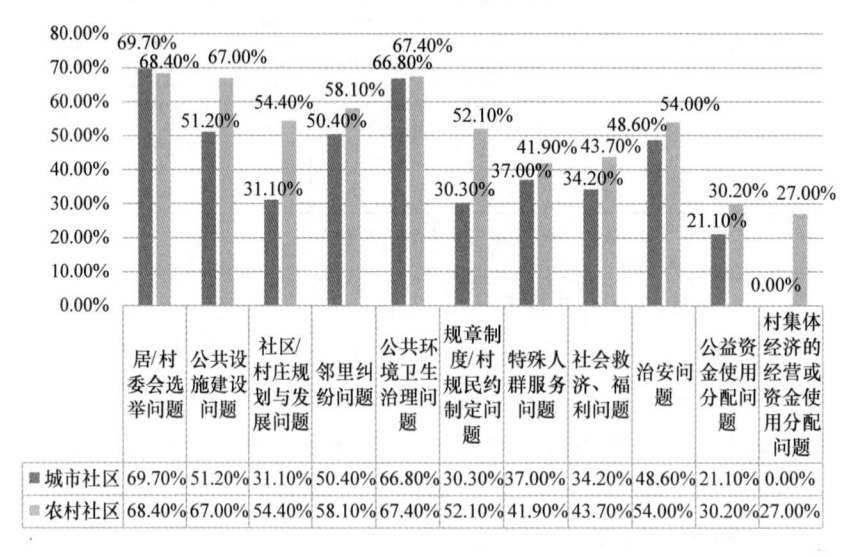

图3-4　城乡社区居民参与社区协商主题分布

问题",占比21.10%;农村居民参与协商比例最高的是"村委会选举问题",占比68.40%,参与协商比例最低的是"村集体经济的经营或资金使用分配问题",占比27.00%。城乡社区参与社区协商都比较关注居/村换届选举问题,参与社区公共事业方面协商较少。与2017年居民参与社区协商主题相比,除"居/村委会选举问题"主题外,其他"公共设施建设问题""社区/村庄规划与发展问题""邻里纠纷问题""公共环境卫生治理问题""规章制度/村规民约制定问题""特殊人群服务问题""治安问题"等十个主题的参与率均有所提高,特别是在"公共设施建设问题"和"特殊人群服务问题"主题方面。

(三)网络互动参与呈现新情况

城乡社区参加网络互动的居民为996人,占总体样本的24.82%。在参加网络互动的居民中,经常参加的居民为413人,占比40.89%。这表明,网络互助逐渐成为城乡社区居民参与社区活动的新渠道,且居民参与网络互动的主动性较强。同时,在参加过网络互动类活动的居民中,城市社区居民经常参加网络互动的比例达到44.64%,高于农村社区居民参加的比例,与2017年的调查结果一致。产生这一现象的原因主要是城市社区互联网的普及程度、居民文化程度以及社区信息技术的推广程度普遍高于农村社区。

表3-5　　　　城乡居民参与社区活动频率表　　　(单位:个,%)

类别	变量	城市社区		农村社区	
		频数	百分比	频数	百分比
是否参加	有	517	33.20	479	19.50
	没有	1040	66.80	1977	80.50
参与频次	经常参加	233	44.64	180	36.89
	偶尔参加	284	54.40	296	60.65
	从未参加	5	0.96	12	2.46

注:"不清楚""不知道""不适用"等均作为缺失值处理。

在没有参加网络互动的原因当中，选择"不会上网"的人最多，达到57.00%（图3-5），表明网络互动的技术要求成为社区居民参与的主要障碍。此外，35.80%的居民不知道有此类活动，说明社区网络互动信息更新不及时，居民无法获得有效的参与信息。相比较而言，社区公益活动、文体活动参与的技术性要求低，社区居民可以很快参与其中。因此，针对居民参与技术层次相对低的问题，应根据社区实际情况建立相应的信息平台，开发便于居民使用的智能设备，同时要求社区工作人员向居民传授使用技能。

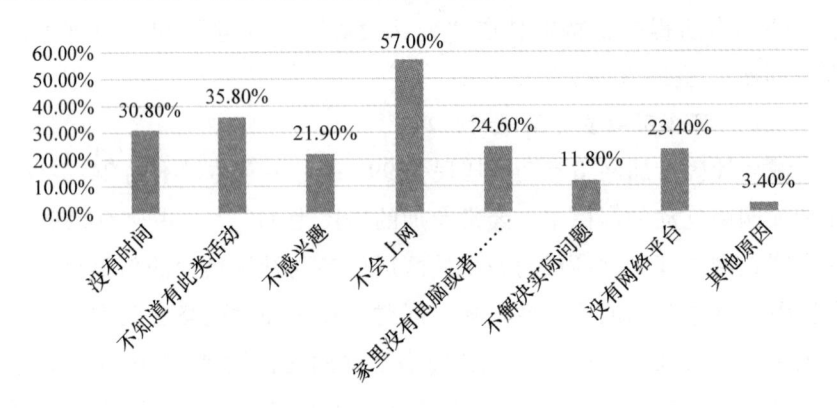

图3-5 没有参加网络互动的原因

（四）居民组织化参与稳中有进

在网络互动、公益活动、文体活动的"发起者""组织者"和"参与者"角色中，均有居民扮演（表3-6）。可以看出，居民参与社区活动的角色扮演类型多样，且各类角色所占比例较为合理。在三大社区活动中，与公益活动和网络互动相比，文体活动的组织者和参与者占比最高，达到9.79%和41.31%。这表明，相对于其他两方面活动，文体活动参与形式简单，社区居民更便于参与，参与度比较高，而公益活动因为组织起来有一定难度等原因，发起者和组织者的参与人数较少。同时，与2017年相比，社区活动的组织者和发起者所占比例基本呈上升趋势，居民参与社区活动的积极性也有所提升。

城乡社区居民接受社区社会组织服务和社工服务的比例为

40.40%和19.70%,与2017年相比均有所增加,尤其是居民接受社区社会组织服务的比例,较2017年增加近30个百分点(图3-6)。在居民接受社会组织服务的类型中,生活服务类(48.20%)、文体类(35.20%)、社会参与类(30.50%)比重较大,且较2017年均有所提高。这表明社会组织的发展速度较快,居民接受专业化服务的能力日益增强。此外,城乡社区居民对社会组织服务和社工服务满意度较高,据统计,二者平均分分别为7.07和8.64(满分为10分)。由此可知,近年社会组织服务和社工服务的发展状况良好。

表3-6 城乡居民参与社区活动角色扮演情况分析 (单位:个,%)

类别	变量	频数	百分比
公益活动	发起者	32	1.98
	组织者	96	5.93
	参与者	1490	92.09
文体活动	组织者	147	9.79
	参与者	620	41.31
	观众	734	48.90
网络互动	群主	36	3.57
	管理员	28	2.78
	普通成员	774	76.79
	关注者	170	16.86

注:"不清楚""不知道""不适用"等均作为缺失值处理。

(五)居民参与业主委员会意愿较强

社区居民表示愿意参加业主委员会的占比59.60%,不愿意参加的占比33.40%,可以看出居民参与业主委员会的意愿较强(图3-7)。在居委会和业委会的重要程度上,认为业委会比居委会重要的居民占比4.20%,认为二者同等重要的占比58.00%,认为居委会更重要的占比35.50%(图3-8)。表明重视业委会和居委会已成为一种主流价值观。此外,有77.4%的城市居民认识业主委员会成员,说明社区居民对业委会的熟知度比较高。因此可以通过宣传进一步提

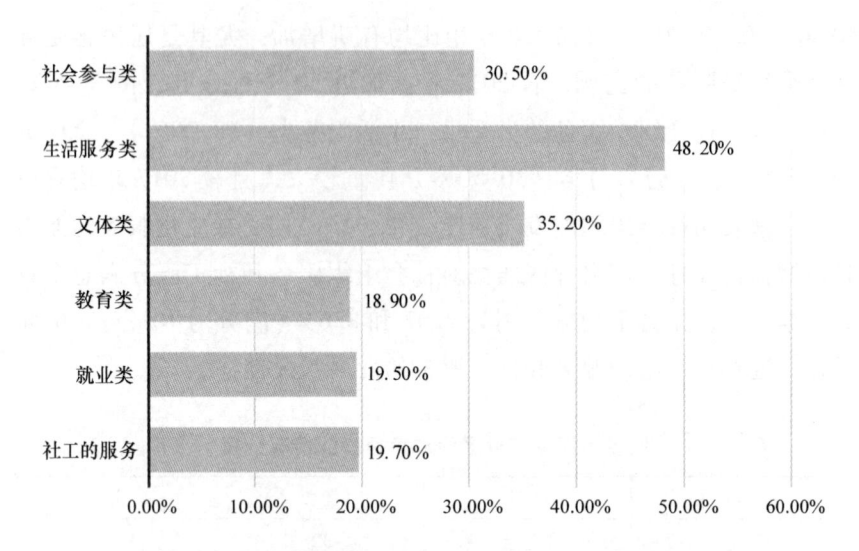

图3-6 居民接受社区社会组织服务和社工服务的比例

- 社会参与类 30.50%
- 生活服务类 48.20%
- 文体类 35.20%
- 教育类 18.90%
- 就业类 19.50%
- 社工的服务 19.70%

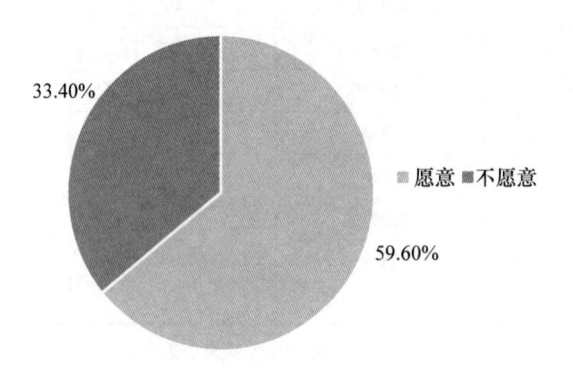

图3-7 社区居民是否愿意参加业委会

- 愿意 59.60%
- 不愿意 33.40%

高社区居民对业主委员会的了解程度，从而逐步提高居民参与业委会的热情和积极性。

据统计，时间因素是制约居民参与业主委员会的最主要因素（图3-9）。在不愿意参加业主委员会的原因中，没时间投入占比最高，达到68.80%，主要是社区中青年缺乏时间，忙于生计和其他事务，工作时间长，难有多余的时间参与业主委员会事务。其次是身体原因，占比31.30%，主要是社区老年人往往年事已高、身体欠佳，参

第三章 居民参与社区治理研究报告

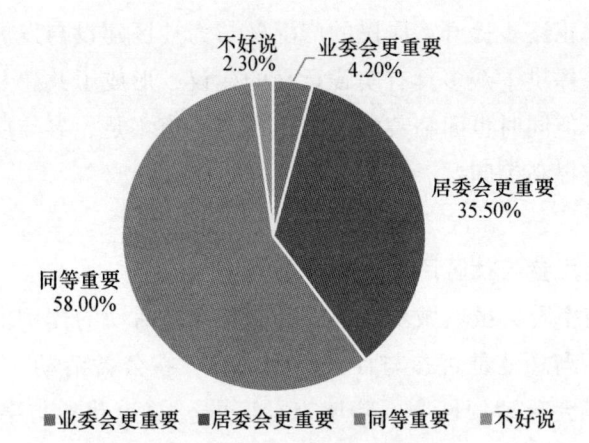

不好说 2.30%
业委会更重要 4.20%
居委会更重要 35.50%
同等重要 58.00%

■业委会更重要 ■居委会更重要 ■同等重要 ■不好说

图 3-8 居委会和业委会重要性比较

与业主委员会事务存在阻碍。与 2017 年的调查结果一致，时间因素和身体原因仍是制约社区居民参与业委会的两大主要原因，并且影响程度不断加深。

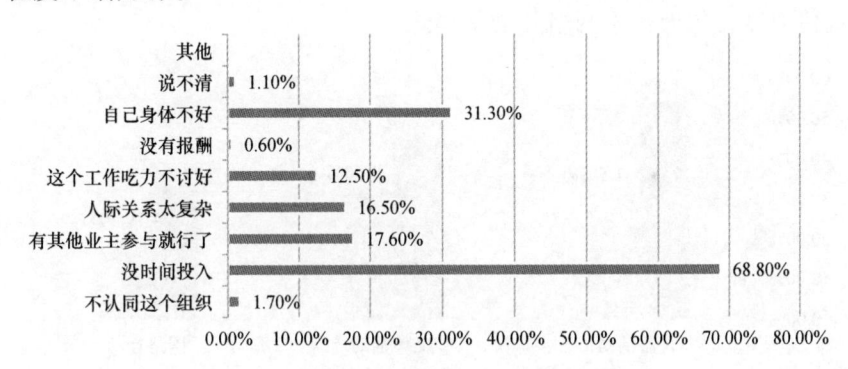

其他
说不清 1.10%
自己身体不好 31.30%
没有报酬 0.60%
这个工作吃力不讨好 12.50%
人际关系太复杂 16.50%
有其他业主参与就行了 17.60%
没时间投入 68.80%
不认同这个组织 1.70%

0.00% 10.00% 20.00% 30.00% 40.00% 50.00% 60.00% 70.00% 80.00%

图 3-9 居民不愿意参加业主委员会的原因

第二节 居民参与社区治理的主要问题

近年来，伴随着政策体系的不断完善和居民参与内容的不断丰富、形式不断多样、效能不断提升，居民参与社区治理的主观愿望和实际参选率正逐步提升，居民的广泛参与为社区建设与发展注入了生机与活力，提供了众多具有实践意义的建议，形成了共建共治共享的治理格局，但同时也面临着社区居民参与渠道不足、参与层次低、参与程度有待提高等问题。

一　居民参与社区活动水平不高

从参与率看，虽然城乡社区居民参与社区活动的比例上升，但整体参与率不高。就是否参与社区活动而言，在公益活动、文体活动、网络互动三大活动领域中，除城市社区的公益活动参与率超过50%外，其他均低于46%（图3-10）。值得注意的是，城市社区居民参与社区活动的比例高于农村社区居民，特别是在网络互动当中，城市社区参与率明显高于农村社区，农村社区居民在三大社区活动领域的平均参与率只有27.5%。这表明，在社区活动参与情况方面，城乡社区还有较大差距。要着力改善农村社区活动的质量，加强社区活动的宣传力度，积极探索网络互动新模式。

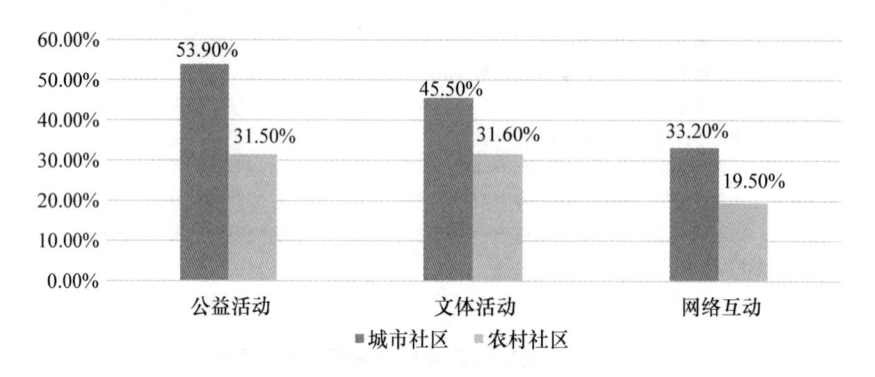

图3-10　城乡社区居民参与社区活动状况

从参与社区活动频率看，城乡社区居民参与社区活动缺乏常态化。在三大活动领域中，城市社区居民经常参加社区活动的比例均高于农村社区，偶尔参加社区活动的比例则是农村社区高于城市社区。这表明，农村社区居民参与社区活动有较强意愿，但受各方面因素的影响，参与社区活动尚未形成常态化趋势。与 2017 年相比，2018 年居民参与网络互动的积极性依然较高。

表 3-7　　　　　　　城乡居民参与社区活动频率表　　　　　（单位：%）

类别	变量	公益活动		文体活动		网络互动	
		城市	农村	城市	农村	城市	农村
参与频次	经常参加	37.40	29.40	40.70	35.80	44.60	36.90
	偶尔参加	62.30	70.20	58.50	62.80	54.40	60.70
	从未参加	0.30	0.40	0.80	1.40	1.00	2.40

注："不清楚""不知道""不适用"等均作为缺失值处理。

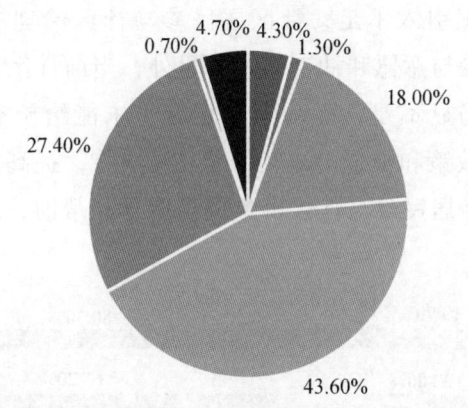

图 3-11　居民参与社区社会组织类型分布

从参与类型看，居民参与社区活动的类型较单一。社区社会组织是居民参与社区活动的重要媒介，在居民参与社会组织的类型方面，居民参与社区服务类（43.60%）、文体教育类（27.40%）和公益慈善类（18.00%）的比重最大，而经济类（4.30%）、科技类（4.70%）和维权类（0.70%）等社会组织的参与人数较少，两者悬殊较大。呈现这样悬殊比例的原因主要是：居民参与的社会组织类型多集中在与自身生活相关等方面，而类似经济和科技类社会组织距离居民日常生活相对较远，居民对此关注度不高，导致参与人数较少。

因此应从多方面支持和鼓励社区成立多类型社区社会组织,拓宽居民参与社会组织渠道,同时应加强宣传,鼓励和引导更多居民参与科技、经济、维权类等社区社会组织,平衡居民参与社区社会组织的结构。

二 社工引导作用发挥还不明显

社会工作者在社区治理过程中具有桥梁和纽带的作用,能够有效引导居民积极参与社区治理。据统计,只有32.80%的居民听说过社工这个概念,有67.20%的居民没有听说过社工(图3-12)。而在听说过社工概念的居民中,仅有19.70%的居民接受社工服务。可以看出,当前社区社工引入不足,社区居民参与社区治理缺乏社工的引导。除居民自身参与意愿和社工引入不足外,当前社区治理过程中对社工的重视程度仍显不足,在政策和资金上未能给予充分支持(图3-13)。应当在政策和资金上继续给予充足支持,提高社工队伍的整体素质,更好地为居民参与社区事务提供引导和帮助,进一步激发居民参与热情。

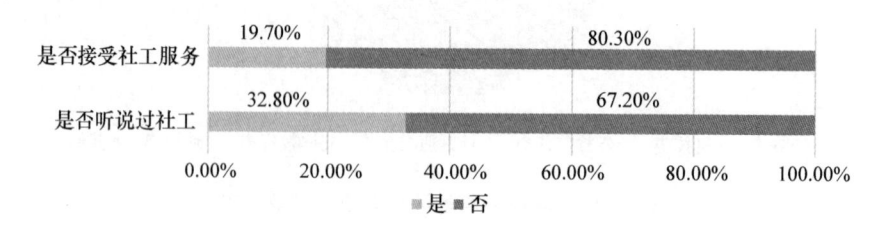

图3-12 居民对社区社工了解程度和接受服务情况

三 不同年龄的参与率差异明显

将居民按年龄结构划分为18—30岁、31—40岁、41—50岁、51—60岁和60岁以上五个阶段,可以发现,不同年龄阶段的居民参与社区事务呈现较大差异(图3-14)。在换届选举和社区协商方面,居民参与率与年龄大致呈正比,中老年居民参与比例较中青年更高。在网络互动方面,中青年居民的参与率高于中老年居民。而在监督活

第三章 居民参与社区治理研究报告

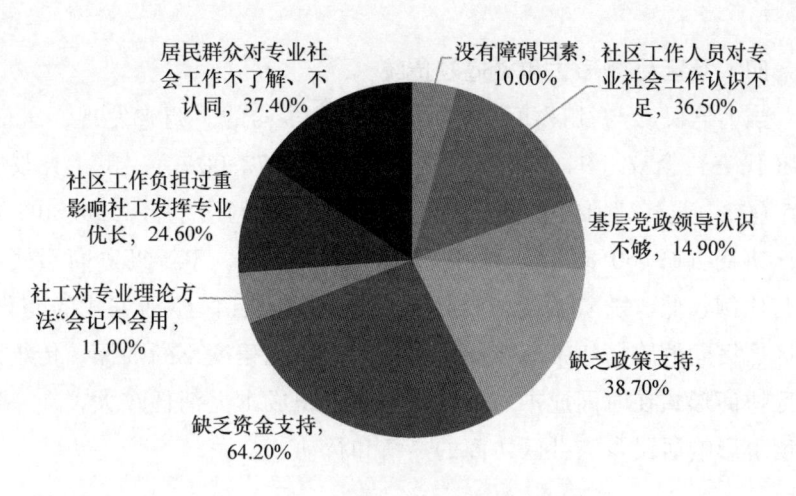

图 3-13 开展专业社工的障碍因素

- 居民群众对专业社会工作不了解、不认同，37.40%
- 没有障碍因素，10.00%
- 社区工作人员对专业社会工作认识不足，36.50%
- 社区工作负担过重影响社工发挥专业优长，24.60%
- 基层党政领导认识不够，14.90%
- 社工对专业理论方法"会记不会用"，11.00%
- 缺乏政策支持，38.70%
- 缺乏资金支持，64.20%

动、文体活动和公益活动方面，各年龄层次的居民参与率较为均衡。这表明，中青年居民对于换届选举和社区协商的关注度和参与度有待进一步提高，而中老年居民由于自身条件的限制，网络互动的参与率较低，参与社区活动的方式较为传统。

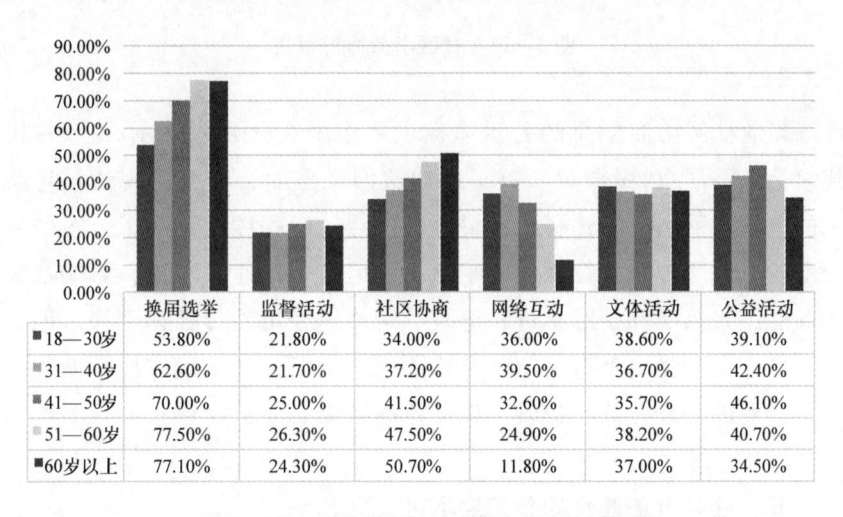

	换届选举	监督活动	社区协商	网络互动	文体活动	公益活动
18—30岁	53.80%	21.80%	34.00%	36.00%	38.60%	39.10%
31—40岁	62.60%	21.70%	37.20%	39.50%	36.70%	42.40%
41—50岁	70.00%	25.00%	41.50%	32.60%	35.70%	46.10%
51—60岁	77.50%	26.30%	47.50%	24.90%	38.20%	40.70%
60岁以上	77.10%	24.30%	50.70%	11.80%	37.00%	34.50%

图 3-14 居民参与社区事务年龄层次差异

四 社区协商形式和渠道较传统

当前居民参与社区事务的协商形式是多样的。调查发现，居/村民（代表）会议（94.40%）、民主议事会（72.00%）、民主评议会（75.00%）这三种传统的协商形式比例最大，网络平台（34.80%）、小区协商（19.60%）、居/村民论坛（17.20%）等新兴协商形式的参与比例较低。随着生活节奏的不断加快以及社区生活方式的变化，社区居民间的感情纽带逐步弱化，社区异质化程度不断加深，传统的社区协商形式在时间成本、精力成本、组织成本上消耗较大，在一定程度上影响居民参与社区协商的热情和行动。

协商形式	比例
邻里协商	0.90% / 44.00%
小区协商	23.90% / 19.60%
驻社区/村警务室开放日	37.50% / 27.10%
网络平台	34.80%
居/村民论坛	17.20% / 36.20%
民主听证会	33.70% / 35.20%
民主评议会	75.00%
民主议事会	72.00%
居/村民（代表）会议	94.40%

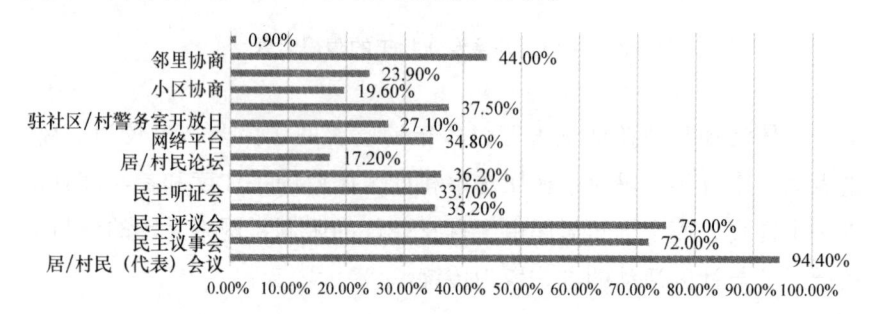

图3-15 社区事务协商形式

当前社区协商结果的公示途径主要集中在公告栏公示、居/村民代表会议、居/村民会议、口头通知这四个方面，而利用现代信息技术的电视、网络公示途径比例最小，这在一定程度上影响了公示效果（图3-16）。传统途径虽然便于组织，但其传播速度较慢，影响社区协商的结果落实和持续推进；电视、网络途径虽然传播速度快，但是对于操作者和受众都有一定的技术要求。因此，在实践中应不断优化社区协商的公开方式，提升并保障协商结果的公示效果。

五 社区事务监督的参与度不足

2018年共有988位居民参加过社区事务监督，其中城市社区528人，占比33.90%；农村社区460人，占比18.70%（图3-17）。城

第三章 居民参与社区治理研究报告

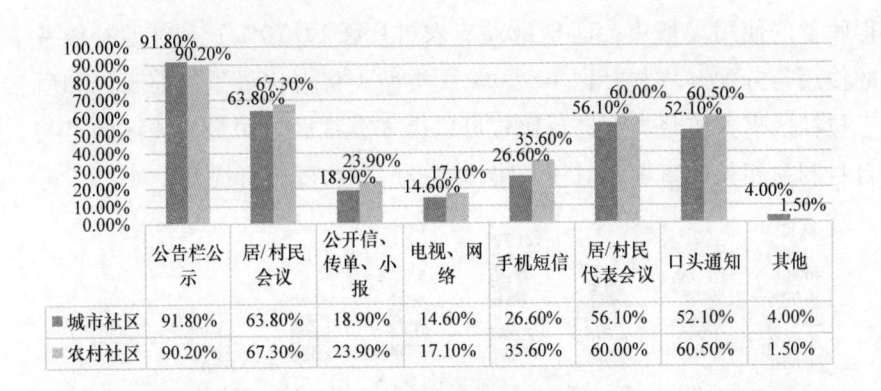

	公告栏公示	居/村民会议	公开信、传单、小报	电视、网络	手机短信	居/村民代表会议	口头通知	其他
城市社区	91.80%	63.80%	18.90%	14.60%	26.60%	56.10%	52.10%	4.00%
农村社区	90.20%	67.30%	23.90%	17.10%	35.60%	60.00%	60.50%	1.50%

图3-16 社区协商结果公开方式

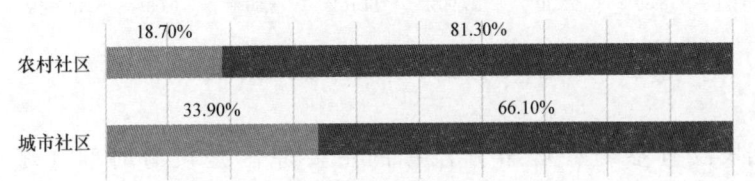

农村社区：参与过 18.70%，没参与过 81.30%
城市社区：参与过 33.90%，没参与过 66.10%

图3-17 城乡社区居民参与事务监督状况

市社区居民参与社区事务监督的人数比例明显高出农村社区15个百分点。与2017年相比，2018年事务监督参与率有所上升，连续两年仍是城市社区参与率高于农村社区参与率。这表明，城乡社区居民的事务监督参与程度差异较大，区域发展不均。同时，社区居民参与每一项事务监督的占比也有所不同（图3-18）。2018年城乡社区居民参与事务监督比例最高的是居/村务公开情况，城乡社区分别占比27.90%和21.70%，接着依次是居/村干部廉洁情况（城市社区22.30%，农村社区17.20%）、最低生活保障的审核情况（城市社区16.60%，农村社区16.70%）、社区财务收支（含惠民资金使用）（城市社区14.10%，农村社区17.10%）。占比最低的是集体经济所得收益的使用（城市社区8.80%，农村社区14.70%）和征地补偿费的使用与分配（农村社区10.60%）类型。将占比最重的前三位和后三位社区事务监督类型进行比较可以得知，社区居民最为关注的是与自身利益相关的事项，对涉及集体事务的参与度有待提升。

	最低生活保障的审核情况	居/村干部廉洁情况	居/村务公开情况	社区财务收支（含惠民资金使用）	集体经济所得收益的使用	征地补偿费的使用与分配	其他
农村社区	16.70%	17.20%	21.70%	17.10%	14.70%	10.60%	2.00%
城市社区	16.60%	22.30%	27.90%	14.10%	8.80%	0.00%	10.30%

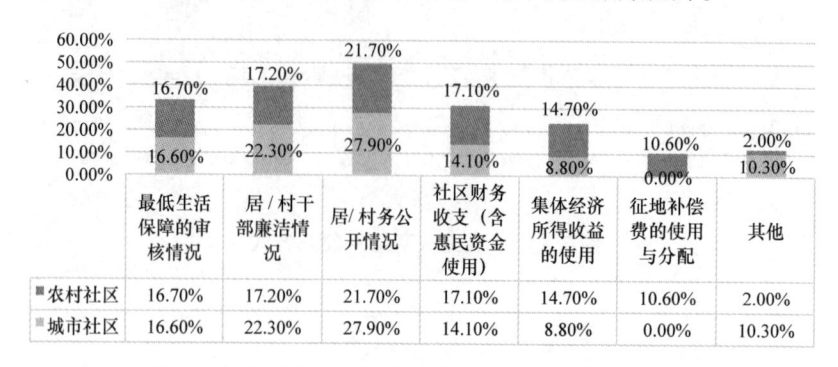

图3-18 城乡社区居民参与事务监督类型

居民没有参与社区事务监督的主要原因是没有时间（城市54.50%、农村49.00%）和不知道怎么参加（城市39.20%、农村34.30%）、身体不好（城市20.10%，农村16.10%）、没有兴趣（城市15.20%，农村15.80%）、感觉不管用（城市13.80%，农村15.40%）、参加过但感觉失望（城市3.20%，农村5.40%）等原因也占有一定比例（图3-19）。在没有兴趣、感觉不管用和参加过但感觉失望原因中，农村社区的比例高于城市社区，这种情况值得重视。与2017年相比，2018年社区居民没有参加社区事务监督的最主要原因同样是没有时间和不知道怎么参加。因此，可以看出参与时间和参与技能是影响社区居民参与社区事务监督的最主要因素。

社区居民在参与社区事务监督的过程中，反映渠道也各有不同。城乡社区居民选择"直接向居/村委会反映"的人数比例最高，其中城市社区94.30%，农村社区88.30%，城乡社区大致相同。城市社区中选择"向媒体反映"的人数比例最少，占比3.40%；农村社区中选择"向村第一书记反映"的人数比例与"向上级政府反映"基本持平，并且高于向其他反映渠道的比例，这说明相比其他反映渠道

第三章 居民参与社区治理研究报告

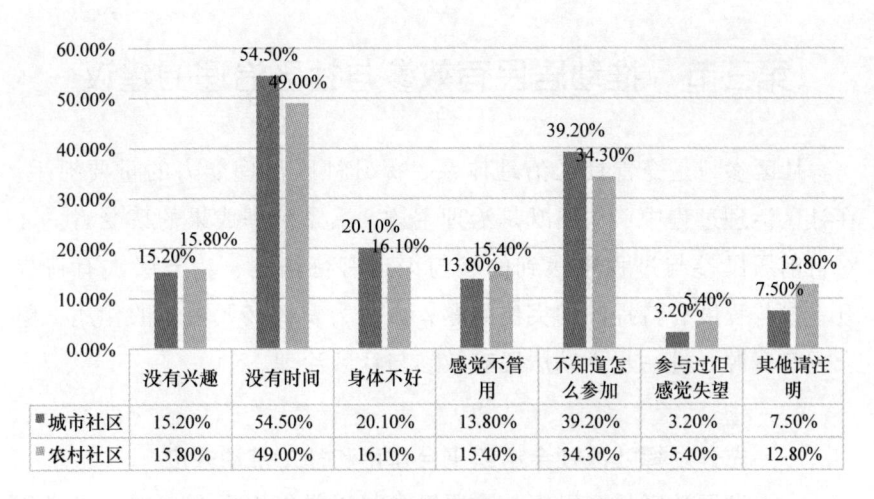

	没有兴趣	没有时间	身体不好	感觉不管用	不知道怎么参加	参与过但感觉失望	其他请注明
城市社区	15.20%	54.50%	20.10%	13.80%	39.20%	3.20%	7.50%
农村社区	15.80%	49.00%	16.10%	15.40%	34.30%	5.40%	12.80%

图 3-19 城乡社区居民没有参与社区事务监督的原因

而言，居民倾向于通过官方渠道反映问题。总体来看，城乡社区居民更多的还是向居委会或者村委会反映社区事务问题，其他反映渠道选择度较低，事务监督渠道较为单一。

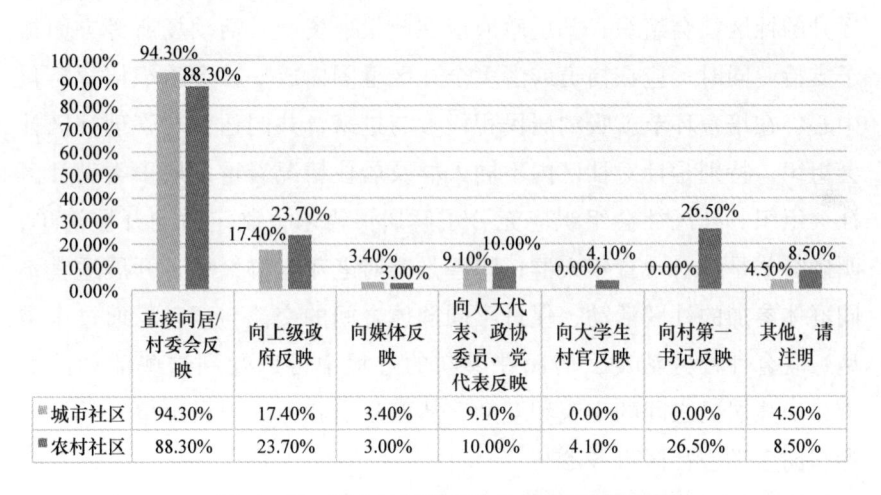

	直接向居/村委会反映	向上级政府反映	向媒体反映	向人大代表、政协委员、党代表反映	向大学生村官反映	向村第一书记反映	其他，请注明
城市社区	94.30%	17.40%	3.40%	9.10%	0.00%	0.00%	4.50%
农村社区	88.30%	23.70%	3.00%	10.00%	4.10%	26.50%	8.50%

图 3-20 城乡社区居民事务监督反映渠道

第三节　推动居民有效参与社区治理的建议

社区参与是完善社区治理体系、提升社区治理能力的重要抓手。在社区治理过程中，居民既是治理主体，又是治理成果的享受者。面对目前居民参与过程中遇到的参与渠道有待拓宽、参与层次有待提升、参与程度有待提高的突出问题，要大力发挥多元主体的作用，整合现有资源，进一步推动居民有效参与社区治理。

一　充分发挥社区社会组织平台作用和社工带动效应

大力发展社区社会组织，为居民参与提供组织平台。进一步优化和完善社区社会组织的登记管理制度，对符合法定登记条件的社区社会组织直接到相应的机构进行登记，对未达到登记条件的社区社会组织按照不同规模、业务范围，由街道办事处实施管理，加强分类指导和业务指导，对于其中一些与居民生活息息相关和促进居民参与能力提升的社区社会组织，基层政府应在政策、资金、活动场所等方面给予支持。同时，应在街道或者多个社区范围内成立社会组织培育孵化中心，在培育环节就吸纳居民积极参与进来，共同运营与管理社区社会组织，特别是针对社区内不同人群及居住情况着重发展多类型社区社会组织。社区社会组织应充分了解居民需求，制定活动开展清单，明确哪些是针对中青年人群，哪些是针对老年人群，尽量开展适宜不同群体参加的社区活动，促进不同群体之间的交流与互动。通过多类型、联合性社区活动，居民在参与的过程中可以受到这些活动的渲染，增强居民之间的交流和互动，从而吸引和引导居民由单一的社区参与向多类型社区事务参与。

培养社区社工，发挥带动居民参与作用。应建立绩效和职位双重激励机制，根据实际情况稳步有序提升社区工作者的工资待遇和改善各项福利政策。此外，还应建立顺畅的职位晋升机制，尤其是对于那些优秀社区工作者，鼓励和选拔到上一级政府机关事业单位工作，通过这种方式可以起到激励作用，增强其关心社区、服务社区的热情和积极性。在社区居民参与的时候，社区社工应主动站在居民参与的最前沿，用实际行动为居民做示范，用自己的专业知识和技能帮助居民更好地参与，逐步形成社区社工与社区居民的日常互动，进而发挥社区社工的主体带动作用，使得居民认识到参与的重要性。另外，发展社区志愿者队伍，助推居民参与。充分挖掘社区能人引领志愿服务，以社区能人和社区精英吸引更多居民参与，推行"社工+义工+群众"联动模式，用社工的专业知识引导志愿者参与，志愿者以热情的态度感染社区居民，充实社区服务力量，激发社区活力，增强居民参与积极性。

二 打造信息技术平台加快拓展和创新社区参与形式

整合社区数据，建立社区信息共享系统。社区应收集和整合社区居民生活信息，形成一套完整的生活大数据信息系统。在此基础上，收集与居民参与社区活动有关的数据信息，包括居民参与社区活动的类别、时间等，建立社区活动信息共享系统，将数据分析结果及时链接到各个社区活动组织者手中，为其组织社区活动提供参考，并且将居民参与社区活动信息系统整合到社区综合信息管理系统中。同时开发便于居民使用的智能设备，为居民参与社区活动提供基本信息，帮助居民更好地参与到社区活动和治理中，同时将这些智能设备的信息发布和意见反馈等功能整合起来，实现信息发布和意见反馈一体化。此外，社区居民参与活动的过程中会有各方面的建议和想法，社区工作人员应及时将这些信息录入到系统中，以便为社区活动的开展提供意见和参考。特别是，针对社区居民不会使用网络设备的情况，应充分发挥社区党员、社工、志愿者的作用，适时开展辅导培训，指导社区居民使用这些新设备，尤其是对于老年人，应专门教授、给予耐心的指导和帮助，提高使用智能化设备的技能。

建立网络参与平台，拓展居民协商形式。应建立社区协商网络参与平台，实现社区居民参与的智能化。特别是，在社区协商形式和结果落实环节应坚持以方便居民、服务居民为原则，不断拓展和创新切合社区实际的协商形式和协商结果公开新方式。社区工作人员在组织开展社区协商活动时，将常规类协商形式和新兴类协商形式结合起来，针对那些中青年群体采用网络平台、协商论坛形式，针对老年群体多采用会议类的协商形式，同时向社区居民广泛宣传网络协商的便利和优势，引导居民选择网络化的协商形式。随着参与和使用的次数不断增多，居民会逐渐形成网络协商的习惯。在此基础上，以社区协商形式网络参与平台为基础，促进协商网络平台向事务监督领域拓展，推动社区协商与监督信息化，为居民参与提供信息和平台支撑，改善居民参与结构，提高参与层次。

三 提升居民参与技能与互助合作培养社区共同体精神

引导居民树立参与意识，提升参与技能。从社区角度来说，应加强社区宣传基础设施建设，例如社区宣传栏、图书室、文化墙等，利用这些宣传设施大力宣传居民参与对于社区建设和居民生活的重要性，利用社区客户端、微信群等智能设备发布一些通过居民的共同参与促进社区美好治理的典型案例和经验，通过这些宣传方式逐步帮助居民树立参与意识，为实际行动打好基础。另外，社区组织开展活动要广泛动员工作人员做好宣传，可以考虑给予积分奖励，通过这种方式激励大部分居民参与进来。从居民来讲，提升参与技能是关键。社区要积极组织开展居民参与技能培训，针对居民的疑惑和问题进行解答，要重点关注社区特殊人群，要让外来人口真正感受到自己是社区的一员，增强其对社区的认同感和责任感。同时要积极发掘社区中热心社区事务的居民，鼓励和支持他们带动其他居民，充分发挥榜样效应，推动更多社区居民关心社区事务，树立起参与意识，从而扩大社区参与主体。

培养居民共同体意识，形成社区精神。首先要加强社区邻里间沟通，形成熟人氛围。通过在楼栋、院落建立居民小组和各类兴趣组织，组织居民开展"社区邻里节"等活动，增加邻里之间的交往频率，拓展交往渠道，形成熟人社区的氛围。同时要按楼道、绿地、重点人员划分"责任田"，引导和鼓励社区居民之间相互合作进行常态化的管理和服务，通过这种互助协作培育社区温情，找到利益共同点，增进社区信任，营造温馨社区大家庭，形成"社区是我家"的良好氛围。而且要完善社区服务，增强居民认同感和归属感，一方面，要大力提升社区服务质量，丰富公共服务类型，满足居民不同服务需求，同时增加文体娱乐等文化教育服务，满足居民日益增长的多方面需求；另一方面，应加强居民生活设施建设，诸如社区餐厅、文化中心、健身器材、养老中心、医疗保障等，为社区内不同年龄段的人群提供完善的生活保障，让居民住得安心、舒心。通过社区居民之间的互助合作和社区服务质量的不断改善，逐步培养社区居民共同体意识，增强对社区的归属感，塑造关心社区公共事务的文化氛围，促使居民由单一事务参与向公共事务综合参与转变。

第四章 社区服务体系现状分析及对策研究

社区治理效果直接关系国家共建共治共享的社会治理格局目标的实现,而社区服务体系是推动社区治理发展的重要基础,直接影响社区居民获得感、幸福感和满意度。本章通过分析当前我国城乡社区服务体系建设现状,了解社区服务体系建设存在的问题,并对其提出针对性对策,为我国改进社区服务体系建设提出一些参考意见。

第一节 城乡社区服务体系现状

《城乡社区服务体系建设规划(2016—2020年)》(民发〔2016〕191号)指出,社区是社会治理和民生保障的重要载体,社区服务体系建设是全面建成小康社会的重要任务。作为社区治理的重要支撑,社区服务体系的建设情况直接关系居民生活质量和集体归属感。通过对当前我国社区服务体系建设情况进行分析,可深入了解我国社区治理领域取得的成绩。

一 医疗、安全类公共服务的城乡均等化有效推进

《中共中央、国务院关于加强和完善城乡社区治理的意见》(中发〔2017〕13号)强调,要着力增加农村社区公共服务供给,促进城乡社区服务项目、标准相衔接,逐步实现均等化。医疗服务、安全服务(治安维稳服务)是以全体居民为受众,为其提供身体健康、人身安

全等基本生存保障的保障型公共服务，对满足居民的生存需求具有基础意义。

如图4-1数据显示，城乡社区医疗服务、安全服务等保障型公共服务的社区覆盖率差距较小，基本实现城乡均等化。

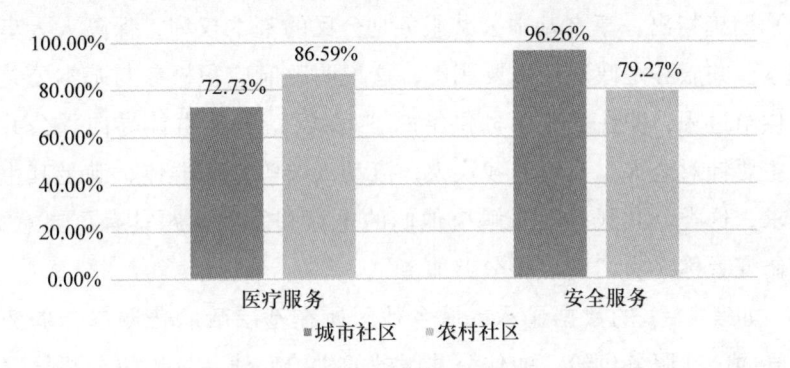

图 4-1　2018 年城乡社区保障型公共服务供给情况

从医疗服务来看，2018年城市社区医疗服务社区覆盖率达到72.73%，2017年城市社区医疗服务覆盖率为64.80%；2018年农村社区医疗服务社区覆盖率达到86.59%，而2017年这一数据为82.10%。通过上述数据可以发现：第一，农村社区医疗服务覆盖率依旧超过城市社区，或许这与国家大力推动农村综合发展取得的成绩密切相关，并且2018年的城乡社区医疗服务覆盖率超过2017年的数据；第二，城乡差距进一步缩小，2017年的城乡医疗服务覆盖率相差17.30%，2018年这一数据缩小到13.86%，这说明医疗服务覆盖率和城乡均等化都在不断提高。

从安全服务来看，城市社区安全服务覆盖率为96.26%，农村社区安全服务覆盖率为79.27%，城市社区安全服务覆盖率高于农村社区。安全服务城乡社区覆盖率相差较小，表明安全服务的城乡均等化程度较高，有利于推动城乡社区安全状况平衡发展。

上述数据说明，在医疗服务、安全服务等保障型公共服务供给上，城乡社区得到充足的资源支撑，缩小了彼此之间的差距，医疗和安全等保障型公共服务供给的城乡均等化得到有效推进，体现出城乡社区公共服务均等化。

二 弱势群体导向类公共服务呈政府兜底模式

《"十三五"推进基本公共服务均等化规划》（国发〔2017〕9号）明确指出，享有基本公共服务是公民的基本权利，保障人人享有基本公共服务是政府的重要职责，这说明政府应积极参与基本公共服务供给过程，兜住公共服务供给的"底线"。弱势群体导向类公共服务主要针对老人、儿童、残疾人、流动人口等特殊群体，满足其生活需求，这类公共服务对于解决他们的生存和发展问题具有重要意义，有研究者称之为"兜底型公共服务"。

如表4-1的数据显示，城乡社区所在基层政府普遍参与弱势群体导向公共服务供给，兜住公共服务的供给底线。这里仅分析居家养老服务、残疾人服务、妇女权益保护服务、流动人口服务这四项弱势群体导向公共服务的政府参与情况。

从居家养老服务来看，在提供该服务的城市社区中，有64.76%的社区所在基层政府参与居家养老服务供给，提供该服务的农村社区有90.00%的社区所在基层政府参与了这项服务供给。总而言之，在调研的样本中，有一大半基层政府参与居家养老服务供给，表明了政府积极参与居家养老服务的供给过程。

表4-1 城乡社区弱势群体导向公共服务供给的政府参与情况（单位：%）

服务名称	城市社区	农村社区
居家养老服务	64.76	90.00
残疾人服务	70.32	73.33
妇女权益保护服务	64.29	68.75
流动人口服务	64.78	59.09

从残疾人服务来看，在供给残疾人服务的城市社区中，社区所在基层政府的参与率达到70.32%，农村社区基层政府相应数据略高于

城市社区，为73.33%。无论是城市社区还是农村社区，都有七成以上的基层政府参与了残疾人服务供给，说明政府普遍参与为残疾人群体满足需求的过程，而且城乡社区所在基层政府积极性大致平衡。

从妇女权益保护服务来看，城市社区所在基层政府供给该服务的参与率为64.29%，农村社区基层政府参与率也略高于城市社区，达到68.75%。城乡社区所在基层政府供给妇女权益保护服务的参与率均超过六成，说明政府重视妇女群体的权益保护问题并付诸实际行动。

从流动人口服务来看，城市社区所在基层政府的供给参与率为64.78%，略高于农村社区基层政府59.09%的参与率，均超过一半。随着城乡流动性的增强，流动人口群体问题日益明显，城乡社区基层政府积极参与流动人口服务供给，为流动人口这一特殊群体提供了帮助。

上述情况明显表现出在面对残疾人、流动人口等特殊群体问题时，大部分城乡社区所在基层政府积极为弱势群体提供导向类公共服务供给，践行政府的重要职责，为这些弱势群体解决特殊生活需求，兜住公共服务底线。

三 社区便民利民服务便捷性较高

民政部发布的《城乡社区服务体系建设规划（2016—2020年）》将着力推进城乡社区便民利民服务便捷化作为社区服务体系建设的重点任务之一，强调要完善城乡社区便民利民服务网络。这里主要分析居民在享受公共交通出行服务、公共事业服务、生活服务等便民利民服务时的便捷性，并且以服务覆盖范围在社区/农村内或距社区/农村两公里内（即骑车十五分钟到达①）作为判断便捷性的标准。

---

① 《城乡社区服务体系建设规划（2016—2020年）》（民发〔2016〕191号）中提出推进"城市社区15分钟服务圈"规划建设，因此本章将15分钟作为判断便捷性的标准。

表4-2　　　　城乡社区便民利民服务覆盖范围情况　　（单位：%）

便民利民服务类型		城市社区	农村社区
公共交通出行服务	乘公交车	91.44	78.05
公共事业服务	买水买电	72.73	85.37
	交通信费	79.68	81.71
	寄取邮件	91.98	76.83
	存取钱	91.98	73.17
生活服务	买日用品	94.65	85.36
	买食品	94.65	91.46

上表中数据显示，城乡社区居民享受公共交通出行服务、公共事业服务、生活服务等便民利民服务的便捷程度较高，这为有效提升居民生活质量和服务满意度奠定了坚实基础。

就公共交通出行服务来看，城市社区居民乘公交车不出社区或在两公里内的社区占比为91.44%，农村社区居民乘公交车不出社区或在两公里内的社区占比为78.05%，城乡社区便捷的公共交通出行服务的社区覆盖率均高于7成，表明城乡社区的公共交通出行服务便捷性较高。

就公共事业服务来看，城市社区居民买水买电、交通信费、寄取邮件、存取钱不出社区或在两公里内的社区数量占比分别为72.73%、79.68%、91.98%、91.98%，农村社区的这几项数据依次为85.37%、81.71%、76.83%、73.17%，均超过百分之七十，表明便捷的公共事业服务在城乡社区的覆盖率较高。

就生活服务来看，城市社区居民买日用品、买食品不出社区或在两公里内的社区数量占比为94.65%、94.65%，农村社区对应数据为85.36%、91.46%。无论是在城市社区还是农村社区，便捷的生活服务的社区覆盖率均高于百分之八十，表明推进社区生活服务便捷性发展的情况良好，有效促进了居民生活便捷化。

上述数据表明，城乡社区居民享受便捷的便民利民服务的社区占比基本都在80%左右，且城市社区便捷性覆盖情况优于农村社区。这说明大部分城乡社区的便民利民服务网络基本成型,且便捷性较高,一般都在 15 分钟生活圈以内,能够满足社区居民的生活需求。

四 城市社区志愿服务呈现多样化、普遍化

《中共中央、国务院关于加强和完善城乡社区治理的意见》(中发〔2017〕13 号)指出,要发展社区志愿服务,倡导移风易俗,形成与邻为善、以邻为伴、守望相助的良好社区氛围。通过发展社区志愿服务,既能提高居民参与社区治理的综合能力,又能营造良好的社区氛围。

表 4-3　　**城市社区各种志愿服务活动的社区覆盖情况**　　(单位:%)

志愿服务活动类型		社区覆盖率
为民服务类	为老服务	92.51
	残疾人服务	91.40
互助类	邻里互助	86.63
文体娱乐类	文体教育	93.05
公益类	绿化美化环境	93.05
	环境保护	96.26
	政策宣传咨询	95.72
	救助解困	93.05

第一,为民服务类志愿活动的社区覆盖率高。为民服务类志愿活动是由社区居民志愿者开展的为社区特殊居民(如老年人、残疾人等弱势群体)提供生活服务的志愿活动。数据显示,开展为老年人、残疾人服务的城市社区数量占比分别为 92.51%、91.40%,均在九成以上,这说明为民服务类志愿活动在城市社区得到普及,能有效推动解决多样群体居民燃眉之急、促进居民和谐关系建设。

第二,城市社区普遍开展互助类志愿活动。互助类志愿活动旨在通过合作的方式在居民面临难题时彼此扶助。在受调查的城市社区中,有 86.63% 的社区开展邻里互助志愿活动,这一类志愿活动的社区覆盖率接近90%，说明城市社区互助类志愿活动比较普遍，对营造社区居民互相帮助的良好氛围、增强居民服务能力有重要的推进作用。

第三，文体娱乐类志愿活动的开展在城市社区实现普及化。文体娱乐类志愿活动旨在丰富群众性文化活动，提升社区居民生活品质。调查显示，开展文体娱乐类志愿活动的社区数量占比达到93.05%，也高于90%，表明城市社区普遍开展文体娱乐类志愿活动，为丰富居民文体娱乐生活、增加居民生活乐趣提供了保障。

第四，公益类志愿活动在城市社区得到普及。公益类志愿活动旨在解决全体居民可能面临的共性问题，对于居民公益精神有较高要求。数据显示，城市社区绿化美化环境、环境保护、政策宣传咨询、救助解困等公益类志愿活动的覆盖率分别达到93.05%、96.26%、95.72%、93.05%，都高于90%，表明公益类志愿活动在城市社区实现普及化，有利于强化居民公益精神，推进社区综合治理。

上述数据表明，城市社区志愿服务呈现多样化、普遍化的发展状态，这与《社区志愿服务方案》（文明办〔2014〕2号）中"广泛开展形式多样的志愿服务活动"的总思路高度契合，对于以开展志愿服务活动推进社区治理创新、营造"人人为我、我为人人"的良好社会风尚具有重要意义。

五　社区服务呈现多元主体供给模式

《城乡社区服务体系建设规划（2016—2020年）》（民发〔2016〕191号）要求构建机构健全、设施完备、主体多元、供给充分、群众满意的城乡社区服务体系，这为多元主体参与不同类型服务供给过程提供了政策基础。一般而言，公共服务由政府提供，便民利民服务由政府和社会力量提供，志愿服务由社区力量（社区工作者、社区居民）提供，专业服务由专业社工机构提供，但是随着社区治理社会化进程的推进，部分社区服务呈现出多元供给模式，政府和社会力量合作供给成为"新常态"。因为其他服务的多元主体供给模式更加清晰，且囿于篇幅限制,所以这里主要分析公共服务和专业服务领域的供给主体多元化情况。

表4-4 城乡社区安全、医疗公共服务供给主体的社区覆盖情况

(单位:%)

社区类型	供给主体	安全服务	医疗服务
城市社区	基层政府	62.22	50.74
	社会组织	10.56	6.62
	社工机构	6.67	37.50
	各类企业	14.44	13.97
农村社区	基层政府	52.31	57.75
	社会组织	1.54	9.86
	社工机构	3.08	29.58
	各类企业	1.54	2.82

第一,城乡社区公共服务呈现多元主体供给。城乡社区公共服务是城乡社区服务体系的一个重要组成部分,主体多元的城乡社区服务体系建设离不开公共服务供给主体的多元化发展。我们通过分析城乡社区安全、医疗服务中各供给主体的社区覆盖情况,来了解当前我国社区公共服务的供给主体多元化状况。

过去公共服务一般由政府提供,但是通过调研发现,部分城乡社区公共服务呈现政府、社会力量协同供给模式。社会力量包括社区社会组织、专业社工机构、各类企业。

从安全服务来看,提供该服务的城市社区中,基层政府参与供给的社区覆盖率达到62.22%,社会组织、社工机构、各类企业等社会力量参与覆盖率为10.56%、6.67%、14.44%,农村社区这四个主体的数据分别为52.31%、1.54%、3.08%、1.54%,无论是城市社区还是农村社区,不同主体参与安全服务供给均覆盖一定比例社区,说明安全服务在城乡社区中呈现多元主体供给模式。

从医疗服务来看,城市社区所在基层政府参与供给的社区覆盖率达50.74%,社会组织参与覆盖率为6.62%,社工机构、各类企业相

应数据为37.50%、13.97%，农村社区这四个主体的数据分别为57.75%、9.86%、29.58%、2.82%，各主体参与医疗服务供给均覆盖一定比例的城乡社区，说明医疗服务在城乡社区中也呈现多元主体供给状态。

从数据中可以看出，无论是在城市社区还是农村社区，政府普遍是公共服务供给最重要的主体。此外，尽管在数据上社会力量参与公共服务供给的普遍性较低，但是不可否认社会力量参与公共服务的深化需要一定的发展时间，社会力量正成为公共服务供给的重要来源。值得注意的是，城市社区社会力量参与公共服务供给的普遍程度高于农村社区，在某些公共服务供给中，农村社区某些社会力量的作用呈现缺失状态，比如调查中表示提供残疾人服务的农村社区中，各类企业参与该服务供给的社区数量占比为零，表明农村社区社会力量参与公共服务供给仍有一定发展空间。

第二，城乡社区专业服务也呈现多元主体供给。专业服务具有技术化、知识化的特征，对于解决因社会进步导致的居民需求层次升级的状况有重要意义。随着国家对社区工作者队伍专业能力建设的推动、对政府通过购买服务参与服务供给的支持，专业社工机构不再是唯一具有专业能力参与专业服务供给的主体，专业服务供给也正向多方参与模式发展。

表4-5　城乡社区专业服务供给主体的社区覆盖情况　（单位：%）

社区类型	供给主体	法律服务	矫正服务	法律政策知识讲座
城市社区	基层政府	65.52	67.07	56.89
	社会组织	9.77	4.27	17.96
	社工机构	35.06	12.80	38.32
	各类企业	10.34	1.83	9.58
农村社区	基层政府	80.56	86.36	80.65
	社会组织	13.89	4.55	6.45
	社工机构	11.11	0.00	6.45
	各类企业	0.00	0.00	3.23

上表数据显示，城乡社区法律服务、矫正服务、法律政策知识讲座专业服务供给呈现政府、社会力量协同参与模式，且农村社区基层政府参与的社区覆盖率高于城市社区。

从法律服务供给来看，提供该服务的城市社区中，65.52%的社区基层政府参与供给，社会组织参与的社区覆盖率为9.77%，社工机构、各类企业相应数据为35.06%、10.34%，农村社区这四个主体的数据依次为80.56%、13.89%、11.11%、0.00%。由此可见，城乡社区四个主体参与法律服务供给基本覆盖一定比例社区，不过需要注意农村社区各类企业在法律服务供给中的作用尚处于缺失状态，政府、社区应调动企业参与这一服务供给的积极性。

从矫正服务来看，城市社区各主体参与服务供给的社区覆盖率分别达到67.07%、4.27%、12.80%、1.83%，农村社区各主体参与矫正服务供给的社区覆盖率各自为86.36%、4.55%、0.00%、0.00%，无论是在城市社区还是农村社区，矫正服务都不再只由单一主体参与，基层政府、社会组织、社工机构都是矫正服务的供给主体。

从法律政策知识讲座的情况来看，城市社区四大主体供给该服务的社区覆盖率分别达到56.89%、17.96%、38.32%、9.58%，农村社区各主体的数据依次为80.65%、6.45%、6.45%、3.23%，四大主体均在一定比例的城乡社区中参与该服务供给，相较于法律服务与矫正服务，农村社区多元主体参与这一服务供给的社区覆盖情况更好，未出现相关主体的作用缺失。

可以看出，城乡社区专业服务供给正呈现多元主体参与的状态，政府参与相对更普遍，且城市社区多元主体的参与覆盖率情况优于农村社区。

第二节 城乡社区服务体系建设中存在的问题

自《城乡社区服务体系建设规划（2016—2020年）》（民发

〔2016〕191号）（以下简称《规划》）颁布实施以来，我国在城乡社区服务有效供给、城乡社区服务信息化建设、城乡社区服务人才队伍建设等方面取得了可喜成就。但总体而言，当前的社区服务体系仍有不足。

一 部分公共服务的城乡覆盖率有待提升

公共服务供给的质量关系到社区居民生存发展各阶段、生产生活各领域的需求满足程度，是决定居民生活质量的直接因素之一。由于我国社区服务体系建设仍处于加速发展阶段，城乡社区中部分公共服务的充足性还有提升的空间。

为全面了解城乡社区中公共服务供给的充足性情况，我们选取了包含养老、就业、儿童保护、动迁人口帮扶四类，共涉及居家养老服务、机构养老服务、就业技能培训、儿童社会保护服务、动迁人员安置帮扶五项内容，进行覆盖比（有该项服务的社区数量除以被调查的该类社区总数）分析。

表4-6　　城乡社区充足性有待提升的公共服务　　（单位：%）

服务名称	城市社区	农村社区
居家养老服务	56.15	12.20
机构养老服务	14.44	10.98
就业技能培训	59.89	45.12
儿童社会保护服务	47.06	15.85
动迁人员安置帮扶	13.90	14.63

从上表中可以看出，第一，城乡社区中部分公共服务覆盖比例普遍偏低。在对机构养老服务供给情况的调查统计中，城乡社区的覆盖比例分别为14.44%和10.98%，同样在对动迁人员安置帮扶情况的调查统计中，城乡社区的覆盖比例为13.90%和14.63%。就业技能培训方面，城乡社区的覆盖比例达到59.89%和45.12%，但仍然没有超过60%。第二，农村社区部分公共服务覆盖比例低于城市社区。

在对儿童社会保护情况的调查统计中，城乡社区的覆盖比例分别为47.06%和15.85%，而在对居家养老服务情况的调查统计中，城乡社区的覆盖比例分别为56.15%和12.20%，城乡差距更大。

数据表明，虽然城乡社区中公共服务的供给得到了一定保障，但城乡居民的服务需求还未得到充分满足，一些较为典型的公共服务的供给数量还有提升空间。在对比整体数据后可以发现，城乡社区中服务供给的覆盖比例在20%以下数量较多，呈现出偏低状态，并且在此基础上农村社区的服务供给覆盖比例普遍低于城市社区，表现出较大的城乡差异。因此，为更好地提升城乡社区居民的生活水平，进一步推动城乡社区公共服务普及化和均等化仍是未来的工作重点。

二 部分公共服务的城乡均等化有待提升

近年来，为了实现社区公共服务的城乡均等化供给，政府不仅注重统筹城乡社区服务设施建设、服务资源配置、服务队伍建设、服务产品供给，还注重考察居民对服务的公平性、便利性、可及性等方面的满意程度，这些举措在增进城乡人民生活福祉、维护社会公平正义等方面取得了一定成绩。但调查显示，城乡社区中部分公共服务的城乡均等化建设还有待提升，包含妇女权益保护服务、残疾人服务、青少年服务、流动人口服务、网格化管理服务、老年人卫生保健、老年人活动中心七项。

通过分析妇女权益保护服务、残疾人服务、青少年服务、流动人口服务、网格化管理服务在城乡社区的覆盖率情况，了解到城乡社区中公共服务供给的均等化状况亟待改善。从表4-7来看：就青少年服务而言，城乡社区覆盖率分别为73.26%、8.64%，覆盖率差值超过60个百分点；就流动人口服务而言，城市社区覆盖率为85.03%，农村社区覆盖率仅为26.83%，覆盖率也相差近60个百分点；城乡社区残疾人服务的覆盖率分别为82.89%、18.29%，覆盖率相差超60个百分点；从妇女权益保护服务的社区覆盖率来看，城市社区为82.35%，农村社区为39.02%，城市社区覆盖率高出农村社区一倍；

网格化管理服务的城乡社区覆盖率分别为94.12%、53.09%，覆盖率差值也超40个百分点。

由此可以看出，在城市社区部分公共服务得到普及的同时，农村社区却呈现供给普遍性不足的问题，说明城乡社区部分公共服务存在供给规模差异大的问题。发展均衡是公共服务均等化的基本要求，因此要保障城乡社区公共服务供给规模基本平衡，并逐步扩大有效供给，以逐渐消除服务供给中的城乡差异，这是未来城乡社区公共服务体系建设的重点。

表4-7　　　城乡社区城乡均等化有待提升的公共服务　　（单位：%）

服务名称	城市社区	农村社区
青少年服务	73.26	8.64
流动人口服务	85.03	26.83
残疾人服务	82.89	18.29
妇女权益保护服务	82.35	39.02
网格化管理服务	94.12	53.09

三　农村社区志愿服务的普及度亟待提高

近年来，在政策号召下，农村社区不断开展多样化的新时代文明志愿服务实践，努力整合社会资源，团结组织广大志愿者为乡村建设出力，有效提升了群众的获得感、幸福感和安全感。但调查显示，开展各类志愿服务活动的农村社区占比仍然较低。

调查数据显示，十三项志愿服务活动在农村社区覆盖率均较低。第一，为民服务类和互助类志愿服务活动的农村社区覆盖率最低。残疾人服务、为老服务这两项的农村社区覆盖率仅为37.80%、45.12%，邻里互助志愿服务活动的社区覆盖率也仅为46.34%，农村社区这两类志愿服务活动的社区覆盖率均不足50%，与城市社区90%左右的覆盖率更是差距较大。第二，相较城市社区90%以上的覆盖率，农村社区文体娱乐类和公益类志愿服务活动的社区覆盖率较低。群众性文体教育活动的覆盖率为57.32%，绿化美化环境、环境保护、政策宣传咨询、救助解困的公益类志愿服务活动的覆盖率分别为58.54%、69.51%、73.17%、69.51%，虽然有一半以上农村社区开展这些志愿服务活动，但是相较于城市社区这些活动九成的覆盖率，农村社区明显还有提升空间。

表4-8　　　　城乡社区志愿服务覆盖率情况对比　　　　（单位：%）

志愿服务活动类型		农村社区覆盖率	城市社区覆盖率
为民服务类	为老服务	45.12	92.51
	残疾人服务	37.80	91.40
互助类	邻里互助	46.34	86.63
文体娱乐类	文体教育	57.32	93.05
公益类	绿化美化环境	58.54	93.05
	环境保护	69.51	96.26
	政策宣传咨询	73.17	95.72
	救助解困	69.51	93.05

调查数据表明，农村社区的志愿服务亟待普及。一方面，为民服务类、互助类志愿服务活动还有一半以上的社区覆盖发展空间；另一方面，文体娱乐类、公益类志愿服务活动虽已覆盖一半以上农村社区，但是与城市社区这些活动的高覆盖率相比，仍显不足。这些都表明各类志愿服务活动在农村社区还有较大普及空间。

四　社区专业服务供给存在较大城乡差异

近年来，多地秉承以社区社会工作为基础、专业领域社会工作为重点、政府购买服务为引擎的工作思路，逐步将专业服务引进社区，不断增强基层社区服务力量，并通过社会工作者引领志愿者的方式，不断盘活、激发社区力量。但从城乡社区专业服务供给情况的调查数据来看，城乡一体化方面还存在较大差异。

表4-9　　　　　城乡社区专业服务供给情况　　　（单位：%）

服务名称	城市社区	农村社区
法律服务	93.05	43.90
矫正服务	87.70	26.83
法律政策知识讲座	89.30	37.80
失能半失能老人康复护理	22.46	3.66

从上表中可以看出，城乡社区专业服务均等化层次有待提升。在对城乡社区失能半失能老人康复护理、法律服务、矫正服务、法律政策知识讲座的调查统计中，城市社区四项专业服务所占比例分别为22.46%、93.05%、87.70%、89.30%，农村社区四项专业服务所占的比例分别是3.66%、43.90%、26.83%、37.80%。数据表明，城乡社区专业服务的供给存在较大差异。城市社区在法律服务、矫正服务、法律政策知识讲座等服务供给方面均呈现出较高水平，而农村社区则均不足50%，说明城市社区居民的需要日益得到了满足，而农村社区在此方面则相对薄弱。而针对失能半失能老人的康复护理专业服务内容，城乡社区均表现出较低比例水平，分别是22.46%和3.66%。这些既呈现出城乡差异，也呈现出低水平供给状态，成为社区服务体系建设的较大障碍，为此需通过加大政府购买专业服务力度、提升城乡社区工作者专业化水平等举措，进一步优化专业服务供给。

五　城乡社区工作者的综合素质差异明显

中共中央、国务院《关于加强和完善城乡社区治理的意见》（2017年13号）指出，要"将社区工作者队伍建设纳入国家和地方人才发展规划""建设一批高水平的社区工作者队伍"。近年来，地方政府不断响应政策号召，重视社区工作者人才队伍建设，尤其在提升社区工作者年轻化、知识化、专业化水平方面取得了显著成绩，但调查显示，社区工作者的综合素质还存在较大城乡差异。

第四章 社区服务体系现状分析及对策研究

为全面了解社区工作者的综合素质情况,我们选取了年轻化(用35岁以下社区工作者所占的比例来考察)、知识化(用获大学本科及以上学历社区工作者所占的比例来考察)、专业化(用获得助理社会工作师资格证和社会工作师资格证的社区工作者所占的比例来考察)等内容进行分析(表4-10)。

表4-10　　城乡社区工作者队伍知识化、专业化情况　　(单位:%)

综合素质	城市社区	农村社区
年轻化	38.21	8.10
知识化	48.18	4.99
专业化	27.20	1.09

从上表可以看出,城乡社区工作者的综合素质差异显著。在对城市社区工作者的综合素质的调查统计中,衡量城市社区工作者年轻化、知识化、专业化水平的数据比例分别为38.21%、48.18%、27.20%;而对农村社区工作者的综合素质的调查统计中,衡量农村社区工作者年轻化、知识化、专业化水平的数据比例分别仅为8.10%、4.99%、1.09%,均在一成以下。

上述数据表明,城乡社区工作者的综合素质差异较大,第一,就年轻化而言,城市社区工作者以中青年为主,而农村社区工作者则存在年龄结构失衡,中青年比例极低;第二,就知识化而言,城市社区工作者中获大学本科及以上学历的人数占比将近一半,这为智慧社区的建设提供了重要智力保障,而在农村社区这类高学历人才则相对稀少,占比不到5%;第三,就专业化而言,城市社区工作者考证比例已达27.20%,而农村则仅有1.09%,可见从事社区工作的专业化水平较低。社区工作者的专业是社区治理的重要抓手,具备专业能力的社区工作者,能够把专业理念、技术和方法运用到社区治理实践中,实现治理能力现代化,由此可见,提高城乡社区工作者的综合素质,是完善当前社区服务体系的重要抓手与突破口。

六 社会力量参与社区服务的城乡差异明显

近年来,各地通过建立政府购买服务机制、健全城乡"三社联动"等方式,吸引社会力量承接社区服务,取得了良好收效。调查数据显示,社会力量参与社区服务的城乡差异仍然显著。为全面了解社会力量参与社区服务的情况,我们将社工机构作为社会力量的代表,并选取部分公共服务作为代表。

表 4-11　　　　　社工机构参与城乡社区服务情况　　　　（单位:%）

服务类型	社工机构提供服务情况	城市社区	农村社区
公共服务	老年人卫生保健服务	38.17	25.64
	残疾人服务	14.84	6.67
	儿童社会保护服务	14.77	7.69
	妇女权益保护服务	7.14	3.13
志愿服务	环境维护服务	8.62	1.56
专业服务	法律政策知识讲座	38.32	6.45

从上表中可以看出社工机构在参与社区服务的过程中存在显著的城乡差异。具体而言:第一,社工机构在城乡提供的公共服务存有一定差异,在对社工机构提供老年人卫生保健服务、残疾人服务、儿童社会保护服务、妇女权益保护服务情况的调查统计中,城市社区的覆盖比分别为38.17%、14.84%、14.77%、7.14%,相比之下,农村社区的相应覆盖比分别为25.64%、6.67%、7.69%、3.13%,与城市存在较大差异。第二,社工机构在城乡提供的志愿服务覆盖比均较低,在对社工机构提供的环境维护服务的调查统计中,城乡社区的覆盖比分别为8.62%、1.56%,均不足10%。第三,社工机构在城市提供的专业服务显著高于农村,在对社工机构提供的专业服务的调查统计中,城市社区的覆盖比为38.32%,而农村社区的覆盖比仅为6.45%,显著低于城市社区。

上述数据表明,社会力量参与社区服务的参与度还有待提升。在基本公共服务领域，近年来政府以购买服务方式进行托底的现象比较明显，社工机构这一社会力量主体逐渐发挥作用。而志愿服务与专业服务，在一定程度上受制于城乡发展水平，表现出较大的城乡差异。因此，在引入社会力量进入社区服务领域方面，应向农村社区给予一定倾斜，促进城乡社区服务均等化。

第三节 城乡社区居民对社区服务的满意度

党的十九大报告指出，我国社会主要矛盾已经转化为人民日益增长的美好生活需要和不平衡不充分的发展之间的矛盾。人民群众不仅对物质文化生活提出更高要求，而且在民主、法治、公平、正义、安全、环境等方面的要求也日益增长。建设社区服务体系的目标正是为了满足人民群众对美好生活的需求，要把人民群众满意作为最根本的评价标准。通过居民满意度来考核社区服务，对于发现当前社区服务供给中存在的不足，提升社区服务体系发展水平具有重要意义。

一 居民对社区服务的整体满意度较高

居民满意度是居民对其生活质量的整体性评估，可反映居民对所接受服务质量和效率的满意程度。依据城乡差异，我们把居民对社区服务的总体满意度划分为城市社区服务满意度和农村社区服务满意度，并将"非常满意""比较满意"整合为"满意"，将"不太满意""很不满意"整合为"不满意"，从而通过"满意""一般""不满意"的比例情况反观居民总体满意度情况。

（一）城市社区居民满意度

在对城市社区居民满意度的调查统计中，数据显示，城市社区居民对于各类服务的满意度总体较高，各项服务"满意"的占比均超过70%，大部分服务"满意"占比在80%以上。

表4-12 城市社区居民的服务满意度 （单位：%）

服务类型	服务种类	满意	一般	不满意
公共服务	居家养老服务	82.57	16.48	0.95
	机构养老服务	77.43	21.14	1.43
	医疗服务	79.75	18.56	1.69
	残疾人服务	85.69	13.79	0.52
	就业技能培训	79.75	19.31	0.94
	儿童社会保护	87.64	12.36	0.00
	青少年服务	85.33	14.31	0.36
	妇女权益保护	85.09	14.91	0.00
	流动人口服务	75.95	22.54	1.51
	安全服务	84.08	14.51	1.41
	动迁人员安置帮扶	80.74	18.68	0.58
志愿服务	家政中介服务	70.62	28.54	0.84
	邻里调解服务	82.27	17.28	0.45
	环境维护服务	82.01	16.42	1.57
专业服务	法律政策知识讲座	84.51	15.14	0.35
	法律服务	81.08	17.91	1.01
	社区矫正服务	82.14	17.58	0.28

从公共服务来看，居民对公共服务满意度整体较高，均在75%以上，不满意度均低于2%。这11项公共服务中，有7项服务的满意度高于80%，仅有4项服务的满意度介于70%到80%，这4项分别是机构养老服务（77.43%）、医疗服务（79.75%）、就业技能培训（79.75%）、流动人口服务（75.95%），服务满意度较为平衡。这表明城市社区居民对于各项公共服务的满意度情况良好，社区公共服务供给呈现优质状态。

从志愿服务来看，居民对志愿服务满意度较高，均高于70%，不满意度均低于2%。在3项志愿服务中，居民对环境维护服务和邻里调解服务的满意度高达80%，家政中介服务满意度相比之下较低，仅为 70.62%，但是居民对该服务的不满意度低于 1%。整体来看，城市社区居民对志愿服务的满意度情况较好。

从专业服务来看，居民对专业服务满意度整体较高，均高于 80%，不满意度维持在 1% 左右，且各项专业服务的满意度比较均衡，这说明城市社区各项专业服务供给质量较为平衡，未出现较大的质量差异。

上述数据表明，城市社区居民对社区服务的整体满意度较高，不满意情况均不超过 2%，但在个别与经济社会发展密切相关的服务内容评价上也表现出相对略低的满意度。

（二）农村社区居民满意度

在对农村社区居民满意度的调查统计中，数据显示，农村社区居民满意度总体相对较高，各项服务"满意"的占比均超过 70%，一半以上服务的满意度高达 80%。

从公共服务来看，居民对社区公共服务整体上较满意，满意度均高于 75%。在居民评价的 11 项公共服务中，有 6 项服务满意度在 80% 以上，有 5 项服务满意度介于 70% 到 80%，分别是机构养老服务（75.26%）、医疗服务（77.48%）、就业技能培训（78.68%）、流动人口服务（77.80%）、动迁人员安置帮扶（75.66%），相较城市社区满意度，农村社区在 70%—80% 的情况增加了动迁人员安置帮扶这项服务。这表明农村社区公共服务供给质量整体较高，但是相比城市社区还有一定的改善空间。

从志愿服务来看，居民对志愿服务满意度基本较高，均接近 80%。居民对于 3 项志愿服务的满意度均介于 70% 至 80%，其中家政中介服务满意度为 79.12%、邻里调解服务满意度为 78.99%、环境维护服务满意度为 78.54%，满意度数值较为均衡。不过农村社区的邻里调解服务和环境维护服务满意度情况较城市社区还有提升空间。

表 4-13　　　　农村社区居民的服务满意度　　　　（单位：%）

服务类型	服务种类	满意	一般	不满意
公共服务	居家养老服务	81.58	16.37	2.05
	机构养老服务	75.26	21.53	3.21
	医疗服务	77.48	18.16	4.36
	残疾人服务	80.60	18.00	1.40
	就业技能培训	78.68	20.58	0.74
	儿童社会保护	86.61	12.82	0.57
	青少年服务	83.45	16.37	0.18
	妇女权益保护	83.64	16.03	0.33
	流动人口服务	77.80	19.78	2.42
	安全服务	82.00	16.31	1.69
	动迁人员安置帮扶	75.66	21.54	2.80
志愿服务	家政中介服务	79.12	19.31	1.57
	邻里调解服务	78.99	19.96	1.05
	环境维护服务	78.54	18.10	3.36
专业服务	法律政策知识讲座	82.98	16.22	0.80
	社区矫正服务	83.03	15.87	1.10
	法律服务	82.00	17.01	0.99

　　从专业服务来看，居民对专业服务满意度普遍较高，均高于80%。具体来看，法律政策知识讲座满意度达到82.98%，社区矫正服务满意度为83.03%，法律服务满意度也高达82.00%，而且这3项服务的不满意度也均低于2%。说明农村社区积极适应因农村经济发展带来的需求专业化，重视并提升专业服务供给质量，为满足居民具有专业性限制的需求提供了有效供给。

　　上述数据表明，农村社区居民对服务的满意度整体相对较高，不满意情况均不超过5%，但较城市社区评价较低的服务项目有所增加。其中，农村社区除包含城市社区服务评价较低的5项服务之外，还增添了动迁人员安置帮扶、邻里调解服务、环境维护服务这3项服务，这与当前乡村社会房屋流转、经济不断发展密切相关。与此同时，较城市社区，农村社区的整体不满意情况高出城市社区。由此可见，进一步提升农村社区各类服务质量改善居民满意度是社区服务体系建设的重要着眼点。

二 影响城乡社区服务满意度的要素分析

社区服务体系是实现社区治理的重要助推器，居民对于社区服务的满意度反映社区服务体系建设质量，影响社区治理成效。调查发现，居民对城乡社区部分服务的满意度评价变化与居民学历层次以及社区所处区域相关。

（一）城乡社区高学历居民对社区服务满意度相对较低

调查数据显示，城乡社区居民学历程度是影响居民对社区服务满意度评价的重要因素。在城市社区中，学历因素影响安全服务、居家养老服务、医疗服务、儿童社会保护服务、妇女权益保护服务、邻里调解服务、环境维护服务、法律服务、法律政策知识讲座九项服务的满意度评价；在农村社区中，学历因素影响居家养老服务、医疗服务、妇女权益保护服务、环境维护服务、法律服务、村庄道路硬化、农村居民最低生活保障等七项服务的满意度评价。这些服务评价的 Sig 运算值均小于 0.05，表明学历因素导致的评价差异具有显著性。

从表 4-14 中的数据可以看出，除农村社区法律服务外，居民受教育程度与居民对服务的满意度情况基本呈负相关关系。

第一，就医疗服务而言，居民受教育程度与居民对医疗服务的满意度情况基本呈负相关关系。初中及以下学历的居民满意度最高，本科及以上学历的居民满意度最低；农村社区四种学历居民的满意度分别为 76.50%、80.89%、82.86%、76.93%，本科及以上学历的居民满意度排序第三，数值比最低评价仅高出 0.43%，而且高学历居民的不满意度最高，为 7.69%。前文提到农村社区医疗服务社区覆盖率高于城市社区，表明农村社区亟须破解医疗服务"量多质劣"的困境。

表4-14 城乡社区不同学历居民对部分服务的满意度评价 （单位：%）

服务及评价		学历程度	城市社区				农村社区			
			初中及以下	高中/中专	大专	本科及以上	初中及以下	高中/中专	大专	本科及以上
公共服务	医疗服务	满意	79.78	79.87	81.76	74.67	76.50	80.89	82.86	76.93
		一般	18.15	18.87	16.35	25.33	18.80	15.92	15.71	15.38
		不满意	2.07	1.26	1.89	0.00	4.70	3.19	1.43	7.69
	居家养老服务	满意	84.47	85.19	84.27	57.50	80.35	83.47	96.43	87.50
		一般	15.15	12.59	14.61	42.50	17.19	16.53	3.57	0.00
		不满意	0.38	2.22	1.12	0.00	2.46	0.00	0.00	12.50
	妇女权益保护	满意	86.78	81.68	90.47	76.92	81.88	87.57	95.12	82.35
		一般	13.22	18.32	9.53	23.08	17.96	11.89	2.44	17.65
		不满意	0.00	0.00	0.00	0.00	0.16	0.54	2.44	0.00
志愿服务	环境维护服务	满意	81.86	85.85	82.32	67.09	77.13	82.67	87.30	82.61
		一般	16.59	13.52	15.24	29.11	19.51	14.00	9.52	13.04
		不满意	1.55	0.63	2.44	3.80	3.36	3.33	3.18	4.35
专业服务	法律服务	满意	81.95	80.00	83.21	73.68	82.59	78.02	86.67	91.66
		一般	17.15	18.78	16.06	24.56	16.81	19.78	11.11	8.34
		不满意	0.90	1.22	0.73	1.76	0.60	2.20	2.22	0.00

第二，就居家养老服务而言，城市社区居民学历与服务满意度基本呈负相关。本科及以上居民满意度仅为57.50%，与其他三种学历居民满意度数值相差近30个百分点；农村社区本科及以上学历居民满意度是87.50%，虽然排序第二，但是其不满意度高达12.50%，远大于其他学历居民不满意度数值。这说明城乡社区尤其是城市社区应大力推动居家养老服务供给质量。

第三，就妇女权益保护服务而言，城市社区本科及以上学历居民的满意度依旧最低，为76.92%，农村社区本科及以上学历居民满意度虽然排序不是末位，但数值也仅比最低评价高出0.47%。说明城乡社区妇女权益保护服务的供给质量仍有提升空间，城市社区的情况相对紧迫。

第四，就环境维护服务而言，城市社区四种学历居民的满意度分别为 81.86%、85.85%、82.32%、67.09%，本科及以上学历居民的满意度不仅最低，而且数值与其他三种学历居民满意度数值相差超过 15 个百分点，农村社区高学历居民满意度虽然较高，但是不满意度却是最高，为 4.35%。说明城市社区需要提高环境治理服务的质量，农村社区该服务的供给质量也有一定发展空间。

第五，就法律服务而言，城市社区本科及以上居民满意度排名末位，为 73.68%，且与其他三个数据相差较大，城市社区需要供给更高质量的法律服务以改善高学历居民的评价情况。

这些情况说明居民受教育程度与对于服务评价存在一定关系。高学历居民对于服务的期望可能更高，如果服务供给质量与期望有差距，往往就会导致高学历居民的满意度较低、不满意度较高。城乡社区应大力推动服务供给质量提升，以改善全体居民尤其是高学历居民的满意度情况。

(二) 区域因素影响农村社区居民的服务满意度评价

服务供给的区域平衡是全国社区治理的重要目标，平衡既包括服务数量，也包括服务质量，而不同区域居民对于同一服务的满意度情况能明显反映出服务供给质量的区域平衡性。

数据表 4-15 显示，不同地区的社区对于服务的满意度情况比较平衡，数据处理过程中，各项服务评价的 Sig 运算值均大于 0.05，说明区域因素对于城市社区居民服务评价影响不显著，城市社区服务的区域平衡性较高。而不同区域的农村社区对于服务的满意度情况表现出不平衡性，区域因素影响了农村社区流动人口服务、安全服务、居家养老服务、医疗服务、残疾人服务、就业技能培训、妇女权益保护服务、邻里调解服务、环境维护服务、农业技术推广培训、村庄道路硬化、农村居民最低生活保障十二项服务的满意度评价。这些服务评价的 Sig 运算值均小于 0.05，表明区域因素导致的评价差异具有显著性。

表 4-15　　　　不同地区社区的服务满意度评价情况　　　　（单位：%）

地区服务类型及评价		东部	中部	西部	东北
安全服务	满意	87.45	80.54	76.55	80.43
	一般	11.95	16.73	21.60	18.12
	不满意	0.60	2.72	1.85	1.45
居家养老服务	满意	88.10	76.92	76.05	95.24
	一般	10.71	20.65	21.35	2.38
	不满意	1.19	2.43	2.60	2.38
医疗服务	满意	84.23	74.93	72.64	76.82
	一般	13.39	19.66	21.61	19.87
	不满意	2.38	5.41	5.75	3.31
残疾人服务	满意	86.49	78.36	74.90	84.00
	一般	12.61	19.01	24.31	16.00
	不满意	0.90	2.63	0.79	0.00
就业技能培训	满意	81.04	79.08	74.34	86.85
	一般	18.96	19.50	25.13	13.15
	不满意	0.00	1.42	0.53	0.00

从不同区域居民对安全服务、居家养老服务、医疗服务、残疾人服务和就业技能培训的评价数据来看，中部和西部地区居民对于服务的满意度相对于东部和东北地区较低。

第一，就安全服务而言，东部、中部、西部和东北地区农村社区居民的满意度分别为 87.45%、80.54%、76.55%、80.43%，西部地区农村社区居民满意度最低，为 76.55%，说明与东部和东北地区相比，中部和西部地区农村社区居民对安全服务的满意度相对不足。

第二，就居家养老服务而言，中部和西部地区农村社区居民的满意度相对较低，为 76.92% 和 76.05%，与东部和东北地区农村社区居民满意度差值大，且中部、西部地区农村社区居民的不满意度最高，分别为 2.43% 和 2.60%，表明中部和西部地区的居家养老服务供给质量与其他地区相差较大，供给质量亟待提高。

第三，就医疗服务而言，中部和西部地区农村社区居民的满意度也相对较低，为74.93%和72.64%，远低于东部地区农村社区居民满意度，而且中部、西部地区农村社区居民不满意度也最高，达到5.41%、5.75%。表明中部和西部地区是实现农村社区医疗服务供给区域平衡性的薄弱环节，医疗服务供给质量有待提高。

第四，就残疾人服务而言，西部地区农村社区居民满意度最低，为74.90%，其次是中部地区，为78.36%，与东部和东北地区农村社区居民满意度相比均有较大差距。残疾人群体作为社会弱势群体，对于社区服务有特殊需求，其特殊需求应在社会的微单元即社区中得到有效满足。从中部和西部地区农村社区居民对残疾人服务相对较低的满意度可以看出，与东部和东北地区相比，其残疾人服务供给质量还有一定提升空间。

第五，就就业技能培训而言，不同区域农村社区居民对该服务的满意度与上述服务满意度规律类似，依旧是中部和西部地区满意度相对较低，分别为79.08%和74.34%，且仅有这两个地区的农村社区居民对于该服务供给做出不满意的评价。由此可以看出，中部和西部农村社区在就业技能培训服务供给上，在提升社区覆盖率的同时应更加注重供给质量的改善。

这些情况说明相较于东部和东北地区，中部和西部农村社区的服务供给质量略显不足。农村社区服务供给质量的区域平衡性相对不足，应大力推动中部和西部地区服务供给质量的改善，以提升农村社区整体服务供给质量的区域平衡。

第四节　加强城乡社区服务体系建设的对策建议

现阶段，社区服务供给体系主要停留在国家主导的政府行动阶段，而不是国家主导的社会行动阶段，是政府在决策、政府在行动，而不是政府在决策、社会在行动①，更不是政府在决策，居民在行动。因此我们需要构建政府、社会和居民多元参与形成良性互动的供给体系，建立社区服务的协作机制，实现一核引领多方参与。

一 整合社区服务的供给主体

《中共中央、国务院关于加强和完善城乡社区治理的意见》指出要"完善党委和政府统一领导，有关部门和群团组织密切配合，社会力量广泛参与的城乡社区治理工作格局"。政府与社会是天然的合作者，社区公共服务供给要选择党和政府领导下的社会行动。

1. 政府从包办到协同、从主导到负责。政府是公共政策的制定者、社会服务的购买者、人才的培养者和能力的建设者，首先要引导居民表达需求，政府应秉持"社会本位，民众本位"精神，明确居民到底需要什么社区服务，市场能提供的要交给市场；市场不愿、不能提供的服务和产品交给政府，由政府来保障基本公共服务，确保社会效益最大化。其次，政府要在顶层设计上链接资源，对社区可以链接到的资源进行全面梳理，积极扩展资源观，引入辖区内的所有单位、机构和商家能提供的物品、场地、荣誉、人力、服务、资金等资源，从而扩大社区服务的类型。最后，政府要以社区公益创投为平台，引导居民以社区社会组织为载体加入到社区服务中去，培育居民的自主性，促进居民参与到社区服务中去。

2. 动员体制外的社会力量。引入社会力量，可以培育和激发社会活力，推进和完善政府"放管服"改革。② 在目前的社区服务供给体系中，政府和社区成为公共服务供给的主要力量，表明体制内力量仍然居于主导地位；虽然政府尝试通过购买服务的方式来鼓励社会力量参与到公共服务的供给中来，但社会力量参与的程度仍然较低，因此，在社区服务供给的过程中需要动员体制外的社会力量。

---

① 张平：《中国和谐社区——江汉模式》，中国社会出版社2010年版，第5页。
② 倪咸林：《政府购买社会组织服务"供需适配偏差"及其矫正》，《中国行政管理》2018年第7期。

第四章 社区服务体系现状分析及对策研究

首先，要识别体制外的社会力量。社会力量包括社会组织、党群社团、非营利机构、企业等等，要将其充分的利用起来。其次，要发掘社会力量可提供的资源。社会中的各组织、单位在各自的服务领域都具有一定的专业性优势或某种服务能力上的优势，可以提供物品、技能、场地、服务等资源。再次，要将社会力量的资源与社会的需求对接起来。依据居民需求，要鼓励社会力量依据自身特点和优势，科学择定社区服务的具体内容，强化自身优势，发挥自身特色，精益求精，提供类型多样的公共服务。最后，需要建立激励机制。通过完善积分兑换机制对社会力量参与社区服务要给予积分的回馈或者荣誉的授予。

3. 鼓励居民参与。社区是居民的，需要社区服务中引入公众参与，让居民参与到社区服务的提供过程中去，让居民不仅成为社区服务的享受者，而且要成为社区服务的生产者。但是居民原子化状态不利于其成为社会治理主体的，因此需要加强居民的组织化建设。社区社会组织是在社区范围内开展活动的、满足社区居民不同需求的民间自发组织。因此，要培育和发展社区社会组织，提高社区社会组织质量，将社区社会组织引向公益，使其在公共服务的提供中发挥重要作用，政府、社会力量和居民多元主体各司其职、各尽所能，逐渐改变行政力量的一元化主导格局，利用市场和社会力量。

二　优化社区服务的供给机制

要依靠机制创新、技术迭代和动能转换，推动社区服务新业态新模式加快成长。部分社区服务供给显示出的政府主导状态直观反映出当前我国社区服务供给机制中存在的一些问题，经济社会发展和居民群众的多方面需要给社区服务的供给提出了新的更高的要求，这就对加强和完善社区服务供给体系，形成政府负责、社会协同的供给机制新模式提出了要求。在扩展多元行动主体的基础上，我们需要为社区服务提供制定一套精细化、可操作的流程。

1. 进行需求识别，提高服务供给针对性。社区服务供给应建立自下而上的需求征集机制，根据居民的意愿，有针对性地提供服务。首先，进行需求的征集，社区服务提供主体要通过运用开放空间会议技术、张贴告示、入户走访等方式广泛搜集居民需要哪些服务。其次，根据社区不同群体的需求偏好划分需求群体，根据划分出的不同群体对需求进行分类和归并整理，可将其分为必须要政府承担的社区服务、社会力量可以提供的社区服务以及居民能够自我满足的社区服务三类。最后，根据需求整理结果制定居民社区服务需求清单，根据需求清单，凡是居民能够自我服务的社区服务交给居民，社会能提供社区服务的都交给社会力量承担，社会力量和居民无法提供的由政府进行供给。

2. 项目化供给，平衡服务供给的公平和效率。为了提高服务供给的效率，要对服务项目进行策划。首先，项目策划要平衡服务供给的公平和效率。我们一定要区别公共服务和商业服务的性质，在确保服务公平的基础上，提高服务供给的效率。其次，项目策划要依据居民社区服务需求清单。按照居民社区服务清单，分为政府、社会、居民三类公共服务提供主体。政府、社会和居民在公共服务供给领域都各有所长，我们要利用其长处。再次，项目策划要依托社区可链接到的资源。项目策划不能只依托政府资源，而要充分考虑辖区内的所有单位、机构、商家能提供的物品、场地、荣誉、人力、服务、资金等资源，制定社区可链接资源清单。最后，项目策划要致力于长远目标。项目实施方案需切合社区发展实际水平，指定清晰可及的战略设计，不能只考虑当前利益而忽视长远利益，要保证项目的连续性。

3. 鼓励多方参与，提高公共服务供给的参与性。社区服务事关居民的切身利益，居民是社区服务的直接受益者和外部监督者。扩大居民参与，是更好地满足居民公共服务需求日益多样化的必经之路。首先，要树立多方主体参与社区服务供给的理念。政府不是服务的包办者，而是服务的引导者；社会力量不是服务的旁观者而是服务的参与者；居民不是服务的享受者，而是服务的创造者。其次，要扩展多方主体在参与公共服务供给的参与维度。居民对公共服务的参与不仅仅是开展公益或志愿服务,在项目实施的过程中贡献其资本、知识、劳动、技术、管理、场地等也是参加社区服务。最后,要完善社会治理各方参与社区服务供给的激励措施。探索资源链接和积分兑换制度让各参与主体都得到回报,增强他们的获得感。

4. 实施项目评估,提高公共服务供给可持续性。以项目化开展社区服务一定要进行项目评估,项目评估的结果作为服务供给机构进入下一轮公共服务招标过程中的关键指标,这样可以对服务供给机构形成一定约束。首先,要建立一套完善的评估指标。让居民参与到社区服务效果评价当中,按照科学的方法、程序和标准,时刻以公众需求为导向进行动态调整对服务机构的服务质量做出客观、准确的评价。其次,要避免评估指标的波动性。评估的对象必须是接收服务的群体,评估的方式可以选择第三方评估,以提升评估的相关性和针对性。最后,要充分利用评估的结果。建立信息网络系统,与政府构建的信息公开网络互通,数据库共享。将评估结果公示并纳入奖惩考核,吸纳入招标考核中,为社会力量参与招标竞标以及退出服务领域提供依据和参考。

三 建立社区公共服务的均等化供给机制

享受基本公共服务是每个公民的权利,破解社区公共服务供给不平衡不充分的问题,既是不断满足人民日益增长的美好生活需要的重要抓手,也是促进社会公平正义和实现高质量发展的客观要求。公共服务存在城乡不均衡的问题,需要不断优化社区公共服务供给体系,缩小公共服务供给的城乡差异和区域差异,促进基本公共服务均等化。

1. 缩小公共服务供给的城乡差异。《中共中央、国务院关于加强和完善城乡社区治理的意见》指出要"坚持城乡统筹,协调发展,要适应城乡发展一体化和基本公共服务均等化要求,加快城乡社区公共服务体系建设,健全城乡社区服务机构"。需要采取推进政府公共服务覆盖到城乡社区,促进实现城乡基本公共服务均等化。一方面,政府要健全合理的财政制度,加大地方财政对于农村公共服务发展的支持力度,提升农村地区的公共服务供给水平。另一方面,在加大对农村公共服务投入的基础上,以满足农民群众的需求为导向,将政府投资的公共服务与农民群众需求结合起来,利用公众的偏好显示策略解决公众偏好与需求显示困境,逐步提高公众参与公共生活的地位。

2. 缩小公共服务供给的区域差异。区域基本公共服务均等化水平是与区域经济和地区综合实力密切相关的,均等化水平较高的地方一般是经济较为发达的东部沿海或是经济增长速度较快的经济活跃区域。促使公共服务的区域间均等化发展最重要的措施是大力发展经济,特别是相对落后地区的经济。只有坚持科学发展,加快区域协调发展,才能够缩小公共服务的区域差距。首先,深入落实科学发展观,促进整个国民经济又快又好的发展。政府的财政收入增多,才能够有更多的资金、资源投入到公共服务领域。其次,践行国家的区域发展战略,大力发展西部、中部、东北地区的经济。地方财政收入增加,能够拿出更多的资金、资源用于改善本地区的公共服务,提高公共服务水平。最后,要了解区域内的主要需求,要有侧重点,要因地制宜。我国幅员辽阔,区域差异较大,人民的生活水平不一,需要考虑到发展的阶段性差异,在提供公共服务时更加具有针对性。

四 建立社区便民服务的整合分类监管机制

随着人民生活水平的提高,对社区服务的需求越来越多。社区作为个体、家庭、政府和市场的连接点,要满足居民不同种类和层次的需求,仅仅靠政府提供社区公共服务是远远不够的。社区便民利民服务涉及居民生活、工作的方方面面,可以很好地适应经济社会的发展和居民群众的多方面需求。

1. 整合各类便民利民服务资源。要在传统的服务供给基础上充分发挥信息化、智能化、网络化的优势,对政府、辖区企事业单位、各类机构、社区等服务供应主体提供的各类便民利民服务服务资源进行整合,建立和形成社区便民利民服务资源库,并公布在社区服务平台上，逐步建立全面覆盖、动态跟踪、信息共享、功能齐全的社区服务网络体系。通过信息技术，整合信息资源，服务能上门的就上门；针对不能上门的服务，居民通过网络就能知道自己需要的服务的相关信息，让服务真正实现便民利民。

2. 实现便民利民服务分类机制。针对不同群体，对社区现有的人口数据库进行细化，根据居民的年龄、性别、健康状况及其他特殊情况，创新分类服务管理机制，做好"按需服务"落实工作，特别要照顾弱势群体。针对便民利民服务中公共事业服务、生活服务、农业社会化服务等服务的不同特点，依托政府、社区居民委员会、辖区企事业单位、志愿者等不同主体的特点来承接不同的便民利民服务。

3. 建立便民利民服务供应的监管机制。加强对服务供应主体的监管，及时跟踪回访服务供应主体对服务的回应速度、服务质量、居民对服务的满意度，建立信息反馈机制。要对社区便民利民服务情况进行跟踪测评，通过监管服务来评估社区便民利民服务质量，为服务供应主体及时调整提供参考依据。对于经营服务规范、响应速度到位，获得居民好评的支撑实体服务中心给予精神或者物质的奖励，对服务不到位的服务实体进行淘汰，促使社区服务逐步形成良性循环的态势。

五 建立社区志愿服务的激励回馈机制

要推动社区志愿服务的持续化、常态化发展，树立"公益改善生活、公益改善经营"的理念，建立志愿者主动参与社区服务的常态机制，建立资源链接与积分兑换有机结合的服务回馈机制，做到志愿者登记的真实化、志愿服务常态化，实现"好人做好事有好报"。

1. 做好公益积分登记工作。积分制作为志愿者激励的工作方法，每一分都关乎每个人的荣誉等切身利益，影响着党员、志愿者发挥模范带头作用和群众参与志愿服务的热情。因此，积分登记必须要符合当地工作实际，符合居民意愿，才能起到动员、组织和引导的良好作用。积分登记可以采取线上和线下相结合的方式，一方面，可以通过社区居民委员会进行登记，由社区居民委员会定期对登记的积分定期进行公布；另一方面，要实现积分登记系统的智能化，建立社区志愿者公益APP或者志愿者公益积分微信公众平台，志愿者在网上进行志愿服务报名，实际服务的时候再进行网上签到和签退，这样积分就自动记录在系统中，有条件的地方还可以开辟积分排行榜，嘉奖五星志愿者，鼓励志愿者的公益精神。

2. 扩展资源链接渠道。离开资源谈兑换，只能是无本之木、无源之水，因此积分兑换必须要链接相应的资源。为了增强公益积分兑换服务对志愿者的吸引力，社区要打开资源链接的思路和渠道，认识到资源不仅仅包括社区内部资源，而且还包括社区外部的辖区单位资源；资源种类不能仅仅局限于物品资源，还包括社区提供"五老家庭""优秀党员"等荣誉资源，辖区企事业单位提供停车场、会议室等场地资源，辖区商户提供理发、体检等服务资源，以及社区中具有闲暇时间、闲暇精力、闲置物品、闲置技能等等，要避免资源来源的单一性和风险性，用链接到的资源作为志愿服务和积分兑换的保障。

3. 健全公益积分兑换机制。积分兑换机制现已在各地如火如荼地开展，内容和形式都在不断创新，究其根本积分兑换应是居民通过协商对话，自我认定公益行为范围及相应分值，由社区各主体共同行动链接资源，从而实现以服务换服务、以服务换资源。在积分兑换方面，一个季度开展一次大型的积分兑换活动，不仅可以起到对志愿者的激励作用，也可以在对志愿服务进行宣传，让公益观念深入人心。当然也鼓励非定期兑换，比如志愿者可以通过手机APP里积分兑换的代金券去商家消费，也可以用代金券抵服务费用，通过志愿者积分兑换活动，推进志愿服务的长效机制建设。

六 建立社区专业服务的针对性供给机制

社区专业服务是现代社会追求标准化及精准化过程的产物，是为了满足特殊群体的特殊需求而设立的服务。社区的范围与人口规模较小，若各类专业服务都由社区提供，社区必须配备大量的专业资源，但专业资源成本高昂，一个社区需要享受专业服务的人员有限，在各个社区去强调专业服务会带来大量的专业人力资源闲置，造成资源的严重浪费。因此要建立社区专业服务的针对性机制，建立专业的人才队伍、筛选和征集专业服务需求，让专业服务的人才队伍和专业服务需求动态匹配。

1. 建立专业服务的人才队伍。专业服务需要大量的专业人员和资源，由于专业服务需求在人群中的发生频率普遍较低，为分摊与降低服务成本，专业服务必须建立在一定的人口规模与人口密度基础之上。要摸清街道各行业人才配置规律，对街道内专业人才进行集中打造，可以基于人群合理的规划和部署专业机构，建立社区专业服务中心，对社区律师、心理咨询师、社区矫正师、社区戒毒师等专业人才进行整合和集中，让专业的人做专业的事。

2. 筛选和征集专业服务需求。从服务对象来看，主要包括老人、残疾人、妇女、儿童、药物滥用者、社区矫正者等人群，对于这些少量的、特殊的专业性需求群体，可以将其筛选出来。社区要采用多种方式去摸清专业性需求群体，要全面调动多方力量深入社区收集特殊居民需求，运用入户访谈、楼栋会、单元会等多种方式深入到特殊居民中间，采取结构式访谈收集特殊居民需求。鼓励有特殊需求的人去接受专业机构的服务。

3. 匹配专业人才队伍和专业服务需求。街道或者区县层面要建立专业服务需求和供给的匹配平台，让专业服务人才提供的服务和特殊服务的需求群体能够结对接起来。一方面可以采取特殊需求居民申请制，残疾人、失能老人、需要法律援助等有特殊需要的居民可以将自己的情况报送给社区，社区审核通过则可以接受专业服务；另一方面，对于社区矫正和药物滥用者等特殊群体，街道要加强排查和管理，动员其接受专业服务。

第五章　社区矛盾冲突和化解能力建设研究报告

社区矛盾冲突是新时期我国社区治理的重要议题之一。当前我国正处于社会转型深水区与攻坚期，且面临"十三五"以来经济增长速度换挡、结构调整阵痛和前期刺激政策消化期"三期叠加"的经济发展新常态，各种压力相互交织，各种矛盾冲突频发不断，基层社会治理创新面临着严峻挑战。一方面，社会转型期的中国城市社区是一个基层社会不断"国家化"（国家基层政权建设）"市场化"（建立契约关系）和"社区化"（围绕日常生活的社会自我整合）三者合一的场域，在这一大背景下的中国城市社区建设、发展与治理进程必然蕴含着三者之间相互交织与叠加共生的复杂过程，各种社区矛盾、纠纷或冲突往往难以避免。另一方面，在中国广大农村社区，普遍面临着因农业边缘化、农民老龄化、农村空心化以及留守儿童、征地拆迁等严峻问题而引发的各种矛盾冲突。不论是否意识到，一个客观事实就是，中国的城乡社区皆面临着改革开放以来最为激烈和广泛的变革，且这一变革因关涉整个中国城市基层社会的稳定而备受各界关注。同时，基于现阶段我国城乡社区类型的多样化发展，不同类型的社区中因融合与分化程度不一而呈现出不同的冲突情境。为此，如何更有针对性地高效化解城乡社区矛盾冲突，是新时期摆在党和政府面前的重要课题。

第五章 社区矛盾冲突和化解能力建设研究报告

第一节 社区矛盾冲突的主要类型

社区矛盾冲突,简言之,是指发生在社区内的各种矛盾冲突。具体来说,通常是指发生在社区这一特定地域内,社区居民、社区内部的社会群体或社区组织等主体因社区内的各种事务或问题而引发的对社区整体或局部造成一定影响或作用的抵触、差异、对立、排斥等矛盾现象或激烈的、显性化的互动性对抗行为①。在现代社会运行中,一定程度的冲突是无法避免的。特别是鉴于当前我国正处于社会转型的深水区,各种社会利益关系大格局亦处在大调整、大变革之际,各种社会矛盾冲突难以避免②。而在城乡社区治理层面,随着社会转型的愈发深化和城市化进程的强力推进,各类社区矛盾冲突还将会在很长一段时间内持续存在,社区矛盾冲突及其治理整体状况仍不容乐观。在此,结合调查数据及实地调研访谈资料,尝试从以下方面对社会转型期中国城乡社区矛盾冲突的主要类型进行概述。

一 社区经济利益冲突

社区经济利益冲突,即围绕社区公共利益问题而产生的冲突,主要指社区内的各个主体基于社区公共资源分配不均或社区公共利益引发的冲突,涉及社区经济、社区公共安全、社区教育、社区医疗卫生、社区社会保障、社区基础设施建设、社区劳动就业、社区文体休闲、社区公共信息及社区生态环境问题等方面,其具有两大特征:一是公共性,即区别于由个人或家庭利益引发的人际冲突;二是多样性,涉及社区公共资源的分配、公共环境的维护以及公共利益的共享等多方面。社区经济利益冲突是当前我国城乡社区冲突最主要的类型。马克思曾深刻指出:"人类为之奋斗的一切,都同他们的利益有

---

① 原珂:《中国城市社区冲突及化解路径探析》,《中国行政管理》2015年第11期。
② 社会转型期各种矛盾冲突的存在,虽有其客观必然性,但在某种程度上,这也是难以避免的。社区冲突就属于这样的一种社会性冲突。

关。"列宁也曾说过:"生活中最敏感的神经就是利益。"诚然,一切有着利益追逐的社会,都存在着利益矛盾或冲突。社区冲突也不例外。社区冲突作为一种客观社会现象,所有社区都存在着或潜伏着不同程度的因上述事项而引发的社区利益冲突问题。一定程度上可以说,社区是各种利益的汇集点,也是各种社会矛盾和冲突的交汇点。具体来说,社区经济利益矛盾冲突涉及社区邻里纠纷问题、社区贫富分化问题、社区内违章搭建问题、社区服务问题、社区保障问题、社区就业问题、社区住房问题、社区征地或拆迁问题、社区安全与治安问题以及社区居民与社区居委会、相关管理部门或工作人员、物业服务公司及业主委员会间的矛盾纠纷问题等,这些矛盾冲突当前在我国城市社区和农村社区均广泛存在,只是严重程度不一。例如,在城市社区因老旧小区改造、社区违章建筑、社区邻避设施建设等问题引发的利益冲突和在农村社区因征地拆迁、地权纠纷、村庄集体经济纠纷、"村改居"安置等问题引发的经济物质性矛盾或冲突,都是当前我国城乡社区冲突治理中严重程度不一的一类较为棘手的利益性冲突。

二 社区生态环境冲突

社区生态环境冲突,是现代社区矛盾冲突的重要形式之一。它既涉及社区建设与环境保护间的冲突、社区自然区位差异引发的生态环境冲突、社区邻避性冲突以及社区居民生活垃圾分类问题等引发的矛盾冲突,也涉及驻社区企事业单位因一系列生产活动造成的社区空间挤压、空气污染、水土污染、噪音污染、光污染以及妨碍日照或照明等问题引起的与社区及其民众在具体空间、设施、健康、财产及精神等方面的矛盾冲突。其中,以具有邻避属性的重大工程项目与当地社区间的矛盾冲突最为典型。在很多社区邻避冲突的发展过程中常常夹杂着诸多其他诉求,从而经常导致一开始单纯的以环境污染或其他利益诉求为主导的"自利性应激反应",逐渐演化为带有"他利性的政策诉求",甚至涉及具有"他利性的锐利政治诉求",从而使冲突发生"质"的变化①。

三 社区文化冲突

社区文化冲突，主要是指社区中人与人、人与群体或群体与群体之间由于生活习俗、宗教信仰、价值观念等方面不同而在空间文化、异质文化、工厂文化和公共文化等文化中，因各自利益差别、对立而产生的复杂矛盾的心理状态或社会互动行为。社区文化冲突可以划分为"显冲突"和"冷冲突"。前者表现为显性的、激烈的、暴力性对抗或冲突；后者多为隐性、长期存在、非暴力的排斥与隔阂。例如，多民族聚居社区内的民族文化冲突、社区农民工与原居民之间的城乡文化冲突以及社区不同群体之间的文化认同冲突等，都属于社区文化冲突的范畴。调查发现，在城市社区，社区外来人口与原居民之间的城乡文化冲突以及社区不同阶层或群体之间的文化认同冲突较为突出。而在广大农村社区，文化冲突主体体现为因风俗差异、生活习惯及宗教信仰等因素引发的社区矛盾冲突。

在此，鉴于社会转型期我国城乡二元结构的长期存在，因城乡二元文化差异引发的社区矛盾冲突在新时期愈发凸显。本质上，在社会转型期，很多城市社区内文化层面的矛盾冲突并不源于人们自身所处的地位高低，而是源于自认为"自己仍处于社会的底层"②。这一特征在城市低收入者、外来流动人员等弱势群体身上显现得较为突出，使他们陷入自我身份认同的社区文化冲突困境之中。同时，在我国城镇化过程中，特别是在城乡接合部，如"城中村""村改居"以及安置社区，居民常常因社区变迁造成的生存空间转换、生计模式改变、

---

① 在此，需注意的是，这些冲突并不完全等同于所谓的"社区生态环境冲突"，其在本质上更是一种权利冲突或权利运动，即使它也关注水土、空气等污染方面的生态问题。为此，在一定程度上，社区权利冲突的本质是一种微观层面上的基层政治性抗争。参见于燕燕《中国社区发展报告（2012）》，社会科学文献出版社2013年版，第175页；刘峰、孙晓莉：《矛盾·冲突·反思：政治学案例教学》，国家行政学院出版社2011年版，第148—149页。

② 李培林：《社会冲突与阶级意识》，社会科学文献出版社2005年版，第118页。

规则意识重建等因素带来的乡村文化与城市文明的碰撞中遭遇到一系列文化冲突问题，冲突的消极后果将会阻碍新社区的有序、健康与和谐发展。在此，暂称其为"变迁中的社区文化冲突"，如"城中村"社区内多元文化间的冲突等。现实生活中，广州市天河区石牌社区中的石牌村，作为典型的"城中村"社区，是"都市里的村庄"，在现代化的城市进程中，它既保留了原来的农村传统文化，又受到现代都市文化的巨大影响。同时，石牌村还是城市外来人口的聚集地，外来文化不断向本土文化渗透，如因外来人口来源地不一而带来的诸如东北文化、湘鄂文化、中原文化、徽文化、闽文化、西北文化及少数民族文化等与粤文化间的交融。多种文化在城中村交汇，融突共生，形成特有的城中村文化。但是，现阶段城中村的多元文化更多表现为冲突，集中体现为传统农村文化、现代都市文化与外来文化等多元文化间的冲突，其不仅制约了城中村的顺利改造，而且往往成为城市基层社会矛盾冲突的多发地带。

其实，当前我国城乡二元体制下"市民文化"与"乡村文化"间的冲突越来越呈现出"谷仓效应"（silo effect），这是一种将整体文化分裂并区分为一个个次文化的社会倾向，如同人们各自卡在自己的次文化圈中不愿意走出来。城市居民沉溺在"市民文化"中不能自拔，而社区外来人口却困在其"乡村文化"中难以自拔。在很大程度上，这种次文化间的冲突不仅给各方思维上了"锁"，而且已成为现实生活中的枷锁。鉴于我国城乡二元结构的长期存在，"村转居"和安置居民到城市就不可避免地面对城乡二元文化的冲突。安置社区的兴建或"村改居"社区的建设或许只需三两年之力，但是新社区居民所面临的社区文化冲突与整合却绝非一朝一夕之功。因为新社区涉及社交的裂变、行为模式的重组以及在价值观、信仰、生活态度、风俗习惯方式等方面的一系列改变。特别是在城乡接合部，"村转居"之类的过渡演替式社区中，很多完成"农村城市化"工作之后的城郊社区，在整体上依然是戴着城市"帽子"的农村。

四 社区结构冲突

社区结构包括具体意义上的社区结构和抽象层面的"社区结构"。前者主要指社区工作机构设置、社区管理体制或治理模式等具体性结构；后者则意指社区成员间各种联系纽带的分布方式，如友情、亲情、族群认同及工作类型等，都是将某些社会成员连接在一起，而将另一些社区成员分离开来的纽带。如果我们把权力也看成一种资源的话，那么这种资源在社区一定时间内较为稳定的分布状况就是社区的权力结构。类似地，还有社区利益结构、社区生态结构、社区文化结构等。在此，主要分析第一种类型。

以城市社区为例，当前中国城市社区结构冲突集中体现在三个方面。一是社区管理体制上的冲突，集中体现为行政目标上的结构性冲突。在社区人民调解或基层信访工作中，这种结构性的冲突尤为明显。二是社区治理结构上的冲突，主要体现在社区工作机构设置方面的冲突。如在我国现行社区管理体制下，社区党委、社区居委会、社区工作站、业主委员会、社区物业服务企业、驻区单位、区直部门派出机构以及其他社区社会组织等主体间不仅存在着机构设置紊乱，而且相互之间常常推诿、扯皮或"打架"，并且不仅不同的城市之间社区工作机构设置差异较大，即使是同一城市的社区工作机构设置也不尽相同，这一点在大城市及特大城市尤为明显。三是社区治理体系上的冲突，主要体现在治理模式方面，如社区行政化与社区自治间的冲突、城市基层治理模式与社区治理模式间的冲突等。

五 社区社会冲突

社区社会冲突，主要指社会层面的社区矛盾冲突，既涉及社区治安、社区救助、社区矫正等问题，也关涉社区变迁冲突以及因社区解体而引发的矛盾冲突等。关于前者，在社区治安方面，以北京市"蚁族"聚居区为例，随着近年来唐家岭、回龙观等地的拆迁，大量流动人口涌入交通便利、房租低廉的昌平区史各庄镇北四村，从而使这一地区被称为北京"蚁族新聚居区"。按照最新的统计数据显示,北四村常住人口与流动人口比例为1:11,流动人口数为7.47万,从而使得仅有9.23万平方公里的北四村情况变得复杂起来。根据"社区公共安全与防灾减灾"部分调查结果显示,在城市社区,受访者认为其所在社区亟须解决的突出问题主要集中在三个方面:外来人口管理问题(即流动人口管理问题)、居民群众的治安防范意识教育问题和治安防控设施(如监控、门禁等)问题,其三者所在比例依次为77.9%、76.2%和72.4%,且这三项的比例远高于其他事项的比例。而在农村地区,受访者认为其所在社区亟须解决的突出问题主要凸显在两个方面:居民群众的治安防范意识教育问题和治安防控设施(如监控、门禁等)问题,二者分别占比72.7%和59.2%。由此可知,在城乡社区,居民群众的治安防范意识教育问题和治安防控设施问题具有共性,表明这些突出问题均与社区治安密切相关,其只要尚未得到有效解决,潜在的社区社会性矛盾冲突就难以避免。此外,在农村社区,留守妇女、留守老人权益保护问题(占36.6%)和留守儿童与青少年犯罪问题(32.8%)应引起关注,以防患于未然(详见表5-1)。

表5-1 城乡社区治安防控方面需要解决的突出问题

突出问题	样本量	城市社区	农村社区
外来人口管理	样本数(个)	1311	518
	占城乡各自样本的百分比(%)	77.9	39.0
治安防控设施	样本数(个)	1218	786
	占城乡各自样本的百分比(%)	72.4	59.2
警民关系	样本数(个)	321	285
	占城乡各自样本的百分比(%)	53.0	47.0
执法人员素质水平	样本数(个)	386	279
	占城乡各自样本的百分比(%)	22.9	21.0
司法机关工作水平	样本数(个)	186	153
	占城乡各自样本的百分比(%)	11.1	11.5

第五章 社区矛盾冲突和化解能力建设研究报告

续表

突出问题	样本量	城市社区	农村社区
居民群众的治安防范意识教育	样本数（个）	1282	966
	占城乡各自样本的百分比（%）	76.2	72.7
留守妇女、留守老人权益保护	样本数（个）	475	486
	占城乡各自样本的百分比（%）	28.2	36.6
留守儿童与青少年犯罪	样本数（个）	510	436
	占城乡各自样本的百分比（%）	30.3	32.8
邪教	样本数（个）	411	189
	占城乡各自样本的百分比（%）	24.4	14.2
其他	样本数（个）	40	59
	占城乡各自样本的百分比（%）	2.4	4.4

同时，在地域差异上，城乡社区间所呈现的突出问题并无明显的差异，其差异主要体现在地域上的不均衡。大部分受访者都认为其所在社区（村）亟须解决的突出问题依然集中在外来人口管理问题、居民群众的治安防范意识教育问题和治安防控设施问题三大方面，只是这些问题在不同地区严重程度略有差异。

表5-2　不同地区城乡社区治安防控方面需要解决的突出问题

项目	样本量	东部地区	中部地区	西部地区
外来人口管理	样本数（个）	1043	480	306
	占区域样本的百分比（%）	66.0	52.7	59.0
治安防控设施	样本数（个）	1052	611	341
	占区域样本的百分比（%）	66.6	67.1	65.7
警民关系	样本数（个）	293	186	127
	占区域样本的百分比（%）	18.5	20.4	24.5
执法人员素质水平	样本数（个）	345	189	131
	占区域样本的百分比（%）	21.8	20.7	25.2
司法机关工作水平	样本数（个）	160	102	77
	占区域样本的百分比（%）	10.1	11.2	14.8

续表

项目	样本量	东部地区	中部地区	西部地区
居民群众的治安防范意识教育	样本数（个）	1126	704	418
	占区域样本的百分比（%）	71.3	77.3	80.5
民族宗教矛盾与不安定因素	样本数（个）	168	111	99
	占区域样本的百分比（%）	10.6	12.2	19.1
留守妇女、留守老人权益保护	样本数（个）	381	363	217
	占区域样本的百分比（%）	24.1	39.8	41.8
留守儿童与青少年犯罪	样本数（个）	373	337	236
	占区域样本的百分比（%）	23.6	37.0	45.5
邪教	样本数（个）	274	185	141
	占区域样本的百分比（%）	17.3	20.3	27.2
其他	样本数（个）	57	30	12
	占区域样本的百分比（%）	3.6	3.3	2.3

社区变迁冲突主要是指随着城市化进程的加快，社区出现整体性变迁过程中的冲突，如城市传统社区走向现代社区，农村社区走向城市社区过程中引发的社区矛盾冲突，比较具有代表性的是由"村改居"导致的社区变迁冲突。而针对社区宗教冲突、种族冲突等，这类社区矛盾冲突在我国西部民族地区较为突出。

通过上述分析可以发现，社区矛盾冲突涉及经济利益、文化、社会生态等现实生活的方方面面。在实际社区矛盾冲突萌发、产生、扩大与升级演化过程中，上述多个层面的社区矛盾冲突表现并非孤立发展的，其往往因具有重叠性、互构性等特征而错综复杂地交融在一起形成社区冲突的复杂性。此外，除了上述社区矛盾冲突在不同层面的主要表现形式不同外，还需注意的是，不同类型社区内存在的社区矛盾冲突亦具有差异性。以大城市社区为例，现代商品房社区内广泛存在停车难、流动人口多的问题；传统街坊式的老旧社区居民因资源有限，社区基础设施破旧且很不完善等因素，更多存在供水、供暖、就业等困难；位于城郊边缘的过渡演替式社区，可能存在没有地铁，上下班高峰时段交通十分拥挤，居民出行不便等问题；城乡接合部的社

第五章 社区矛盾冲突和化解能力建设研究报告

区往往还存在"农民上楼后"的社区管理难题等，位于城中村的过渡演替式社区可能存在住房拥挤、社区"脏、乱、差"等问题以及因"村转居"引发的一系列矛盾冲突。上述这些社区问题以及因此而引发的社区矛盾、纠纷或冲突都反映了我国新一轮城市化进程中社会管理所遇到的种种困境，即"单位制"解体后，大量的社会事务不是直接转移给社会，而是转向了社区。然而，社区一时难以承载起如此之重负，便产生了大量的社区矛盾、纠纷或冲突。对此，未来亟须根据社区类型属性间的异质性对其所存在的社区矛盾冲突进行更为精细化的分类比较研究。

第二节 社区物业的复杂性冲突

现实生活中，各种不同的城市社区冲突往往是具有重叠性、互构性的复杂性冲突，而很少是某一种单一、孤立的冲突。城市社区物业冲突就是这样一种涉及因素多、影响面大的社区复杂性冲突。很大程度上，社区物业冲突也是现代城市基层社会治理的热点、难点和焦点问题。因此，本章重点对社区物业冲突开展研究。

简要来说，社区物业冲突，一般是指因涉及社区物权问题、业主委员会成立问题以及业主自治等问题而引发的个体或群体性争端或抗争事件。近年来，电视、广播、报纸、网络、手机微博、微信等各类媒体关于物业纠纷的报道早已成为一种普遍现象，物业冲突已成为现今社会广为议论的焦点话题，比如因物业公司而引发的停水断电、乱收费、"停车难"、阻挠业主成立业主委员会、阻碍业主委员会正常开展工作、侵占业主共有房产收益、侵占和挪用维修基金等，以及因开发商遗留问题带给业主和物业公司之间的矛盾冲突、居民经济收入低与高物业管理费之间的矛盾冲突、物业服务意识与居民被服务意识之间的矛盾冲突等问题。如表5-3所示，这些皆为2006—2015年中国城市社区物业冲突的部分事件，由此可见，其冲突形式之多样，涉及领域之广泛。在此，结合调查数据，主要对因社区物业服务供给和业主委员会成立问题两大方面而引发的社区矛盾冲突进行论述。

表5-3　　2006—2015年中国城市社区物业冲突部分事件列表

编码	时间	地点	城市社区物业冲突事件及过程简述
1	2006-07	北京	朝阳区苹果社区业主堵工地，抗议道路被占及噪音扰民。事后，业主、社区居委会、物业公司、开发商、施工方、街道办、派出所、城管均派代表参加协商。
2	2006-10	天津	汉沽区王园北里小区居民反映，从2006年10月10号起，该小区10—14号楼的垃圾和周围的道路就无人清理。物业负责人员解释说，自2006年1—8月，他们一直向10—14号楼提供无偿服务，但自从决定收取每户每月15元物管费后，大多住户却拒绝缴纳。无奈之下，物业从10月10日开始停止为这五栋楼提供垃圾清理与街道清扫服务，冲突随之而起。
3	2007-09	北京	酒仙桥南十里居10号院保安郑冬雪和业主王某，发生冲突。
4	2008-11	天津	阳光100小区业主上路维权，因收取停车费发生纠纷。
5	2009-08	北京	昌平区小汤山社区居民组车队冒雨巡游周边小区，以此抗议阿苏卫增建垃圾焚烧发电厂。
6	2009-09	广东广州	广州市增城区翡翠绿洲业主抗议陈家林垃圾场臭气污染。业主自发地聚集在森林半岛门口，进行环保活动。
7	2009-11	广东广州	广州市增城区海伦堡花园小区业主污染事件。该小区周围1千米范围内，分布着众多严重污染企业，其排放的浓烟、污水等对环境造成非常大的影响。围绕小区2/3的一条河水乌黑发臭，且整个小区都笼罩在浓烟、臭气之中，居民夜里都不敢开窗，严重时连呼吸都感觉困难，不少居民因此患上呼吸道疾病。
8	2009-11	广东广州	荔湾区龙津东路丰隆轩小区业主协商相关部门擅自更改社区规划，将小区一楼原规划的商铺改为医院。业主认为这可能带来众多环境问题。
9	2009-11	广东广州	海珠区工业大道金碧花园业主也因为不满将小区内的俱乐部改造为瑞宝街社区卫生服务中心，而提出协商。

第五章 社区矛盾冲突和化解能力建设研究报告

续表

编码	时间	地点	城市社区物业冲突事件及过程简述
10	2010-04	山西太原	太原市学府街中国核工业部第25公司社区工地盖楼挡住阳光,业主协商。因社区周边新建楼房高度与紧邻的25公司社区的一栋4层楼房同高,明显遮挡了低层住户的阳光。业主不满,去讨说法而被打。
11	2010-05	湖北武汉	汉口后湖的新地盛世东方小区业主集体协商高额物业费。
12	2010-07	北京	丰台区三环新城业主协商地铁火车并站。该社区业主自发组建保站委员会,并发起3次签名活动,上万人在横幅上签名,呼吁地铁孟家村站独立设置,彻底脱离丰台火车站,以防客流过分集中给小区带来安全隐患。
13	2010-08	北京	北京市昌平区限价房旗胜家园居民维权公办幼儿园变私立。因不满开发商将小区幼儿园出售且认为园方收费过高,昌平区旗胜家园小区数十名业主聚集在小区大门外维权。
14	2010-09	安徽合肥	合肥市集贤路一小区旁边建公墓,业主维权。2010年9月,无审批手续却开工已半年之久的合肥市集贤路公墓开始曝光于天下。
15	2011-06	湖北黄石	黄石市团城山石榴园农贸市场因改建90米高楼("29+1"层、高达90米的"万维·和润景城"商住大厦),遭周边业主集体维权。因为长达两年的施工将会造成出行不便、环境污染等问题,且大楼盖好后还将会影响周边居民楼的采光与通风。
16	2012-02	北京	北京市朝阳区公园1872小区的业主们聚集在该售楼中心门外,维权开发商单方面决定车位只卖不租、抬高售价的行为。业主维权称"不做房奴"。六里屯派出所警协调,开发商销售部孟经理随后和业主代表进行了协商。
17	2012-02	山东青岛	青岛市万科蓝山小区业主因担心在该小区楼盘附近建设220千伏的大型变电站,将会受到辐射而集聚维权。
18	2012-03	浙江宁波	宁波市江东区新天地小区内开设教堂,引发业主不满。

续表

编码	时间	地点	城市社区物业冲突事件及过程简述
19	2012-07	广东深圳	龙岗区南湾街道茂业社区康达尔花园小区因物业公司将业主免费使用的球馆外包出租,数百名业主集结向物管讨说法并维权。在相关部门协调下,物管承诺,将在一周内拆除收费设备。
20	2014-10	北京	北京市燕郊东方御景小区业主习武维权。维权物业收取停车费,不听取业主意见,挤占消防通道等。业主也成立业主委员会,从暴力维权开始转向法制维权。
21	2015-01	湖北襄阳	襄阳市和信名城小区业主因开发商与业主所签合同内容不符而进行维权。
22	2015-05	深圳	深圳市南山区阳光海景豪苑小区,新旧物管三次争夺停车场引冲突。
23	2015-05	青海西宁	西宁海湖新区因小区停车位只售不租,小区居民因停车困难引发与物业之间的矛盾。
24	2015-09	吉林长春	长春万科柏翠园因房屋漏水、地面下沉等问题,业主几次三番与物业及开发商协商维修及赔偿,但迟迟未有解决,最终爆发业主维权事件。
25	2015-10	江苏南京	南京仙林仙龙湾小区因不满物业服务,业主委员会欲正式启动物业重新招标工作。
26	2015-12	河南新乡	新乡市红旗区洪门社区枫景上东小区因供暖问题引发业主与物业公司之间的冲突。
27	2015-12	河南开封	河南大学22号院因要求补交10万元左右差额房款而引致河南大学数百名教职工的维权行动。
28	2015-12	天津	天津市西青区和苑家园小区因更换物业,十几辆白色轿车一夜间遭到喷"红漆"。

资料来源:根据网上报道资料搜集、整理而得(截至2015年12月31日)。转引自原珂《中国特大城市社区冲突与治理研究》,博士学位论文,南开大学,2016年。

一 社区物业服务供给方面的矛盾冲突

根据"居(村)委会与群众性自治"部分调查结果显示,城乡社区物业管理服务供给状况差异很大。在农村社区,仅有7.1%的受访者表示其所在社区全部区域内都有物业管理服务，82.8%的受访者认为其所在社区根本没有物业管理服务，其余10.1%的受访者认为其所在社区部分区域有物业管理服务。而在城市社区，约26.6%的受访者表示其所在社区全部区域内都有物业管理服务，25.7%的受访者认为其所在社区根本没有物业管理服务，其余约一半（47.7%）的受访者认为其所在社区部分区域有物业管理服务（详见表5-4）。

表5-4　　　　　　　本社区（村）内是否有物业管理服务

事项	样本量	城市社区	农村社区
没有	样本数（个）	433	1099
没有	占城乡各自样本的百分比（%）	25.7	82.8
部分区域有	样本数（个）	803	134
部分区域有	占城乡各自样本的百分比（%）	47.7	10.1
全部区域都有	样本数（个）	446	95
全部区域都有	占城乡各自样本的百分比（%）	26.6	7.1

同时，在地区差异上，东部地区城乡社区整体物业覆盖率较高于中西部地区。其中，东部地区城乡社区全部区域或部分区域都有物业管理服务的比例为55.2%（前者为23.2%，后者为32.0%），而中西部地区这一比例为44.8%和38.2%，且中西部地区城乡社区根本没有物业管理服务的比例要远高于东部地区，从高到低三者依次为61.8%、55.2%和44.8%（详见表5-5），这在一定程度上反映出东中西部地区在物业管理服务发展方面的不均衡性。

根据"社区公共安全与防灾减灾"部分调查结果显示，在城市社区，有64.9%的受访者表示其所在社区设有物业安保服务，其余约三分之一的城市社区目前尚未设置物业安保服务。在农村社区，仅有13.6%的受访者表示其所在村有物业安保服务，其余约九成的农村社区目前尚未设置物业安保服务（详见表5-6）。由此表明，一方面，在社区物业安保服务方面，城乡差距显著；另一方面，相较于上述"本社区（村）区域内有物业管理服务"的社区比例，当前我国社区物业安保服务设置的比例还相对较低，远不能够满足化解当前频发的社区矛盾冲突的需求。在一定程度上，社区物业安保服务的不足或缺失，也间接造成了近年频发的社区物业冲突难以得到及时有效的解决，进而导致物业冲突的扩大与升级。

表 5-5　不同地区本社区（村）区域内有物业管理服务情况

项目	样本量	东部地区	中部地区	西部地区
没有	样本数（个）	708	503	321
	占区域样本的百分比（%）	44.8	55.2	61.8
部分区域有	样本数（个）	506	278	153
	占区域样本的百分比（%）	32.0	30.5	29.5
全部区域都有	样本数（个）	366	130	45
	占区域样本的百分比（%）	23.2	14.3	8.7

表 5-6　城乡社区物业安保服务设置情况

事项	样本量	城市社区	农村社区
有	样本数（个）	1092	180
	占城乡各自样本的百分比（%）	64.9	13.6
没有	样本数（个）	589	1148
	占城乡各自样本的百分比（%）	35.1	86.4

同时，在地域差异上，东部地区城乡社区（村）内物业安保服务的整体设置情况要好于中西部地区，其拥有物业安保服务的社区占比超过一半，为 50.3%，而中西部地区仅约三分之一，中部地区为 34.5%，西部地区为 31.4%（详见表 5-7）。

表 5-7　不同地区本社区（村）区域内物业安保服务设置情况

项目	样本量	东部地区	中部地区	西部地区
有	样本数（个）	795	314	163
	占区域样本的百分比（%）	50.3	34.5	31.4

第五章 社区矛盾冲突和化解能力建设研究报告

续表

项目	样本量	东部地区	中部地区	西部地区
没有	样本数（个）	784	597	356
	占区域样本的百分比（%）	49.7	65.5	68.6

当前因经济利益引发的诸多社区物业矛盾冲突或多或少与开发商遗留问题有关。"居（村）委会与群众性自治"部分调查结果显示，当前在我国具有社区物业管理服务的城市社区中①，其物业服务企业的主要选聘方式除了由业主大会及其业主委员会选聘（占25.3%）、社区两委选聘（占3.9%）和基层政府选聘（占8.7%）外②，主要是由前期开发商来选聘，其单项所占比例最大，为27.7%（详见表5-8）。诸多开发商出于利益最大化的"寻利"选择行为，在很大程度上为日后因前期施工、开发商下属物业服务企业提供社区物业服务、社区公共维修基金使用等问题引发的社区矛盾冲突的产生、扩散与升级埋下了隐患。

表5-8 本社区（村）区域内物业管理服务主体的主要选聘方式

事项	样本量	城市社区	乡村社区
由开发商选聘	样本数（个）	466	34
	占城乡各自样本的百分比（%）	27.7	2.6
由业主大会及其业主委员会选聘	样本数（个）	426	31
	占城乡各自样本的百分比（%）	25.3	2.3
社区/村两委选聘	样本数（个）	65	77
	占城乡各自样本的百分比（%）	3.9	5.8
基层政府选聘	样本数（个）	146	49
	占城乡各自样本的百分比（%）	8.7	3.7
其他方式	样本数（个）	144	36
	占城乡各自样本的百分比（%）	8.6	2.7

---

① 现实中，即使在没有社区物业服务管理的社区中，也存在诸多前期开发商遗留问题。
② 三者合计共占37.9%。

二 社区业主委员会成立方面的矛盾冲突

社会转型期的中国,在业主委员会①成立问题上,整体步伐还相对缓慢,仍面临着诸多障碍。这一结果也与本调查结果基本一致。根据"居(村)委会与群众性自治"部分调查问卷结果显示,约三成(33.6%)的受访城乡社区表示成立了业主委员会,其中,受访社区中成立"有1个"业主委员会的比例占13.5%,受访社区中成立"有2个及以上"业主委员会的比例占20.0%,其余不到七成(66.4%)的受访城乡社区均表示尚未成立业主委员会。同时,调查结果还显示,受访社区中成立业主委员会的社区绝大多数都是城市社区,占54.8%,农村社区成立业主委员会的比例仅占6.6%(详见表5-9)。由此推知,当前我国城乡社区业主委员会成立的整体比例还相对不高,且因业主委员会成立问题及业主自治问题引发的物权冲突主要集中在城市社区内,这也表明未来城市社区工作中应重点关注此类议题。

表5-9 本社区(村)区域内业主委员会发展状况

事项	样本量	城市社区	乡村社区	总计
不知道	样本数(个)	1	0	1
	占样本的百分比(%)	0	0	0
没有	样本数(个)	759	1241	2000
	占样本的百分比(%)	45.1/25.2	93.4/41.2	-/66.4
有1个	样本数(个)	352	54	406
	占样本的百分比(%)	20.9/11.7	4.1/1.8	-/13.5
有2个及以上	样本数(个)	570	33	603
	占样本的百分比(%)	33.9/18.9	2.5/1.1	-/20.0

注:占样本百分比中前者为占城乡社区各自样本百分比,后者为占总样本百分比。

同时,相关资料显示,当前上海市社区业主委员会的成立比率较

---

① 业主委员会,作为一种自治组织,是广大业主利益的集中代表与体现。

高，有关统计数据显示达 80% 以上，甚至还有调查指出上海高达 90% 的合乎条件的社区都建立了业主委员会，但学界普遍认为这些业主委员会行政化色彩浓厚、依附性强，独立自主性不足。另外，实践中有的社区虽然成立了业主委员会，但是其远没有达到理论预期的效果。例如，2009 年 11 月南京市白下区共有 69 个居民小区成立了业主委员会，但现在全都不存在了[①]。此外，实践中还存在着不少"异化"了的业主委员会，如谋利型业主委员会、傀儡型业主委员会等都是如此。这些类型的业主委员会组织并不属于真正为社区居民谋利益的业主委员会，谋利型业主委员会常常与物业公司等利益团体相勾结而侵犯业主权益，而傀儡型业主委员会往往沦为街道、房管部门甚至社区工作站等在社区的"腿"。总之，以上数据及观点都表明，实践中的业主委员会远非理想意义上的业主委员会，还广泛存在着"成立难""运行难"以及成立后"被异化""被绑架""被空设"或者根本不能发挥作用等诸多问题。个中原因则在于一些基层政府为防止因业主委员会而引发的居民群体性事件，特别是诸如业主集体上访等一系列极端事件发生，而阻碍其成立。

第三节 社区矛盾冲突成因及现存治理困境

当前我国城乡社区出现的大量社区矛盾、纠纷或冲突主要是由于社会利益关系格局的调整所引发的，其在本质上属于根本利益与长远利益一致基础上的非对抗性的、现实性的内部冲突。21 世纪以来我国经济转轨、体制转型，特别是"单位制"的解体、社区建设运动的兴起，20 世纪末推行的住房制度市场化改革，近年来城市化进程的迅猛推进，我国城乡社区在不断迎来发展机遇黄金期的同时，也面临着一系列困难与挑战，各种社区矛盾、纠纷或冲突问题层出不穷，困境叠生。

---

① 《业主委员会活着很难》，《江南时报》，2010 年 4 月 8 日。

一　社区矛盾冲突产生的主要原因

（一）外部致因

在社会大转型、大变革时期，受社会结构转型与变迁、城市化、工业化、市场化等现代化进程因素以及全国性事务等多方面的影响，社区建设、发展与治理不再如过去那样仅仅关注自身内部事务。在一定程度上，社区外部因素往往成为引发社会转型期中国社区冲突的重要根源。

一是社会转型与变迁。当前我国正处于社会转型与变迁的加速期，社会分化的速度、烈度、深度和广度比以往任何时期都要深刻，社会整合常常难以适应它的变化，致使社会出现"断裂和失衡"的现象，而这正是导致社会问题、社区问题大量涌现，社会不稳定与社区矛盾、冲突频发的重要客观原因。

二是城市化的快速推进。城市化的快速推进，带来了城乡差距拉大、贫富分化严重、城市农民工数量剧增、城市流动人口增加以及交通拥堵、看病难、上学难等一系列问题，而这些问题的解决最终都要"下沉"到社区里，使社区中的摩擦、矛盾、纠纷或冲突频发不止，如城乡差距的扩大直接导致城市农民工与原社区居民间的冲突加剧或升级，以及"乡村文化"与"市民文化"的碰撞；贫富分化造成近年来"仇富""仇官"现象的增加；城市人口流动的增加导致民众对社区依赖性的降低，社区认同感持续弱化等。

三是信息技术高速发展与传播。在公众民主、法律意识不断增强的今天，信息不对称、不透明，沟通交流不畅，是很多社区冲突产生、激化甚至升级的原因。近年来大众传媒如互联网、微博、微信等现代通信技术的普及与快速传播发展，改变了原有社区成员间的互动方式，导致了社区成员间代沟的产生及其对社区传统权威的挑战，如近年来因互联网所引发的社区群体性冲突事件，使传统意义上的社区权威几近丧失。

（二）内部致因

马克思主义经典原理告诉我们，内因是关键，外因是条件，外因通过内因起作用。因此，对社区冲突产生的内部因素①进行分析是很有必要的。通常情况下，引起社区冲突的内部因素主要有四种：一是经济利益，即社区居民在日常生活中因其自身利益的不同而引发的各种各样的冲突；二是权力争夺，即对社区活动中的支配权或决策权的争夺，这一点在居民经济状况较好的社区中较为明显；三是文化差异，即社区中拥有不同文化背景的人们在相互交往中因其异质性而产生的矛盾、纠纷或冲突，这种情况在多民族聚居的社区、移民社区、"城中村"社区中较为突出；四是区位差异，即社区的各个部分由于物理位置的差异而引发的各种冲突。

另外，不合理的社区管理体制、治理结构或模式等也是引发社区冲突的内部因素。当前我国社区矛盾冲突的产生与频发一方面是社区发展进入多中心治理时期的必然；另一方面也巧遇了改革开放后心智逐渐成熟、具备一定公共意识，且其中相当一部分还拥有物权的社区居民。② 特别是随着现代住宅产权私有化程度的深入和社区公民意识、参与意识的不断增强，政府作为社区唯一管理者的时代已经一去不复返。近年来，因社区物业管理不善等原因引发的"物权冲突"导致的基层抗争行为，不断对社区和谐构成冲击。许尧在群体性事件冲突升级的"四元素互动对抗性三阶递增"模型中认为：在主观方面，群体性事件冲突的产生与升级主要是受到冲突方在认知、价值、情绪和意志四大因素上的相互作用与影响。③ 此外，现行社区管理体制、治理结构、模式等方面的不合理、业主委员会缺位削弱业主自治、社区相关法律法规不健全等都加剧了社区冲突的产生。

二 社区矛盾冲突治理的现存困境

（一）主体困境：主体重叠性与主客体同一性

社区冲突主体的重叠性，主要指引发潜在社区冲突的劣势因素在

---

① 内部因素主要是指社区内部的原因，而不限于居民个体原因。
② 闵学勤：《社区冲突：公民性建构的路径依赖》，《社会科学》2010 年第 11 期。
③ 许尧：《中国公共冲突的起因、升级与治理》，南开大学出版社 2013 年版，第 93 页。

某一群体身上高度集中。在城市社区,其突出体现在社区底层或弱势群体身上,如社区失业下岗人员、社区农民工、低保户、残疾人以及孤寡老人等,既在身份认同上处于劣势地位,又在多种"社会场域"中处于社会资本的劣势地位。劣势因素在他们身上高度重叠,是构成潜在社区冲突的重要原因之一。冲突主客体的同一性,是指社区冲突主体往往也是冲突客体,其往往体现在争取社区公共资源或处理社区公共事务时的困境。这在农村社区较为突出,同时这也是当前农村社区发展分化较大的重要原因。

(二)平台困境:社区冲突频发与冲突化解制度平台缺失

当前,我国城乡社区冲突频发,但却没有有效的化解平台制度。社区冲突化解制度化平台的缺失,使基层政府和社区面对突如其来的社区矛盾、纠纷或冲突时,往往习惯于运用公共权力来管理或处置冲突。其虽能迅速调动资源、平息冲突,但也有可能会掩盖潜在的矛盾甚至进一步加深矛盾,形成所谓的"积怨冲突",使原本居民间的矛盾冲突升级转化为矛头指向政府的"官民冲突"或其他社会冲突,形成所谓的"二阶冲突",导致社区冲突进一步加剧或恶化。

表 5-10 本社区(村)参与安全防范和治安防控的主体情况

参与主体	样本量	城市社区	农村社区
公安民警、协警	样本数(个)	1528	964
	占城乡各自样本的百分比(%)	90.8	72.6
物业保安	样本数(个)	956	98
	占城乡各自样本的百分比(%)	56.8	7.4
治安巡逻队巡防队	样本数(个)	1328	839
	占城乡各自样本的百分比(%)	79.0	63.2
居/村委会	样本数(个)	1568	1248
	占城乡各自样本的百分比(%)	93.2	94.0
党员队伍	样本数(个)	1337	1006
	占城乡各自样本的百分比(%)	79.5	75.8

第五章　社区矛盾冲突和化解能力建设研究报告

续表

参与主体	样本量	城市社区	农村社区
社区志愿者	样本数（个）	1291	432
	占城乡各自样本的百分比（%）	76.8	32.5
辖区内企业和单位	样本数（个）	651	122
	占城乡各自样本的百分比（%）	38.7	9.2
其他	样本数（个）	15	13
	占城乡各自样本的百分比（%）	0.9	1.0

（三）成本困境：社区冲突控制成本的上升与治理成效的下降

近年中国城乡社区治理的深入推进，强化了对社区的全方位了解与动态掌控，社区管控成本连年上升，但是，其治理成效仍有待提升。正如齐格蒙特·鲍曼（Zygmunt Bauman）在其《社区：在不安全的世界中寻求安全》一书中所描述的"我们已经失去了社区，因为我们在社区不再有安全感了"。特别是随着现代社会对个人隐私权的保障，居民住房的设计和生活方式更趋向于私密化，这不仅使得过去的社区控制受到了法律上、空间上和交往上的限制，而且加大了现代社区管控的成本，但成效尚不令人满意。

第四节　社区矛盾冲突化解与治理的政策建议

上述困境及其不同层面社区矛盾冲突的主要表现，最终都要归结于置身冲突之中的"人"（不同冲突参与主体）来解决。为此，这里结合当前我国城乡社区发展实际，以"合作互惠，协商共赢"社区矛盾冲突治理新理念为指引，从置身社区冲突之中及参与其治理的多元主体视角出发，提出以下几方面的政策建议。

一　重塑"合作互惠、协商共赢"的治理理念

理念是行动的先导。解放思想、转变观念，是有效化解矛盾与治理冲突的内在动力。社区矛盾冲突的化解与治理也不例外。冲突各方

（即冲突主客体）必须树立"合作互惠、协商共赢"的理念，使冲突化解从"排斥性争斗"走向"整合性共赢"、从"零和博弈"或"负和博弈"走向"正和博弈"①。这一理念在社区矛盾冲突化解与治理中怎么强调都不为过。在日常生活中，社区各主体每天"抬头不见低头见"，不可能没有一丝矛盾、纠纷或冲突。若有正确的思想观念来指导，不仅会有效减少社区冲突的数量，而且还会使已经发生的冲突解决起来更容易些。当然，"合作互惠、协商共赢"这一包容性理念的普及，不仅需要社区整体具有较好的综合素质，还需以扎实的社区或社会教育和宣传工作为基础。进而从以下方面充分发挥不同主体参与社区冲突治理之功效，实现社区冲突多元共治。

二 加强党和政府在社区冲突化解中的引导作用

社区党组织和社区居委会是城市基层政权建设的重要基础，是党和政府联系人民群众的桥梁和纽带，它们在城乡社区冲突治理及社区建设中发挥着重要作用。严格来说，社区党组织作为执政党的基层组织，其独特功能主要表现在政治整合、宣传教育、社会动员以及基层维稳等方面。②特别是在社区冲突治理中，应进一步加强社区党建工作。以社区党建工作为统领，通过"四个进一步强化"③，密切基层党组织和社区民众的血肉联系，力争把社区矛盾纠纷的苗头消灭在日常党建思想工作中。此外，还应逐步加强社区社会组织的党建工作。社区社会组织，特别是枢纽型社区社会组织，作为新时代社区治理的重要载体，其自身导向的正确与否，对一般社区组织或团体具有重要的导向与示范作用。2015年9月28日，中共中央办公厅专门印发了《关于加强社会组织党的建设工作的意见（试行）》（中办发〔2015〕

---

① 常健、原珂：《西方冲突化解研究的三种范式及其发展趋势》，《中国行政管理》2014年第11期。
② 中共中央办公厅、国务院办公厅：《关于加强和改进城市社区居民委员会建设工作的意见》。
③ 指进一步强化社区党组织的领导核心地位，进一步强化社区党员的先锋模范作用，进一步强化社区党组织的宣传教育职责，进一步强化社区党组织服务群众的能力。

51号），要求充分发挥各类社会组织在社区治理以及参与冲突治理中的指引性作用。

社区居委会在社区冲突治理中应扮演正当利益的"监护人"、利益矛盾的"调解人"、利益冲突的"仲裁人"，而不应使自己陷入具体利益冲突关系之中。[①] 社区居委会在城市基层治理特别是社区冲突治理中的重要功能就是发挥"裁判员"作用，而不是亲自上阵充当"运动员"。这一方面需要不断提升社区居委会自身的综合素质，掌握正确的社区冲突解决方法与治理之道；另一方面还需不断提升基层政府的公信力，树立街道及社区居委会在社区工作中的公平、公正形象，以切实促进现实社区冲突中各种问题的解决。天津市将"三社联动"纳入市委年度工作要点，就是一种很好的做法，这种做法不仅实现了社区党组织对社区工作的统领，而且还有效调动了社区居委会、社区社会组织及社区工作者等多方面的积极性。同时，天津市民政局还配套出台了《天津市社区社会管理创新体系实施方案》，从而将这一有效做法制度化、规范化、可持续化。

此外，要加强源头治理，特别是加强党和政府对社区业主委员会成立的指导，以从根本上预防因业主委员会成立等问题而引发的社区矛盾冲突。"居（村）委会与群众性自治"部分调查结果显示，在城市社区，有34.7%的受访社区表示其业主委员会的成立是在基层政府、社区/村两委的指导帮助下成立的，其余约20%的受访社区表示其业主委员会的成立是业主自发成立或者在开发商或物业服务企业帮助下成立的（详见表5-11），特别是在中西部地区，开发商或物业服务企业帮助成立业主委员会的比例相对较高，二者分别占3.5%和2.7%，而在东部地区，业主自发成立业主委员会的比例相对较高，为9.5%（详见表5-12）。这既意味着日后因业主委员会成立问题（特别是在开发商帮助下成立的业主委员会）而引发的社区矛盾冲突

[①] 郑杭生、杨敏：《中国社会转型与社区制度创新》，北京师范大学出版社2008年版，第32页。

难以完全避免，也充分表明现阶段我国基层政府在指导或帮助成立社区业主委员会方面的工作还相对不足，有待加强。

表 5-11　本社区（村）业主委员会的主要成立方式

成立方式	样本量	城市社区	乡村社区
业主自发成立	样本数（个）	241	25
	占城乡各自样本的百分比（%）	14.3	1.9
基层政府、社区/村两委指导成立	样本数（个）	583	51
	占城乡各自样本的百分比（%）	34.7	3.8
开发商或物业服务企业帮助成立	样本数（个）	66	9
	占城乡各自样本的百分比（%）	3.9	0.7

表 5-12　不同地区本社区（村）业主委员会的主要成立方式

项目	样本量	东部地区	中部地区	西部地区
业主自发成立	样本数（个）	150	74	42
	占区域样本的百分比（%）	9.5	8.1	8.1
基层政府、社区/村两委指导成立	样本数（个）	373	165	96
	占区域样本的百分比（%）	23.6	18.1	18.5
开发商或物业服务企业帮助成立	样本数（个）	29	32	14
	占区域样本的百分比（%）	1.8	3.5	2.7

三　全面提升社区居民综合素质和参与程度

2017 年中共中央国务院出台的《关于加强和完善城乡社区治理的意见》中明确指出，要增强社区居民参与能力，提高社区居民议事协商能力。特别是凡涉及城乡社区公共利益的重大决策事项、关乎居民群众切身利益的实际困难问题和矛盾纠纷，原则上应组织居民群众协商解决。社区居民或业主作为社区的主人，既是社区冲突治理的主体，又是社区冲突治理的客体。这是因为他们本身既是造成社区冲突的重要原因之一，也是冲突治理的重要主体之一。为此，如何使冲突参与方从冲突治理的客体向冲突治理的主体转变，把"冲

第五章　社区矛盾冲突和化解能力建设研究报告

突参与者"转换为"冲突治理者",是社区冲突治理的关键所在。首先,必须运用各种方法,充分调动全体社区居民通过一定的组织、一定的方式主动参与到社区治理当中,以提升社区居民的公共参与性,培养社区参与能力,深化社区公民精神和社区资本的培育,促使居民在社区内部树立全局意识和整体观念,强化居民对社区的认同感。例如,开放社区制度设计与决策制定过程等社区事务中的公民参与,可有效减少社区制度或决策执行过程中冲突出现的概率及化解难度。其次,居民自身素质的高低直接决定着社区冲突的强度与烈度。社区居民应努力提升自身综合素质,关心社区,愿意为改善社区作出贡献。最后,还应进一步加强对社区弱势群体的扶持与保障,重点加强对社区"老、弱、病、残"等群体的关注,因为他们往往更容易引起冲突。

从根本上来说,开放有效的社区参与不仅有助于提高社区居民的自治能力,而且当社区发生各种矛盾冲突时,还有助于避免出现正面交锋,其原因就在于居民可以通过社区自治组织和其他各种渠道把矛盾冲突解决在社区内部,而不至于使社区矛盾冲突扩大到不可收拾的地步。社区内部存在的自治机制,是实现社区成员的共同利益,解决社区成员的利益冲突的有效机制,它一般强调协商的政治文化与和平的冲突解决方式。

此外,在现代社区参与中,还应格外关注社区民众中的"意见领袖"。通常,社区"意见领袖"是由社区经济精英人士、社区文化精英人士、社团组织的负责人士和社区社会热心人士等几类人群构成。为此,若要积极吸纳各种社区"意见领袖"参与到社区冲突化解与社区治理中来,则应采取相应的策略。例如,针对经济精英人士,可以鼓励、吸纳他们到社区来"参政议政";针对文化精英人士,可以发挥其专长,鼓励、引导其出任社区文化民间组织的管理者、技术负责人等,如舞协的会长、书画协会的艺术顾问、摄影协会的指导老师等;针对社团组织负责人,可以安排其出任社区网格组织的网格长、网格员、信息员等;针对社区热心人士,可以安排其参加民调队、民巡组等，这些地方就需要这些敢说敢干的人。这样，才能充分调动起他们的积极性，使其自愿参与到社区冲突化解与社区治理中来，从而不仅可以从源头上避免与化解掉很多不必要的矛盾冲突，而且还可以有效带动社区居民的自发性参与[①]，使得社区参与更具活力与持续性。

四　积极培育社区社会组织以提升社会资本

"十三五"规划纲要指出，要"发挥社会组织作用"，特别是要发挥社会组织在现代社会治理中的作用。《关于加强和完善城乡社区治理的意见》中也明确提出要发挥专业社会组织在社区矛盾预防化解方面的功能。这表明在社会治理中，尤其是社会矛盾冲突治理中要积极发挥社会力量的参与作用。社区社会组织作为一种非营利性的志愿组织（NGO）是由民众出于某一共同需求和诉求所自发成立的社会组织，对居民群众的凝聚力较强。充分发挥社区社会组织在矛盾调处机制方面的优势，并将其作为一种制度化的利益表达渠道，有助于形成政府和群众之间的缓冲力量，对于从根本上解决社区冲突具有重要作用。[②] 所以，要积极培育与发展社区社会组织，充分发挥社区社会组织在社区冲突化解与治理中的社会资本建设与协同作用，以有效弥补现阶段行政型社区模式下"志愿失灵"的困境。如帕特南就非常关注社区社会资本的培育，并认为社会资本是重塑社区的关键性变量之一。为此，需要从两个方面作出努力。

一是积极培育和壮大社区社会组织，如业主委员会、社区志愿者组织、社区公益组织等。他们作为社区自治与治理的"发动机"，不仅是社区工作的重要主体之一，而且还是民众社区参与的重要载体和

[①] 与"自发性参与"对应的是"被动性参与"。后者是社会转型期中国城市社区参与的主要特征，"参与形式"大于"参与意义"。

[②] 杜智民、雷晓康等：《我国转型经济时期的社会管理与创新》，中国社会科学出版社2013年版，第88页。

第五章 社区矛盾冲突和化解能力建设研究报告

渠道。它们扎根于社区，了解民情民意，在畅通民意表达、反映公众诉求、处理社区矛盾冲突、预防突发事件及解决基层社会问题、维护社区稳定、促进社会和谐等方面都具有其他社会组织难以比拟的优势。其实，社区冲突治理的多元主体，就像一个机车的"齿轮"一样，如何"咬合"得好，才是社区冲突治理成效的关键所在。然而，社会转型期中国城乡社区冲突治理中的绝大多数主体尚未步入"咬合期"，或刚步入"咬合期"，其"摩擦"难以完全避免，"协同"还有待提升。但是，齿轮是否"咬合"得好，还在于齿轮自身是否"坚固"。也就是说，社区不同主体应对自身在现代社区治理及冲突解决中的职责、定位、分工有清晰的认识，扬长避短，发挥专业化优势。因此，还须进一步加大对社区组织的培养与引导，使其尽快真正担负起社区自治的重任。此外，积极培育和发挥专业性社区社会组织在不同社区冲突化解与治理过程中的作用至关重要，如通过外部第三方社会组织搭建政府、居委会与居民之间的沟通平台，积极引导专业社会组织如"社区参与行动服务中心"、各种社区冲突调解组织参与社区冲突化解等。"社区社会组织及其协调角色"部分调查问卷结果显示，关于群众性调解治安维稳类社会组织在本社区（村）治理服务中的作用，约一半的受访者认为其具有积极作用。其中，17.3%的受访者认为其"作用很大"，18.8%的受访者认为其"作用较大"，14.6%的受访者认为其"有些作用"，仅有6.1%的受访者认为其"没作用"。特别是在城市社区中，这类社会组织的作用比其在农村社区发挥得更好（详见表5-13）。如近年来北京市以"朝阳群众""西城大妈""海淀网友""丰台劝导队"等为代表的专业性基层社会治安志愿者队伍，因在基层社区冲突预防与治理中发挥的巨大作用而备受社会各界关注。同时，在东中西部不同地域上，这类社会组织在本社区（村）治理服务中的作用发展较为均衡，在全国均取得良好的效果（详见表5-14）。

表5-13　群众性调解治安维稳类社会组织在本社区（村）治理服务中的作用

类型	样本量	作用很大	作用较大	有些作用	没作用
城市社区	样本数（个）	341	369	317	133
	占该样本的百分比（%）	20.3	21.9	18.8	7.9
农村社区	样本数（个）	180	197	123	51
	占该样本的百分比（%）	13.6	14.8	9.3	3.8

表5-14　不同地区群众性调解治安维稳类社会组织在本社区（村）治理服务中的作用

作用	样本量	东部地区	中部地区	西部地区
作用很大	样本数（个）	286	152	83
	占区域样本的百分比（%）	18.1	16.7	16
作用较大	样本数（个）	291	174	101
	占区域样本的百分比（%）	18.4	19.1	19.5
有些作用	样本数（个）	246	129	65
	占区域样本的百分比（%）	15.6	14.2	12.5
没作用	样本数（个）	96	55	33
	占区域样本的百分比（%）	6.1	6	6.4

二是加强不同社区组织间的横向交流与合作，并建立更多横向结构的枢纽型社区社会组织①。良好沟通是化解社区冲突的重要开端。②为此，加强不同社区组织间的横向交流、沟通、合作，不仅可以有效避免不必要的误会与摩擦，而且还有助于解决很多公共服务"最后一

---

① 枢纽型社会组织是一个转型时期的过渡形态的组织，它为促进其他社会组织的成长发育服务。客观来讲，当前中国社会组织发展还很不充分。在一些社会组织发展水平较高的国家，每十万人口拥有的社会组织成百上千，而中国目前的平均数字只有不到40个。在很大程度上，在社区社会组织培育与发展过程中，我们需要的不仅仅是社区社会组织的"量"，更需要社区社会组织的"质"，特别是能够真正发挥桥梁作用的"枢纽型社区社会组织"，诸如中国社区参与服务行动中心、社区家庭综合服务中心之类的社会组织等。

② 原珂：《中国城市社区冲突及化解路径探析》，《中国行政管理》2015年第11期。

公里"的问题。另外,还应建立更多横向结构的枢纽型社区社会组织,以增强社区社会资本。我国社区现行的纵向垂直型网络组织结构因过多注重"上对下"的职责且信息不对称,更多的是领导与被领导的关系,很难产生充分的沟通互动关系,社会信任关系难以真正建立。① 而横向水平型的网络组织结构,特别是枢纽型社区社会组织的培育,可以促进各主体在公平、平等的前提下进行沟通、交流、合作,从而真正建立起不同主体间的社会信任关系,增强社区资本。

由上可知,社区社会组织作为社区冲突治理与基层社会治理的重要主体,是推进国家治理体系和治理能力现代化的重要参与者、实践者。他们在促进经济发展、繁荣社会事业、创新社会治理、提供公共服务等方面,必将发挥越来越重要的作用。

五 逐步建立和完善现代物业管理制度

社会转型期的中国物业服务企业可以由房地产开发商、中介公司来办,也可以由企事业单位、社会组织或团体、街道以及现有房管所来办,甚至在一些社区还可以由小区居民自办,即所谓的"自主物业"。由此可以看出,社会转型期各类社区物业服务企业五花八门、良莠不齐,物业服务市场还很不规范。因此,首先,应进一步规范社区物业服务企业,不论如何成立、何种属性的物业服务企业,都应遵循《物业管理条例》,依法提供社区物业服务。其次,逐步完善现代物业管理制度。现代物业管理制度是规范物业发展的根本保障,实践证明,物业服务企业不可能,也不能长期依赖政府补贴"过日子",必须走"市场化收费、企业化管理"的现代物业管理道路,由业主住户来承担管理费用。最后,要持续探索并优化物业管理与社区治理的协同推进,在这方面,天津市创新社区物业管理工作方法,建立将"物业管理纳入社区治理"的工作机制——天津市"3355"社区物业

---

① 夏建中:《治理理论的特点与社区治理研究》,《黑龙江社会科学》2010年第2期。

管理机制①，全面加强物业管理规范。为此，天津市政府办公厅于2013年专门下发了《天津市社区物业管理办法》的通知，其中明确规定要实现社区物业管理全覆盖，特别强调"将社区物业管理纳入社区治理"。明确社区居委会对社区物业管理活动的指导、监督与协助关系，鼓励业主委员会成员竞选居委会成员，实行交叉任职，社区居委会定期组织召开物业管理联席会议（社区居民委员会主任、社区民警、业主代表或居民代表、物业管理单位负责人、社区社会组织负责人等参加），调解社区物业管理矛盾、纠纷或冲突，参与考核社区物业服务企业、旧楼区管理服务单位等实施服务的情况，并向上级部门反映社区居民的意见和建议，由此建立起社区物业管理的长效机制。

其实，在当今城市社区最为棘手的物权冲突治理中，理顺社区党组织、居委会、业主委员会和物业服务企业四者间的权责关系，是解决社区物权冲突的"抓手"所在。正如在调研座谈中，某市民政局的一位副局长所说："搞好社区物业管理，是搞好社区冲突治理的一把金钥匙。"在此，提供以下两种在实践中已取得一定成效的思路供参考。

一是四方协调机制，即主要通过法定程序实现社区党组织领导班子成员与物业服务企业负责人、社区居委会成员与社区业主委员会成员之间的双向嵌入，交叉任职，增强彼此间相互了解，加强沟通、交流、合作，协商共议社区物业管理与服务中遇到的种种问题与难题，共同促进现代社区物业管理与社区治理整体合力的形成。对此，根据"居（村）委会与群众性自治"部分调查问卷结果显示，当前我国社区/村书记主任及两委成员和业主委员会主任及成员交叉任职的比例还相对太低，社区/村书记或主任兼任业主委员会主任的比例仅为1.6%，社区/村两委其他成员兼任业主委员会成员的比例仅为4.3%，而两者"不交叉任职"的比例则高达27.6%。特别是在城市社区，目前社区居委会书记或主任与业主委员会主任及其成员间"不交叉任

---

① "3355"主要是指"3个提前、3个公开、5个上账和5个到位"。

职"的比例还相对较高（详见表5-15）。对此，在下一步改革实践中，除了加强社区（村）书记主任及两委成员和业主委员会主任及成员交叉任职的比例外，还应逐步探索加强他们与物业服务企业负责人及其骨干、社区社会组织负责人等之间的交叉任职，共建共治社区矛盾冲突。

表5-15　业主委员会成员和社区（村）两委成员交叉任职情况

交叉情况	样本量	城市社区	乡村社区	总计
不交叉任职	样本数（个）	770	62	832
	占样本的百分比（%）	45.8/25.6	4.7/2.1	-/27.6
社区/村书记或主任兼任业主委员会主任	样本数（个）	38	11	49
	占样本的百分比（%）	2.3/1.3	0.8/0.4	-/1.6
社区/村两委其他成员兼任业主委员会成员	样本数（个）	114	14	128
	占样本的百分比（%）	6.8/3.8	1.1/0.5	-/4.3

注：占样本百分比中前者为城乡社区各自百分比，后者为占总样本百分比。

二是四方联席会议制度或定期协商制度，即由社区党组织和社区居委会牵头，定期或根据工作需要召开社区党组织、社区居委会、业主委员会、物业服务企业四方之间的联席会议、协商会议，共同协商探讨社区物业管理与服务中的各种突出问题，及时调解物业服务纠纷，维护各方的合法权益。天津即是采用这种方式。

除了上述多元主体积极参与社区冲突治理之外，还需格外注意的一点是，在社区冲突多元共治过程中，一个关键性的拐点或逆转点是"如何使冲突参与者转化为冲突治理者"，以实现冲突主体间的转化，走向社区冲突的"参与式治理"。这样，不仅可以使冲突各方从冲突参与者走向冲突治理者，而且还可以逐步培养冲突方（居民或业主、社区自治组织等）的冲突自我解决能力，进而间接促进社区自治能力的不断提升。长远看，还可以从根本上改变中国社区冲突管理中的"行政化的冲突解决方式"，逐步走向"社会化的冲突解决方法"，从而彻底转变中国社区冲突治理中的结构性矛盾。当然，这或许也是社区冲突治理异于其他依赖于第三方干预进行冲突治理的根本区别所在。在某种程度上,深圳桃源居基金会是一个较为成功的案例。深圳桃源居集团通过将其私人企业所持有的桃源居物业服务企业改制为与桃源社区公益事业发展中心(持股49%)共同持股的社会企业,这样,桃源社区公益中心作为社区全体业主的代表和社区基金会的发起人,使业主成为社区物业公司的真正主人,从而在根源上避免了绝大多数社区物业冲突的发生。①

最后,未来社区矛盾冲突化解与治理过程中,针对不同类型社区内不同层面的社区矛盾冲突,应根据社区属性及冲突性质与特征等,进行更为精细化的分类治理,综合施策。

---

① 对深圳市桃源社区公益事业发展基金创始人 L 女生和总经理助理 D 女士的访谈。

第六章　社区协商研究报告

社区协商是指在基层党组织与政府的领导和专家学者以及社会组织的共同推动下，以社区为平台，社区多方利益主体围绕着社区公共事务和社区冲突，按照一定的程序、规则和形式，基于权利和理性，通过表达、对话、辩论、谈判和妥协等方式将个体理性转化为公共理性，达成共识并将共识落实到民主参与和决策形式，它包括协商内容、协商主体、协商形式、协商程序和协商成果五个基本要素。

本章主要基于社区协商主体、协商形式、协商内容和协商成果四个方面选取相应的指标，对调查数据展开分析。首先，基于调查数据对目前我国社区协商的总体状况及城乡差异进行全景式的描述和分析；然后，在以上分析的基础上，进一步分析我国社区协商的问题；最后，提出加强和完善我国城乡社区协商的对策建议。

第一节　社区协商的基本现状

党的十八大以来，特别是 2015 年中共中央办公厅、国务院办公厅下发《关于加强城乡社区协商的意见》对城乡社区协商作出整体部署以后，各地结合实际组织开展社区协商，围绕"谁来协商""协商什么""怎样协商"以及"协商成果落实如何"等社区协商的关键环节，进行探索和"破题"，取得了积极进展。

一 社区协商的总体情况

(一) 社区协商内容:以与社区居民日常生活息息相关的议题为主

从调查数据来看,就不同议题开展过协商的被调查社区的比例大都超过60%。具体而言,首先,在被调查的社区中,就公共环境卫生开展协商的社区最多,占比高达96.08%;其次,94.49%的被调查社区就社区治安维稳开展过协商;再次,就社区脱贫救助和福利、邻里纠纷开展过协商的被调查社区,所占比例分别为89.57%和89.44%。最后,有86.48%的被调查社区就社区规章制度制定议题开展过协商;有85.84%的被调查社区就公共设施建设开展过协商;就社区规划与发展议题开展过协商的被调查社区占比为79.06%;有70.70%的被调查社区就居(村)委会选举开展过协商;就社区公益资金的使用分配开展过协商的被调查社区较少,占比为61.10%;就征地拆迁补偿以及集体经济发展经营开展过协商的被调查社区最少,分别仅占比32.68%和47.22%。由此可见,社区协商内容较为广泛,基本涵盖社区治理的各个领域,尤其是与社区居民日常生活息息相关的议题,比如社区公共环境卫生、治安维稳等都能被纳入社区协商议题清单,但是就社区公益资金的使用分配、征地拆迁补偿与集体经济发展经营三类议题开展过协商的比例较低。

表6-1 社区开展社区协商情况 (单位:%)

社区协商议题	是	否
居(村)委会选举	70.70	29.30
公共设施建设	85.84	14.16
规划与发展	79.06	20.94
邻里纠纷	89.44	10.56
公共环境卫生	96.08	3.92
规章制度制定	86.48	13.52
脱贫救助和福利	89.57	10.43
治安维稳	94.49	5.51

续表

社区协商议题	是	否
公益资金的使用分配	61.10	38.90
征地拆迁补偿	32.68	67.32
集体经济发展经营	47.22	52.78

表6-2　　城市社区居民参与社区协商事项分布情况

社区协商议题	数量	百分比
居委会选举问题	271	15.76
公共设施建设问题	199	11.58
社区规划与发展问题	121	7.04
社区邻里纠纷问题	196	11.40
社区公共环境卫生治理问题	260	15.13
社区规章制度制定问题	118	6.86
社区特殊人群服务问题	144	8.38
社区社会救助、福利问题	133	7.74
社区治安问题	189	10.99
社区公益资金的使用分配问题	82	4.77
其他	6	0.35

表6-3　　农村村民参与社区协商事项分布情况

社区协商议题	数量	百分比
村委会选举问题	147	12.10
公共设施建设问题	144	11.85
村庄规划与发展问题	117	9.63
村里邻里纠纷问题	125	10.29
村里公共环境卫生治理问题	145	11.93
村规民约制定问题	112	9.22
村里特殊人群服务问题	90	7.41
村里社会救助、福利问题	94	7.74
村里治安问题	116	9.55

续表

社区协商议题	数量	百分比
村公益资金的使用分配问题	65	5.35
村集体经济的经营或资金的使用分配问题	58	4.77
其他	2	0.16

从被调查社区居民参与不同社区协商主题的情况来看，被调查居民就社区公益资金的使用分配问题、村集体经济的经营或资金的使用分配问题参与过协商的比例，远低于其他社区协商议题的参与比例。只有4.77%的被调查城市居民和4.77%的被调查农村居民参与过上述两项问题的协商。这进一步验证了目前我国城乡社区协商内容以与社区居民日常生活息息相关的议题为主，而较少就涉及社区"钱"的议题开展协商。

就集体经济发展经营和征地拆迁补偿议题开展过协商的社区比例较低的一个原因可能是被调查社区没有集体经济发展经营与征地拆迁。因此，我们选取了"近三年来，本社区的集体经济项目的立项、承包是如何决策的？"和"近三年来，本社区的征地补偿费的使用分配方案是如何决策的？"这两个指标进行了分析。经过分析，发现只有1.20%和35.95%的被调查社区就集体经济项目的立项、承包决策选择"主要由利益相关方协商决定"和"主要由居（村）民（代表）会议讨论或投票决定"；只有2.79%和31.79%的被调查社区就拆迁补偿费的使用分配方案决策选择"主要由利益相关方协商决定"和"主要由居（村）民（代表）会议讨论或投票决定"。这一分析结果证明了，就集体经济经营发展和征地拆迁补偿议题开展社区协商的社区比例较低，并不是因为被调查社区没有集体经济和征地拆迁，最大的可能是因为这两个议题未被纳入到社区协商目录中。

表6-4　　　　居（村）民参与公共事务渠道　　　　（单位：%）

居（村）民参与平台	是	否
居（村）民（代表）会议	99.63	0.37

续表

居（村）民参与平台	是	否
居（村）民自我管理与服务组织（如业主委员会）	36.88	63.12
物业服务公司	18.74	81.26
社区社会组织	27.34	72.66
居（村）民直接向居（村）两委反映情况	86.51	13.49
向社区/村监委会反映情况	57.91	42.09
其他	3.99	96.01

表6-5　　　　社区/村事务决策渠道　　　　（单位：%）

社区/村事项	集体经济项目的立项、承包	拆迁补偿费的使用分配方案
主要由书记、主任决定	0.63	0.50
主要由两委成员开会决定	11.56	6.48
主要由党员会议讨论或投票决定	3.52	1.93
主要由利益相关方协商决定	1.20	2.79
主要由居（村）民（代表）会议讨论或投票决定	35.95	31.79
其他	47.14	56.51

我们进一步分析了2017年社区协商内容较2016年的变化。总体来看，就社区协商内容的大多数议题开展过协商的被调查社区的比例较2016年有所增加。具体而言，就公共环境卫生开展过协商的被调查社区增加比例最大；同时，超过一半的被调查社区增加了公共设施建设、脱贫救助和福利、规划与发展以及治安维稳四个议题的协商，具体分别为58.38%、54.27%、53.23%和50.42%；此外，增加了就居（村）委会选举开展协商的被调查社区的比例为37.67%，仅有5.20%的被调查社区减少了；有34.29%的被调查社区相较2016年减少了邻里纠纷协商，仅有30.00%的被调查社区增加了邻里纠纷协商；仅有27.66%的被调查社区增加了社区公益资金的使用分配协商；就征地拆迁补偿以及集体经济发展经营开展协商增加了的被调查社区最少，分别仅占比16.92%和25.67%。由此可见，除了邻里纠纷议题

外，所有的社区协商议题开展协商情况较2016年有了明显提升。但是，值得注意的是，社区公益资金的使用分配、征地拆迁补偿与集体经济发展经营这三项协商议题与2016年相比，开展过协商没有变化的被调查社区的比例较大，均超过了65%。

表6-6　　**2017年较2016年社区开展协商变化情况**　　（单位：%）

开展社区协商变化情况	增加	减少	不变
居（村）委会选举	37.67	5.20	57.13
公共设施建设	58.38	2.33	39.29
规划与发展	53.23	1.56	45.21
邻里纠纷	30.00	34.29	35.71
公共环境卫生	70.07	10.07	19.86
规章制度制定	49.05	5.15	45.80
脱贫救助和福利	54.27	10.23	35.50
治安维稳	50.42	17.38	32.20
公益资金的使用分配	27.66	4.51	67.83
征地拆迁补偿	16.92	6.22	76.86
集体经济发展经营	25.67	2.80	71.53

（二）社区协商主体：不同主体参与协商情况有所差异

在近三年参与社区协商的协商主体类型中，不同协商主体的参与情况有所差异。92.12%的被调查社区表示，居（村）民委员会参与过社区协商。其次，77.42%的被调查社区表示，老党员、老干部、群众代表参与过社区协商。再次，部分协商主体社区协商的参与率较低，大约13%的被调查社区表示，业主委员会、社区社会组织、外来人口代表、农村集体经济组织及农民合作组织参与过社区协商。最后只有10.04%的被调查社区表示，相关专家学者、专业技术人员、第三方机构参与过社区协商。

第六章 社区协商研究报告

表6-7 近三年来参与社区/村民主协商的协商主体类型 （单位：%）

协商主体	是	否
基层政府及其派出机关	52.75	47.25
社区/村党组织	88.71	11.29
居（村）民委员会	92.12	7.88
居（村）务监督委员会	73.50	26.50
居（村）民小组	72.69	27.31
驻社区/村单位	36.77	63.23
社区社会组织	21.52	78.48
业主委员会	24.85	75.15
农村集体经济组织	14.30	85.70
农民合作组织	11.33	88.67
物业服务企业	26.47	73.53
本地居民代表	67.38	32.62
外来人口代表	14.77	85.23
相关专家学者、专业技术人员、第三方机构	10.04	89.96
老党员、老干部、群众代表	77.42	22.58
党代表、人大代表、政协委员	48.86	51.14
其他	0.48	99.52

由此可见，居（村）民委员会和社区党组织是参与社区协商的主体，老党员、老干部和群众代表等主体参与社区协商的积极性也较高。相比较而言，业主委员会、社区社会组织、外来人口代表、农村集体经济组织及农民合作组织、相关专家学者、专业技术人员、第三方机构参与城乡社区协商的积极性比较低。

为了进一步验证以上结论，我们选取了"社区公共事务决策主体及其重要性排序"这个指标，从侧面来分析社区协商各主体参与情况（见表6-8）。以公共事务决策主体一为例，42.82%的被调查社区认为应该是乡镇街道党政组织及区县有关部门；认为社区党组织为第一公共事务决策主体的比例为39.10%；将其余主体选择为第一公共事务决策主体的被调查社区比例极低，所占比例均不超过10%。

表6-8　参与社区/村公共事务各决策主体及其重要性排序　　　（单位：%）

公共事务决策主体	公共事务决策主体一	公共事务决策主体二	公共事务决策主体三
乡镇街道党政组织及区县有关部门	42.82	3.99	8.87
社区党组织	39.10	43.97	6.05
居（村）委会	8.54	41.84	35.29
居（村）民	8.11	5.68	35.13
社区社会组织	0.33	1.76	5.58
物业服务公司	0.17	0.63	3.26
驻社区单位	0.30	1.40	3.72
其他	0.63	0.73	2.09

整体来看，被调查社区普遍认可乡镇街道党政组织及区县有关部门和社区党组织两大主体为影响社区公共决策第一主体，而普通居民及其他主体参与决策的参与意愿及参与程度均呈现较低水平。这表明，虽然社区协商的主体类型多样，但从参与的积极性和重要性来看，不同主体参与情况存在显著差异，基层政府、居（村）委会和社区党组织是参与社区协商的主体，其他主体参与积极性不高。

（三）社区协商形式：多样但不均衡

在社区/村民协商形式的调查中（详见表6-9），94.35%的被调查社区以居（村）民（代表）会议形式开展过协商；75.00%和71.99%的被调查社区分别以民主评议会和民主议事会的形式开展过协商；35%左右的被调查社区以妇女之家、民情恳谈日、民主理事会、微信、QQ、微博等网络平台及民主听证会的形式开展过协商；以驻社区/村警务室开放日、业主协商及小区协商的形式开展过协商的被调查社区所占比例较低，分别为27.13%、23.90%和19.61%；以居（村）民论坛形式开展协商的被调查社区占比最低，比例为17.16%。另外，以其他协商形式开展过协商的被调查社区占比为0.92%。整体而言，社区协商形式比较多样，但是分布不够均衡：以政府或居（村）委员会发起的社区协商形式占比最高，其他社区协商形式占比较低。

表6-9 社区/村民主协商活动中的主要协商形式 （单位：%）

协商形式	是	否
居（村）民（代表）会议	94.35	5.65
民主议事会	71.99	28.01
民主评议会	75.00	25.00
民主理事会	35.19	64.81
民主听证会	33.69	66.31
民情恳谈日	36.22	63.78
居（村）民论坛	17.16	82.84
微信、QQ、微博等网络平台	34.82	65.18
驻社区/村警务室开放日	27.13	72.87
妇女之家	37.54	62.46
小区协商	19.61	80.39
业主协商	23.90	76.10
邻里协商	43.99	56.01
其他	0.92	99.08

（四）社区协商成果：公示率高、公示方式集中，落实尚有进步空间

协商成果采纳、落实和反馈机制决定了社区协商的成败。对近三年来被调查社区开展社区协商活动中的协商成果公示途径进行分析发现，社区协商成果几乎都会被公示，在协商成果公示的具体途径中，通过公告栏公示是最普遍、最常见的公示途径。以这类公示方式公示协商成果的被调查社区占比最高，所占比例高达97.65%；其次，通过居（村）民（代表）会议公示也是较为常见的公示途径，83.72%的被调查社区通过此类途径公示协商成果；再次，以互联网手段公示协商成果的被调查社区，所占比例为35.48%；最后，仅有14.63%的被调查社区采用过传单公示协商成果。总体来看，社区协商成果的公示率较高，但公示途径较为单一，主要通过公告栏公示，较少通过

其他途径,尤其是互联网公示协商成果。

表6-10　　　　近三年来本社区/村协商成果公示途径　　　（单位:%）

公示途径	是	否
没有通过任何途径公示	0.26	99.74
通过公告栏公示	97.65	2.35
通过居(村)民(代表)会议公示	83.72	16.28
通过传单公示	14.63	85.37
通过互联网手段公示	35.48	64.52
其他	1.69	98.31

社区协商成果最终需要落实,否则社区协商无论主体多么多元、内容多么广泛、形式多么多样、程序多么严格,社区协商成果都终将沦为一纸空文。在2017年关于各社区协商成果落实情况的调查中,社区协商成果大部分都能得到落实的被调查社区所占比例为68.66%;社区协商成果全部得到落实的被调查社区所占比例为25.84%;社区协商成果只少部分得到落实的被调查社区所占比例为4.99%;有0.51%的被调查社区表示社区协商成果基本没得到落实。从调查数据上看,社区协商成果大部分都能得到落实。

表6-11　　　　近三年来社区/村民主协商落实情况

落实情况	数量(个)	百分比(%)
全部得到落实	705	25.84
大部分得到落实	1873	68.66
少部分得到落实	136	4.99
基本没得到落实	14	0.51

当然,我们应当谨慎对待调查数据显示的社区协商成果的高落实率。调研过程中,不同主体所处的位置、角度不同,对落实的定义、满意度不同也会极大地影响调查结果。一方面,这种高落实率与学者在实际调研中发现的不一致,在实际调研中许多学者发现,社区协商

成果落实难仍为比较普遍的现象；另一方面，由于被调查社区主要由社区书记或主任填答问卷，他们可能会自觉或不自觉的倾向于认为协商成果得到了落实。此外，由于社区协商内容以与社区居民日常生活息息相关的主题为主，协商成果的高落实率可能与这些协商内容落实难度相对较小有关。为了进一步检验社区协商成果的真正落实情况，我们选取了以社区居民为被调查对象的社区协商成果落实情况指标进行分析（表6-12），发现只有23.13%的被调查社区居民认为社区协商成果全部得到落实；只有45.76%的被调查社区居民认为社区协商成果大部分得到落实。综合来看，社区协商成果落实尚有较大的进步空间，而社区工作者与居民对协商落实情况的认识差距本身也十分值得注意。

表6-12　　　近三年来社区/村民主协商实际落实情况

落实情况	数量（个）	百分比（%）
全部得到落实	139	23.13
大部分得到落实	275	45.76
基本被落实	167	27.79
很少一部分被落实	20	3.32

二　社区协商的城乡对比

由于城市社区和农村社区在社区自然禀赋、社区治理方式、社区居民构成等方面的巨大差异，城乡社区协商可能也存在较大差异。因此，在分析我国社区协商的总体情况的基础上，我们进一步从协商内容、主体、形式和结果方面分析我国社区协商的城乡差异情况。

（一）社区协商内容：在某些议题上存在显著差异

从总体上看，在协商内容的某些议题上，城乡社区开展社区协商情况差异较大。具体而言，在居（村）委会选举议题方面，68.83%的被调查城市社区开展过协商，73.14%的被调查农村社区开展过协商，农村社区开展协商的比例稍高，这可能与村委会掌握着农村社区资源而居委会掌握的社区资源较少有关，同时还可能与村委会选举更受到政府和村民重视相关。在规划与发展议题方面，74.60%的被调查城市社区开展过协商，84.39%的被调查农村社区开展过协商，农村社区开展协商的比例稍高，这可能是因为在农村社区，规划与发展议题更多，在社区日常生活中更被关注有关。在脱贫救助和福利方面，85.47%的被调查城市社区开展过协商，94.77%的被调查农村社区开展过协商，农村社区开展协商的比例仍然高于城市社区，这可能是与在农村社区中，贫困问题更为严重、福利资源存在更多竞争性分配有关。在公益资金的使用分配、征地拆迁补偿以及集体经济发展经营三个议题上，城乡协商情况差异大，开展协商的被调查农村社区比例显著高于被调查城市社区，这些差异可能与社区属性的差异有关，与农村社区相比，城市社区较少涉及社区公益资金的使用分配、协商征地拆迁补偿以及协商集体经济发展经营的问题。

表6-13　　　　　　　　　社区协商情况的城乡比较　　　　　　　（单位：%）

社区协商议题	城市社区		农村社区	
	是	否	是	否
居（村）委会选举	68.83	31.17	73.14	26.86
公共设施建设	85.70	14.30	85.76	14.24
规划与发展	74.60	25.40	84.39	15.61
邻里纠纷	91.42	8.58	86.98	13.11
公共环境卫生	96.44	3.56	95.68	4.32
规章制度制定	83.38	16.62	90.30	9.70
脱贫救助和福利	85.47	14.53	94.77	5.23
治安维稳	93.99	6.01	95.00	5.00
公益资金的使用分配	51.87	48.13	72.10	27.90
征地拆迁补偿	20.80	79.20	46.93	53.07
集体经济发展经营	24.51	75.49	74.77	25.23

在公共设施建设方面，85.70%的被调查城市社区和85.76%的被调查农村社区都围绕着该议题开展过协商，城乡差异较小；在治安维稳方面，93.99%的被调查城市社区和95.00%的被调查农村社区都围

第六章 社区协商研究报告

绕着该议题开展过协商，城乡差异较小；在公共卫生环境方面，96.44%的被调查城市社区和95.68%的被调查农村社区都围绕着该议题开展过协商，城乡差异较小；在邻里纠纷方面，91.42%的被调查城市社区和86.98%的被调查农村社区都围绕着该议题开展过协商，城市社区开展情况稍好，但是城乡差异不大；在规章制度制定方面，83.38%的被调查城市社区和90.30%的被调查农村社区开展过协商，城乡差异较小。综上，在居（村）委会选举、规划与发展、脱贫救助和福利、公益资金的使用分配、征地拆迁补偿以及集体经济发展经营议题开展协商上，城乡之间存在较明显差异，但是，这些差异可能只与城乡社区本身属性的差异有关。此外，在公共环境卫生、治安维稳、邻里纠纷议题上，城乡社区差异不大。

表6-14进一步反映了在区分村居属性的基础上对社区开展协商的年度变化情况分析结果。总体来看，在居（村）委会选举、公共设施建设、公共环境卫生、邻里纠纷和治安维稳议题方面，在2017年较2016年变化上城乡差异较小。但是，在协商内容的其他方面，2017年较2016年变化上存在明显的城乡差异。具体而言，就集体经济发展经营议题开展协商上，42.08%的被调查农村社区增加了，仅有12.11%的被调查城市社区增加了；就社区公益资金的使用分配开展协商上，36.17%的被调查农村社区增加了，而仅有20.64%的被调查城市社区增加了；就征地拆迁补偿开展协商上，24.30%的被调查农村社区增加了，而仅有10.95%的被调查城市社区增加了；就规划与发展开展协商上，57.95%的被调查农村社区增加了，48.05%的被调查城市社区增加了；就规章制度制定开展协商上，57.12%的被调查农村社区增加了，42.81%的被调查城市社区增加了；就脱贫救助和福利开展协商上，66.21%的被调查农村社区增加了，44.72%的被调查城市社区增加了。除了城市社区和农村社区属性的差异外，这种较为明显的年度城乡差异还有可能是因为在乡村振兴和脱贫攻坚的背景下，农村社区资源日渐增加，需要更多地协商资源的分配，同时也可能与城乡社区居（村）委会对社区资源自主支配的程度不同有关。

表6-14 2017年较2016年社区开展社区协商变化情况的城乡比较

(单位:%)

社区协商议题	城市社区			农村社区		
	增加	减少	不变	增加	减少	不变
居(村)委会选举	37.15	5.35	57.50	38.61	4.93	56.46
公共设施建设	58.50	1.91	39.59	58.19	2.89	38.92
规划与发展	48.05	1.53	50.42	57.95	1.67	40.38
邻里纠纷	33.60	29.18	37.22	26.14	39.92	33.94
公共环境卫生	68.42	9.56	22.02	72.20	10.83	16.97
规章制度制定	42.81	5.22	51.97	57.12	5.00	37.88
脱贫救助和福利	44.72	9.21	46.07	66.21	11.29	22.50
治安维稳	49.45	15.21	35.34	51.74	20.08	28.18
公益资金的使用分配	20.64	3.52	75.84	36.17	5.78	58.05
征地拆迁补偿	10.95	4.89	84.16	24.30	7.69	68.01
集体经济发展经营	12.11	2.04	85.85	42.08	3.79	54.13

(二)社区协商主体:某些主体参与情况有所差异

从表6-15看,在社区协商主体方面,无论是城市社区还是农村社区,居(村)民委员会和社区/村党组织都是参与社区协商最主要的主体。除此之外,超过50%的被调查城市社区表示,老党员、老干部、群众代表,本地居民代表,居(村)民小组、居(村)务监督委员会、基层政府及其派出机关及党代表、人大代表、政协委员参加过社区协商。

表6-15 近三年来参与社区协商的协商主体类型的城乡比较 (单位:%)

协商主体	城市社区		农村社区	
	是	否	是	否
基层政府及其派出机关	58.15	41.85	45.10	54.90
社区/村党组织	91.66	8.34	84.97	15.03
居(村)民委员会	91.66	8.34	92.96	7.04
居(村)务监督委员会	66.03	33.97	82.90	17.10

第六章 社区协商研究报告

续表

协商主体	城市社区		农村社区	
	是	否	是	否
居（村）民小组	67.95	32.05	79.21	20.79
驻社区/村单位	44.70	55.30	26.72	73.28
社区社会组织	30.93	69.07	9.54	90.46
业主委员会	41.99	58.01	2.49	97.51
农村集体经济组织	6.56	93.44	23.80	76.20
农民合作组织	3.11	96.89	22.08	77.92
物业服务企业	44.83	55.17	2.41	97.59
本地居民代表	77.55	22.45	54.38	45.62
外来人口代表	21.72	78.28	5.58	94.42
相关专家学者、专业技术人员、第三方机构	13.05	86.95	6.36	93.64
老党员、老干部、群众代表	81.39	18.61	71.82	28.18
党代表、人大代表、政协委员	55.10	44.90	40.72	59.28
其他	0.53	99.47	0.43	99.57

由于农村社区与城市社区村居属性的不同，其社区协商主体方面也有所差异。城市社区中，超过40%的被调查社区表示，物业服务企业、驻社区单位和业主委员会参与过社区协商；超过30%的被调查社区表示，社区社会组织参与过社区协商。而农村社区由于普遍缺乏这类市场主体或社区组织，表示这类市场主体或社区组织参与过社区协商的被调查农村所占比例仅为10%左右。表示驻村单位、农村集体经济组织和农民合作组织参与过社区协商的被调查农村社区所占比例均达到20%。由于城市社区普遍缺乏此类组织结构，无法与之作横向比较。值得注意的是，在总体上，无论是城市社区还是农村社区，表示相关专家学者、专业技术人员、第三方机构参与社区协商的被调查社区所占比例都较低。

表6-16进一步反映了在区分村居属性的基础上对社区公共事务决策主体及其重要性的排序结果。城市社区和农村社区中公共事务决策主体在一定程度上存在差异。调查数据分析显示，在城市社区中，

50.89%的被调查社区认为乡镇街道党政组织及区县有关部门为公共事务决策主体一；而认为公共事务决策主体一应该为社区党组织的被调查农村社区，占比为41.59%。针对公共事务决策主体二，49.48%的被调查城市社区选择社区党组织，而48.56%的被调查农村社区选择村委会。在公共事务决策主体三的选择上，有40.40%的被调查城市社区选择居委会，41.85%的被调查农村社区选择村民。上述对决策主体的重要性排序中，被调查城市社区与农村社区存在一定差异，这可能是因为在城市社区中，社区党组织和居委会常被视为准政府机构，因此，街道办事处可能较多地参与社区公共事务决策；而农村取消农业税后，乡镇基层政府普遍从农村社区治理中抽离出来，因此乡镇政府相较于街道办事处更少参与社区公共事务决策。同时，还有可能是因为城市社区和农村社区治理资源所有权归属不同导致的，由于城市社区治理资源更多地归属街道办事处，而农村社区治理资源更多地归属农村社区，因此街道办事处可能会更多地介入城市社区公共事务的决策。

表6-16 参与社区公共事务各决策主体及其重要性排序的城乡比较

(单位：%)

公共事务决策主体	城市社区			农村社区		
	主体一	主体二	主体三	主体一	主体二	主体三
乡镇街道党政组织及区县有关部门	50.89	4.84	9.07	32.65	2.88	8.72
社区党组织	37.03	49.48	4.29	41.59	36.97	8.34
居（村）委会	4.66	36.66	40.40	13.41	48.56	28.81
居（村）民	5.95	4.35	29.49	10.91	7.42	41.85
社区社会组织	0.18	1.59	5.76	0.53	1.89	5.46
物业服务公司	0.25	1.10	5.52	0.08	0.00	0.45
驻社区单位	0.31	1.10	3.80	0.30	1.74	3.79
其他	0.73	0.88	1.67	0.53	0.54	2.58

通过对城乡"基层政府推进社区协商参与情况"这一指标的分析，发现基层政府在推进城乡社区协商上比较均衡。总体而言，基层政府参与很多和参与较多社区协商，在被调查城市和农村社区占比分

别为 65.67% 和 65.85%。

表 6-17　基层政府推进社区协商参与情况的城乡比较

参与情况	城市社区		农村社区	
	数量（个）	百分比（%）	个数（个）	百分比（%）
没有参与	57	3.49	90	6.68
有些参与	503	30.84	370	27.47
参与较多	594	36.42	496	36.82
参与很多	477	29.25	391	29.03

（三）社区协商形式：均以通过居（村）民（代表）会议协商为主，城市社区协商形式更为多样

在社区协商形式上，无论是城市社区还是农村社区，居（村）民（代表）会议和民主议事会等协商形式成为社区协商的主要形式。94.44%的被调查城市社区以居民（代表）会议形式开展过社区协商，94.07%的被调查农村社区以村民（代表）会议形式开展过社区协商，城乡之间几乎相同。但从总体上看，城市社区协商形式更为多样，而农村社区协商形式相对有限。具体来说，在被调查城市社区中，以邻里协商、民情恳谈日和妇女之家形式开展过社区协商的社区所占比例较为相似，均达到了45%左右，而在被调查的农村社区中，以这三类协商形式开展协商的社区所占比例不到25%。这可能是因为农村社区是熟人社会，邻里之间相互熟悉，因此邻里协商开展较少；而民情恳谈日制度可能在很多农村社区尚未设置；此外，农村社区较少有妇女之家，因而难以以此形式开展协商。由于农村社区没有业主委员会和驻社区警务室，因此在业主协商、驻社区警务室开放日两种协商形式上，城乡社区不具有可比性。此外，37.88%的被调查城市社区以民主听证会形式开展过社区协商，相比之下，在被调查的农村社区中该比例为28.26%，这可能与城市社区中有更多听证议题有关。在城市社区协商形式中，以微信、QQ、微博等网络平台形式开展过协商的被调查社区所占比例为42.52%，而在被调查的农村社区中，该比例

仅为24.23%，这可能是与城市社区网络更加普及、居民网络利用度更高有关。

表6-18　社区协商活动中的主要协商形式的城乡比较　　（单位：%）

协商形式	城市社区		农村社区	
	是	否	是	否
居（村）民（代表）会议	94.44	5.56	94.07	5.93
民主议事会	75.63	24.37	67.10	32.90
民主评议会	74.37	25.63	75.77	24.23
民主理事会	25.70	74.30	47.42	52.58
民主听证会	37.88	62.12	28.26	71.74
民情恳谈日	47.02	52.98	21.74	78.26
居（村）民论坛	15.50	84.50	19.42	80.58
微信、QQ、微博等网络平台	42.52	57.48	24.23	75.77
驻社区/村警务室开放日	33.11	66.89	18.81	81.19
妇女之家	43.58	56.42	29.55	70.45
小区协商	31.72	68.28	3.44	96.56
业主协商	39.87	60.13	2.84	97.16
邻里协商	52.98	47.02	31.36	68.64
其他	1.19	98.81	0.60	99.40

（四）社区协商成果：公示途径都较集中，落实无明显城乡差异

从总体上看，在近三年来社区协商成果的公示上，城乡社区没有表现出明显的差异，无论是城市社区还是农村社区，99%以上的被调查社区都表示社区协商成果得到公示。在协商成果公示途径上，除了通过互联网手段公示途径外，城乡社区没有表现出明显的差异。具体来看，被调查城市社区和农村社区的协商成果公示的主要途径都是通过公告栏和居（村）民（代表）会议，所占比例均超过了80%；通过传单公示和其他途径公示所占比例都比较低。值得注意的是，在通过互联网公示协商成果上，城乡社区表现出明显的差异，在被调查的城市社区中，通过互联网手段公示协商成果所占比例为41.85%，而

在被调查的农村社区仅为26.20%,这可能与农村社区互联网普及程度和农民利用程度较低有关。

表6-19 近三年来分城乡社区协商成果公示途径的城乡比较 （单位:%）

公示途径	城市社区		农村社区	
	是	否	是	否
没有通过任何途径公示	0.20	99.80	0.34	99.66
通过公告栏公示	97.95	2.05	97.25	2.75
通过居（村）民（代表）会议公示	82.19	17.81	85.31	14.69
通过传单公示	13.05	86.95	16.32	83.68
通过互联网手段公示	41.85	58.15	26.20	73.80
其他	1.79	98.21	1.55	98.45

总体而言,城乡社区协商成果落实没有显著差异。20.10%的被调查城市社区居民认为民主协商成果全部被落实,28.40%的被调查农村社区居民认为社区协商成果全部被落实,城市社区的比例稍低;49.80%的被调查城市社区居民认为协商成果大部分被落实,37.70%的被调查农村社区居民认为协商成果大部分被落实,城市社区的比例稍高;表示协商成果都未被落实的被调查的城市社区居民占比为0.30%,被调查的农村社区居民则占比0.90%（见表6-20）。据此,城市社区和农村社区协商成果落实情况没有表现出明显的差异,都存在较为明显的提升空间。

表6-20 近三年来社区/村民主协商实际落实情况的城乡比较 （单位:%）

	城市社区	农村社区
全部被落实	20.10	28.40
大部分被落实	49.80	37.70
基本被落实	26.20	30.20
很少一部分被落实	3.60	2.80
都未被落实	0.30	0.90

三 社区协商情况总结

通过对以上调查数据的分析,我们认为我国城乡社区已经初步建立起社区党组织充分发挥领导核心作用的社区协商制度。

第一,在社区协商内容方面,以与社区居民日常生活息息相关的议题为主,涉及社区居民核心利益的议题相对不足,比如社区公益资金的使用分配与征地拆迁补偿协商。此外,基于城乡社区本身社区属性的差异,在居(村)委会选举、规划与发展、脱贫救助和福利、社区公益资金的使用分配、协商征地拆迁补偿以及协商集体经济发展经营议题开展协商上,城乡之间存在较明显差异。

第二,在社区协商主体方面,不同主体参与情况存在显著差异,基层政府、居(村)民委员会和社区党组织是参与社区协商的主体,老党员、老干部、群众代表等主体参与社区协商的积极性也较高,其他主体参与情况不够理想。关于社区协商主体的城乡比较方面,无论是城市社区还是农村社区,居(村)民委员会、社区党组织都是参与社区协商的最主要主体,而相关专家学者、专业技术人员、第三方机构参与社区协商的积极性普遍偏低。城乡差异主要体现在公共事务决策主体的重要性上,相较于农村社区,基层政府更多地介入到城市社区的公共事务决策上,这可能是因为在城市社区中,社区党组织和居委会常被群众视为准政府机构,因此街道办事处可能较多地参与社区公共事务决策;而农村取消农业税后,乡镇基层政府普遍从农村社区治理中抽离出来,因此乡镇政府相较于街道办事处更少参与社区公共事务决策。同时,还有可能是因为城市社区和农村社区治理资源所有权归属不同导致的,由于城市社区治理资源更多地归属街道办事处,而农村社区治理资源更多地归属农村社区,因此街道办事处可能会更多地介入城市社区公共事务的决策。

第三,在社区协商形式方面,社区协商形式比较多样,但是分布不够均衡,以政府或居(村)委员会发起的社区协商形式为主,其他社区协商形式相对较少。基于城乡社区本身社区属性的差异,例如社区居民之间的熟悉程度、城市社区具有更多的听证议题，以及城乡社区网络普及方面的差异，城市社区的社区协商形式相对较丰富。

第四，在社区协商成果方面，社区协商成果公示率较高，但是公示方式比较单一，通过互联网公示相对较少，在落实方面尚有进步空间。关于社区协商成果的城乡比较方面，无论城市社区还是农村社区，在公示率方面、落实方面没有显著差异，但是农村社区更少通过互联网途径公示，这可能与农村社区互联网普及程度以及农民对互联网的使用程度较低有关。

第二节 社区协商的主要问题

社区协商使社区多方利益主体相互博弈、理性对话和寻求共识，有利于突破社区治理的难题，实现社区善治。然而，通过对上述调查数据的分析，我们发现，虽然我国城乡社区协商已经取得明显进步，但在协商内容、协商主体、协商形式和协商成果等方面仍然存在着诸多瓶颈，制约了社区善治的实现，亟须突破。

一 社区协商内容缺乏核心议题

《关于加强城乡社区协商的意见》中明确规定社区协商的内容包括：城乡经济社会发展中涉及社区居民切身利益的发展建设规划、基础设施建设、集体经济发展和集体资产处置等公共事务、公益事业；当地居民反映强烈、迫切要求解决的实际困难和问题、矛盾纠纷等；党和政府的方针政策、重点工作部署在城乡社区的落实；法律法规规定和政策明确要求协商的事项；居（村）民自治章程、居民公约、村规民约等的制定或修改；社区（村）党组织、社区居（村）民委员会和各类协商主体提出协商要求的事项。基于调查数据的分析，我们发现社区大多数公共议题都能纳入到社区协商议题清单中，比如，就公共环境卫生与治安维稳开展协商的被调查社区占比分别达到

96.08%和94.49%。但值得注意的是，就公益资金的使用分配与征地拆迁补偿开展协商的比例远远低于其他议题，分别为61.10%和32.78%。

社区公益资金的使用分配与征地拆迁补偿议题属于"三重一大"的范畴，在社区协商内容中占据核心地位。缺乏对该议题的协商，可能会导致公益资金和征地拆迁补偿费的分配和使用侵占社区居民的核心利益。此外，可能会导致资金的分配和使用缺乏公开性和透明性，引发社区居民的不信任，影响基层社会稳定，甚至可能会产生内幕操作的腐败行为；最后，可能会导致居民产生一种社区协商只是就一些无关痛痒的小问题来开展的错觉，从而挫伤社区居民参与协商的积极性。

表6-21　　　　　　　社区开展社区协商情况　　　　　（单位：%）

协商开展情况	是	否
公共环境卫生	96.08	3.92
治安维稳	94.49	5.51
公益资金的使用分配	61.10	38.90
征地拆迁补偿	32.78	67.22

究其原因，可能源于以下四个方面：第一，关于社区公益资金的使用分配和征地拆迁补偿的事项可能没有被纳入社区协商的内容清单；第二，可能已经被纳入社区协商的内容清单，但是缺乏明确的协商程序和规则，或者协商主体不够多元等，难以围绕该议题开展实质性协商；第三，可能经过充分的协商，但是缺乏落实，导致其他协商主体对协商产生无力感，不愿再参与协商。

二　多元主体参与度不高

社区协商是社区多方主体以社区为平台，通过理性协商取得共识，实现社区公共利益的民主形式，其中，主体的多元性是社区协商的核心特征之一。通过对数据（详见表6-22）的分析，可以发现在近三年参与社区协商的协商主体类型中，居（村）民委员会和社区党组织仍然是社区协商中最为普遍的参与主体。基层政府及其派出机构的社区协商参与率也较高，超过一半的被调查社区表示基层政府及其派出机构参与过社区协商。与其形成鲜明对的是，仅有10.04%的被调查社区表示相关专家学者、专业技术人员、第三方机构参与过社区协商。

表6-22　　　　近三年来参与社区协商的协商主体类型　　　（单位：%）

协商主体	是	否
基层政府及其派出机构	52.75	47.25
社区党组织	88.71	11.29
居（村）民委员会	92.12	7.88
相关专家学者、专业技术人员、第三方机构	10.04	89.96

另一个值得注意的问题是，社区普通居民对社区协商参与的积极性不足。社区居民参与意识和能力不足也是阻碍社区协商发展的重要问题之一。65.90%的被调查社区居民从来没有听说过社区协商；13.60%的被调查社区居民虽然听过但不理解社区协商；只有20.40%的被调查社区居民听过并理解社区协商。由此可见，大部分社区居民缺乏参与意识，对社区协商不了解、不关心，所以，参与社区协商的次数也就比较少，平均参与次数不足2次（详见表6-23）。

表6-23　　　　近三年来社区居民对社区协商的了解情况　　　（单位：%）

居民了解情况	是	否
从来没有听说过	65.90	34.10
听过但不理解	13.60	86.40
听过并理解	20.40	79.60

表6-24　　近三年来社区居民参与社区协商的次数统计

N	极小值	极大值	中位数	均值	标准差
1365	0.00	55.00	0.00	1.97	4.14

通过参与社区公共事务各决策主体及其重要性排序这一指标，可以进一步从侧面反映社区居民参与社区协商情况。以公共事务决策主体一为例，42.82%的被调查社区认为应该是乡镇街道党政组织及区县有关部门；认为社区党组织为公共事务决策主体一的比例为39.10%；仅有8.11%的被调查社区认为居（村）民是公共事务决策主体一。在公共事务决策主体二的选择中，认为社区党组织、居（村）委会为公共事务决策主体二的被调查社区所占比例分别为43.97%和41.84%；仅有5.68%的被调查社区认为居（村）民是公共事务决策主体二。整体来看，被调查社区普遍认可乡镇街道党政组织及区县有关部门、社区党组织两大主体为影响公共决策中最主要的主体，这也从侧面反映了社区居民参与决策的参与意愿及参与程度均呈现较低水平（详见表6-25）。

表6-25　　**参与社区公共事务各决策主体及其重要性排序**　　（单位：%）

公共事务决策主体	公共事务决策主体一	公共事务决策主体二	公共事务决策主体三
乡镇街道党政组织及区县有关部门	42.82	3.99	8.87
社区党组织	39.10	43.97	6.05
居（村）委会	8.54	41.84	35.29
居（村）民	8.11	5.68	35.13

由此可见，我国城乡社区协商存在多元主体参与率低的问题，这可能会制约社区协商的发展。第一，在某种程度上限制了协商主题。多元主体社区协商参与率低有可能使协商议题与事项往往囿于行政治理的需要，社区协商成果可能无法真正体现作为社区主人的社区居民的意志，真正与社区居民核心利益相关的议题可能无法成为协商议

题。第二，可能会阻碍社区协商的内生性发展。社区协商的内生性发展有助于社区协商永葆生机和活力。社区居民和社区社会组织的积极参与，维持协商主体的平衡是社区协商内生性发展的关键，而社区协商主体的失衡将会限制社区协商的内生性发展。第三，相关专家学者、专业技术人员、第三方机构社区协商参与率低可能无法提升社区协商的质量。专家学者及专业技术人员是社区协商的"智囊团"，扮演了催化者、支持者与协调者的角色，在专业性、技术性较强的公共事项协商与决策中可以提出具有建设性与科学性的意见，为社区协商提供必需的知识、能力和技巧，并在决策落实过程中为社区链接相关的社会资源。因此，这类主体的缺位将直接影响社区协商的客观程度与合理性，无法为社区协商提供相应的技术与资源支持。

究其原因，主要源于以下几点：第一，社区缺乏外部资源的支持。社区缺乏邀请专家学者及专业技术人员参与社区协商的外部资源与动力，这一点在农村社区表现得尤为突出。专家学者及专业技术人员的参与对社区自身的经济发展水平、民主发展程度等方面提出了一定的要求。然而，由于社区在经济、政治方面的发展水平参差不齐，部分社区可能会联系不到相关领域的专家学者或无法邀请其参与。同时，某些社区可能尚未意识到专家学者及专业技术人员对社区协商的意义，忽略了这类群体的重要性。第二，社区居民主观上对社区协商有抗拒心理，主要源于参与意愿、参与能力两个方面。从参与意愿来看，受传统观念和生活方式影响，多数社区居民的个人权利意识淡薄、公共精神缺失，尚未认识到社区协商的意义。从参与能力来看，大部分居民缺乏协商能力，不具备表达自身利益、理性协商的能力，可能会对参与社区协商产生畏难心理。第三，社区认同和社区信任是驱动社区居民参与社区协商的内在动力。对城市社区而言，在一个陌生人的社区里，社区居民难以自然而然地产生对社区的认同感、归属感和信任感，无法生成真正意义上的社区意识，大多数居民只关注涉及自己切身利益的问题，而对社区公共事务漠不关心。第四，社区居民参与社区协商的途径和平台不够丰富，协商形式单一，某些社区协商活动形式化倾向严重，有协商之名，无协商之实，难以吸引社区居民参与社区协商。第五，社区宣传不够、动员不足。一些参与协商的居民受自身教育水平、沟通表达能力、信息知晓度等因素影响，难以理性表达利益诉求。加之缺乏外生力量，尤其是专家学者对社区居民社区协商知识和能力的普及教育，导致社区居民对参与社区协商的基本知识和能力严重匮乏，对参与社区协商产生畏难心理。

三 自下而上的协商形式较少

从当前我国社区协商实践形式来看，相较于以自上而下发起的社区协商形式，其他自下而上社区协商形式较少。在调查数据（表6-26）中，以线下的居（村）民（代表）会议、民主评议会和民主议事会形式开展过社区协商的被调查社区，所占比例分别为94.35%、75.00%和71.99%。相反，利用微信、QQ、微博等网络平台开展过社区协商的被调查社区所占比例仅为34.22%；以召开居（村）民论坛形式开展过社区协商的被调查社区所占比例仅为17.16%。

表6-26　　　社区民主协商活动中的主要协商形式　　　（单位：%）

协商形式	是	否
居（村）民（代表）会议	94.35	5.65
民主议事会	71.99	28.01
民主评议会	75.00	25.00
居（村）民论坛	17.16	82.84
微信、QQ、微博等网络平台	34.82	65.18

自上而下发起的社区协商形式在一定程度上可以对社区协商的开展产生负面影响。一方面，可能会导致关乎社区居民切身利益的议题难以纳入到社区协商内容中。自上而下发起的社区协商形式可能会导致社区协商内容更多地体现党政部门治理的偏好，而忽略了与社区居民核心利益息息相关的其他议题。另一方面，可能会抑制多元主体参与社区协商。自上而下发起的社区协商形式可能会对社区居民参与社

区协商产生挤出效应，降低他们参与社区协商的积极性。最终导致社区协商发展的内生动力不足。

究其原因，主要源于以下几个方面：第一，社区多方主体力量的不平衡。在社区权力格局中，基层政府仍因为占据社区更多的合法性资源和公共资源占据主导地位。在单纯的行政治理逻辑的驱使下，社区协商有可能沦为实现行政治理目标的工具。因此，基层政府可能会更青睐和选择有利于实现行政治理目标的社区协商形式。第二，社区其他主体缺乏参与协商的积极性，社区协商缺乏非行政性治理的协商议题，也有可能导致自下而上的社区协商形式的不足。第三，缺乏对线上协商的重视。互联网平台的合理使用能够开辟线上的社区协商渠道，从而丰富社区协商形式，比如通过新媒体发布民生事项，也可发起网络投票等，在减少组织成本、促进各协商主体地位平等的同时又尽可能地覆盖更多目标人群。遗憾的是，线上协商尚未得到充分重视，以微信、QQ、微博等网络平台协商形式开展过社区协商的被调查社区比例仅占三分之一。

四 公示方式和成果落实有待提升

通过互联网公示社区协商成果，具有即时性、交互性和低成本、广覆盖的特点，同时有利于克服因农村社区人口外流、城市社区居民相互陌生而影响社区协商的问题，因此，通过互联网公示社区协商成果应当被充分利用。随着互联网和智能手机的普及，通过互联网公示社区协商成果已经具备了必要的技术条件，目前我国典型的社区协商模式无不重视通过互联网公示社区协商成果。然而，与其他社区协商成果公示途径相比，我国社区协商成果较少通过互联网公示，仅有35.48%的被调查社区通过互联网公示协商成果，并且在农村社区中，这一比例更低。缺乏社区协商成果互联网公示途径可能会影响城乡社区居民，尤其是外出务工农民、普通社区居民对社区协商成果的关注和监督，进而可能会影响居民对协商成果的认可。究其原因，可能在于，对社区协商成果的互联网公示方式尚未引起充分重视，社区协商主体没有认识到通过互联网公示协商成果的意义；还可能是因为社区协商主体尚不具备运用互联网的技术能力，在使用互联网公示社区协商成果时力有不逮。

此外，从调查数据看，我国城乡社区协商成果尚有较大的落实空间，只有68.5%的被调查社区居民认为社区协商成果得到全部或大部分落实。社区协商成果的落实决定了社区协商的成败，社区协商的意义最终体现在协商成果的落实上。"重协商、轻落实"是我国社区协商面临的一个突出问题。如果协商成果得不到落实，一方面，可能会使社区协商出现形式化倾向，花费大量时间、精力取得的协商成果难以惠及社区居民，不利于社区协商持续性、内涵式的发展；另一方面，如果社区协商成果难以落实，可能会使社区协商多元主体，尤其是社区居民、社区社会组织等主体对社区协商的真实目的产生怀疑，挫伤社区协商主体参与协商的积极性。

究其原因，主要在于以下几个方面：第一，关于社区协商成果落实的制度设置不足。有些社区的协商制度详细规定了协商议题的发起与议事过程，但是对落实的制度化监督与反馈机制设置不足，往往过于笼统和模糊，缺乏操作性。例如，协商成果由谁负责落实，监督意见如何反馈，如何使协商成果避免违反法律等一系列的具体问题，往往缺乏详细的规定。第二，社区协商成果落实的问责机制不足。制定社区协商成果落实的问责机制有利于强化责任追究，通过约束社区协商成果落实责任人不作为、乱作为的行为，倒逼社区协商成果真正得以落实。问责机制不足可能会导致社区协商成果落实责任人缺乏责任意识，最终使社区协商成果无法落实。第三，社区协商成果公示途径比较单一。这限制了社区协商成果的传播和社区多方主体，尤其是社区居民对社区协商成果的了解和认知，进而限制了其对社区协商成果落实的监督。

第三节 社区协商的推进路径

社区是居民安身立命和守望相助的共同体，也是社会治理的基本单元。成熟的社区协商有利于促进社区多方主体习得参与社区治理的知识和技术，积极凝聚社区共识，夯实公共参与的社会基础，激发社区活力，使社区治理取得事半功倍的效果。

一 强化对核心议题的协商

我国城乡社区协商的内容已经比较广泛，基本涵盖了社区治理中的主要议题。但是，属于"三重一大"范畴的社区公共资金，包括征地拆迁补偿等协商议题相对较少。作为社区的核心议题，社区公共资金的使用和分配以及征地拆迁补偿关乎每一个社区居民的切身利益，更关乎基层社会的稳定。因此，应当强化与社区居民切身利益相关的议题的协商。

第一，将社区公共资金的使用分配与征地拆迁补偿作为重要的协商主题纳入到社区协商目录清单中。首先，要详细规定相应的协商形式、协商参与主体、协商程序和规则，以及协商成果的公示和落实，保证协商的透明性、有效性、代表性。在此基础上明确规定，社区公共资金使用和分配与征地拆迁补偿都必须经过社区协商方具有合法性。

第二，强化对社区公共资金使用绩效的监督和评估。要加大对社区公共资金使用绩效的监督和评估，以落实社区协商的决策。可以由社区协商平台或委托专业的第三方跟踪、监督和评估资金的使用，并将资金最终使用的结果向社区全体居民公示，接受社区居民的监督。

二 丰富社区协商的参与主体

我国社区协商主体单一主要表现为党政机构、社区居（村）委会在社区协商中唱独角戏，非党政机关主体参与社区协商积极性不高。促进非党政机关主体参与社区协商，需要去除阻碍其参与的客观限制和主观限制。

第一，政府要以制度化的方式主动让渡和分享社区治理的权力，释放社区其他利益主体参与社区协商的制度空间。在社区协商中，政府的主要职责是制定规则、守住底线和提供保障。政府需要以制度化的方式进一步将社区治权还给社区，将更多的公共资源和政治资源向社区开放，明确社区各主体在社区协商中的主体地位。首先，政府要帮助制定社区协商议事清单，逐项厘清清单中政府可以参与的议题及其扮演的角色，并向社区协商的其他主体公示。其次，确保协商主体的平等性，要通过具体的制度、规则、程序和技术的设置以及去中心化的协商平台和空间的构建，保证社区协商向社区其他主体开放，保障各主体发言、辩论的权利，避免依靠行政权威对其他协商主体的压制。再次，通过保证协商的透明性，进一步避免行政权威在协商过程中的过度介入。正式协商前公示协商议题和规则，协商过程全程录音、录像并多平台公开播放，协商后决议执行情况定时公示，以此进一步明确政府在社区协商中的行动边界，保障社区其他协商主体参与协商的空间，避免社区民主协商异化为威权协商。最后，为社区协商提供必要的法律支持和资金支持。政府可以向专业的法律机构购买服务为社区协商提供法律支持，避免社区协商出现法律纠纷；同时，政府应向社区协商提供必要的资金保障，避免社区协商因成本问题而难以为继。

第二，非党政机关主体愿意并能够接过政府在社区协商中让渡的权力。政府让渡的权力需要社区其他主体，尤其是社区居民接过，否则社区协商仍将沦为一句空话。一方面，需要增强社区其他主体的参与意识，主要通过公民教育培育社区居民的社会资本和公共精神，强化社区意识；另一方面，需要提升社区其他主体的参与能力、信心和技术，使其掌握社区协商的知识、技巧。同时，积极培育社区社会组织，尤其是城市社区业主委员会、农村社区合作组织，促进这些社会组织在社区协商中发挥更大作用。

第三，鼓励专家学者参与社区协商。专家学者在社区协商中经常会扮演发起者、推动者、教育者、指导者、支持者和协调者多重角色。地方的社区协商实践经验也表明专家学者作为重要的外部力量能够极大地促进社区协商的开展，尤其在社区协商的破冰阶段，例如清河实验、太仓社区建设、南京鼓楼区的社区协商等。因此，可以通过政府购买服务的方式积极吸纳专家学者参与社区协商，建立稳定的合作机制，促进社区实践与学术研究相结合，促使专家学者为社区协商提供更多的理论支撑和智力支持。建议各地出台政策，鼓励院校的专家学者积极参与社区协商。

第四，积极促进社区居民参与社区协商。居民既是社区协商的重要参与者，也是协商结果的享受者。在以人为本的理念下，居民参与社区协商十分必要。居民参与社区协商的前提是其具有协商意愿和能力。所以一方面要采取各种措施加强对社区居民的公民精神教育，涵养居民的社区意识；另一方面，帮助社区居民习得社区协商的程序与规则，掌握社区协商的知识与技巧。具体可以从以下五个方面提升居民的意愿和能力。

一是重视社区的传统文化。不同类型的社区有不同的社区传统文化，单位社区表现为单位文化，农村社区表现为熟人文化，商品房社区表现出相对更多的公民文化。协商民主为了更好地扎根社区，避免遭到社区原有传统文化的抵抗，就必须深入挖掘社区原有传统文化与现代协商民主的共通点，培养社区协商的文化土壤。

二是巧妙寻找动员社区居民参与社区协商的突破口。社区居民参与社区协商的积极性的培养往往不是一蹴而就的，相反，更多的时候是无论怎么动员，社区居民依然"岿然不动"。一些实践经验表明，当社区协商的居民动员陷入困境时，通过一些偶然事件作为突破口，以此作为动员社区居民参与社区协商的契机往往能够取得事半功倍的效果。例如，清河实验组就是以动员居民参与改造公共活动空间为契机，进一步动员居民参与社区协商；更多的地区实践是以开展文化娱乐活动作为动员社区居民的突破口。因此，社区工作者应当紧紧围绕着社区居民的需求，敏锐地捕捉这些偶然的事件。

三是积极引导社区居民自组织。由于社区居民自组织往往是通过情感、认同或信任维系的，所以社区居民自组织能够生产社会交往，培育社会资本，提升社区居民的组织意识和能力。此外，自组织内部居民间地位和权利的平等性，以及自组织的治理方式也会使社区居民在自组织过程中习得规则意识和组织治理能力。这些恰恰是提升社区居民参与社区协商的意识和能力的重要资源。在自组织基础上形成的社区组织可以成为社区居民参与社区协商的载体，强化居民参与社区协商的自我效能感。因此，可以通过挖掘社区骨干，开辟社区公共空间，提供理论与技术支持等方法促进社区居民自组织的发展。

四是重视社区微协商。社区微协商是指社区居民围绕着社区细小的公共事务，以方便灵活的协商方式追求精准的协商目标。可以说，社区微协商是社区协商的彩排和预演。通过鼓励社区居民积极参与社区微协商，可以激发社区居民参与社区协商的积极性，同时培育参与能力，进而为参与社区协商做好知识、能力和价值储备。

五是引入外部力量的支持。社区协商具有极强的专业性，一些典型的议事规则具有极高的技术要求。社区居民有效参与社区协商除了需要具备积极的参与意识外，还要具备协商所需要的理解、评估、讲述、辩论、提炼、修辞、妥协等能力和技巧。这些能力的培养需要外部力量的介入和支持。外部力量主要包括专家学者和社会组织，他们具有较高的社区协商的理论知识和实践经验，通过扮演催化者、教育者和支持者的角色，能够向社区居民普及参与社区协商的知识。备受推崇的南京鼓楼区社区协商模式和香洲模式的背后都有大规模的专家团队的支持。这些专家团队为社区提供议事协商专业辅导、全程参与社区议事规则、议事清单制定和议事会主持人培训、议事会议规则培训、议事代表选举、社区自组织培育等工作，有力地提升了居民的议事协商能力。

三　开展多种形式的社区协商

从地方社区协商的实践经验看，我国已经探索出多种社区协商形式，例如，温州的民主恳谈会、南京市鼓楼区的社区理事制、浙江武义县的村务监督委员会等。然而，目前我国社区协商形式以自上而下发起的社区协商形式为主，主要以居（村）民（代表）会议、民主

第六章 社区协商研究报告

议事会和民主评议会为主,这些社区协商形式主要由政府主导,自下而上发起的社区协商形式较少,从而制约了我国社区协商的进一步推进。我们认为需要从以下几个方面增加自下而上发起的社区协商形式。

第一,明确社区协商议题,制定协商目录清单。不同类型的社区协商议题需要不同的协商形式。因此,要改变我国社区协商形式过于单一的问题,首先要明确社区协商议题,制定协商目录清单。社区协商机构要收集和梳理社区协商议题,并对所有协商议题进行类型学划分,在此基础上确定与不同类型的协商议题相对应的协商形式。当然,在制定社区协商议题时要厘清社区协商议题的边界与范围,尤其是要明确社区协商议题与其他社区决策、管理和监督议题的关系,避免社区协商议题外溢。

第二,提升社区其他主体参与协商的意识。协商主体缺乏多元性也是社区协商形式单一的重要原因。总体来看,我国社区协商主流形式都是由党政部门发起和推动的,以党政部门为中心,以行政性议题为主,协商形式比较单一。因此,需要提升社区其他主体的参与意识,将更多的非行政性、与社区居民息息相关的社区议题纳入到社区协商,从而不断地拓展社区协商形式。

第三,加快我国典型的、成熟的社区协商形式的推广。近些年来,我国有些地区在探索社区协商时,已经形成了一些成熟的社区协商形式,这些社区协商形式已经被实践证明是可行的、可操作的,值得在全国范围内推广。因此可以通过政府部门的大力推广、新闻媒体的广泛宣传以及专家学者的理论研究,将这些协商模式加以推广,使更多的社区受益。当然,在推广时也应注意因地制宜,使协商形式与社区的地方性知识、权力组织架构等相调和。

第四,重视线上协商。互联网技术的发展、智能手机的普及为社区协商提供了一种新的协商形式,这种新的协商形式可以突破时间和空间的限制,而时间和空间的限制往往被视为阻碍传统线下协商的重要原因。可以充分利用社区论坛、社区微信公众号等开展社区协商；有条件的地区可以开发专门的软件，或者可以以智慧社区平台为依托开展线上协商，尤其是社区协商成果及落实情况更应该通过线上的方式进行公示。当然，值得注意的是，在开展线上协商时需要注意线上与线下相结合、协商议题的适切性、线上协商规则制定等问题。

四 利用互联网落实协商成果

目前，通过互联网公示社区协商成果已经不存在技术难度了，当务之急是提升社区协商主体运用互联网公示社区协商成果的意识。基层政府、专家学者、第三方社会组织要加强宣传和培训，或者积极推广社区协商典型模式，使社区协商主体认识到通过互联网公示社区协商成果的巨大潜力和重要意义，提升社区协商主体运用互联网公示协商成果的意识。另外，建议将通过互联网公示社区协商成果写进社区协商程序，使通过互联网公示社区协商成果制度化。此外，应提升社区协商主体利用互联网公示协商成果的技术能力，拓展通过互联网公示社区协商成果的方式，例如，可以利用社区论坛、QQ群、微信群、微信公众号等多种方式公示社区协商成果。如果条件允许的话，可以考虑将社区协商成果公示模块嵌入到智慧社区平台，降低社区协商主体利用互联网公示协商成果的技术难度。最后，通过互联网公示社区协商成果还应注意畅通居民的反馈通道，保证居民针对协商成果的意见能得到顺利反馈。

此外，还要加强对社区协商成果的落实，使社区协商成果真正惠及社区居民。第一，完善关于社区协商成果落实的制度设置。要进一步细化社区协商成果落实的制度化监督和反馈机制设置，切实增强制度的可操作性，例如，要明确社区协商成果落实的负责人，确定社区协商成果落实的时间，畅通监督意见的反馈通道，定期公布社区协商成果落实情况等。第二，强化对社区协商成果落实的问责机制。进一步完善社区协商成果落实的问责机制，基层党委政府在对社区协商工作开展情况进行督查时，要注重对协商成果落实情况的督查；对落实

第六章 社区协商研究报告

协商成果不力的责任主体要严格按照问责机制进行问责处理。第三，建议引入第三方对社区协商成果的落实情况进行评估。通过引入第三方对社区协商成果落实情况进行公正、客观与专业的评估，能够在很大程度上避免社区协商成果不落实、假落实的问题，促使社区协商成果真正落到实处。

第七章　社区减负工作研究报告

随着经济社会的快速发展，社区各类事务逐渐增多，社区工作行政化倾向日趋严重，在降低社区治理效率的同时，也严重制约着我国城乡社区治理能力的提升。党的十九大明确了提出并系统阐明新时代中国特色社会主义思想和基本方略，并强调"加强社区治理体系建设，推动社会治理重心向基层下移，发挥社会组织作用，实现政府治理和社会调节、居民自治良性互动"。治理重心向基层下移，需要推动基层社会治理创新，完善基层治理体系和治理能力现代化；需要推进社区治理创新，提升社区的服务能力和治理的有效性，不断提升城乡社区治理科学化水平，打通抓好落实服务群众"最后一公里"，也就是说，社区需要减的是过多的或不合适的行政任务，需要减少形式主义、官僚主义，需要减少复杂的办事流程和环节，但减负是为增效，要增加服务能力和治理效能。切实减轻社区负担，提升为民服务水平，提升基层治理有效性，既是时代的理论回应，也是现实的实践要求。本章中社区减负的主要内容包括基层政府的社区事务职责、社区工作的现状、社区减负项目落实情况、社会组织助力社区减负情况、新技术运用情况以及社区治理体制机制和社区治理结构等方面。

第一节　社区减负工作的现状

一　基层政府较好履行社区事务职责

（一）基层政府深度参与多项社区工作

从调查的结果看（详见表7-1），基层政府较好地履行了社区事

第七章 社区减负工作研究报告

务职责,深度参与多项社区工作,具体内容包括指导监督选举、救助扶贫、开展维稳综治、法律服务、网格化管理、改善人居环境、便民服务、指导监督资产处置、信息化建设、指导监督公约自治章程、改善办公设施、推进民主协商等19项。其中排在前五位的依次为指导监督选举、救助扶贫、开展维稳综合、法律服务、网格化管理,深度参与度分别为89.76%、85.34%、84.42%、77.54%、77.43%;深度参与度比较少的方面是增加工作经费、推动三社联动、改善干部待遇、推动共建共享、物业管理,深度参与度分别为57.03%、55.54%、54.04%、52.84%、39.35%。其中也能看到基层政府较少关注社区物业管理,这将在后文进行讨论。

表7-1　　基层政府参与社区工作的情况　　（单位:%）

	没有	较少	较多	很多	深度
指导监督选举	0.93%	9.31%	31.87%	57.89%	89.76%
救助扶贫	1.62%	13.03%	33.70%	51.65%	85.34%
开展维稳综治	0.76%	14.82%	39.47%	44.95%	84.42%
法律服务	0.93%	21.53%	42.52%	35.02%	77.54%
网格化管理	5.02%	17.55%	32.17%	45.26%	77.43%
改善人居环境	2.29%	21.33%	38.74%	37.64%	76.38%
便民服务	2.56%	23.19%	36.28%	37.97%	74.25%
指导监督资产处置	9.53%	17.52%	30.51%	42.44%	72.95%
信息化建设	2.45%	26.50%	40.66%	30.39%	71.04%
指导监督公约自治章程	5.78%	27.21%	33.52%	33.49%	67.01%
改善办公设施	4.82%	28.67%	35.68%	30.83%	66.51%
推进民主协商	4.98%	29.77%	35.81%	29.44%	65.25%
慈善事业	6.65%	34.43%	32.50%	26.42%	58.92%
经济发展	6.29%	34.78%	33.95%	24.98%	58.94%
增加工作经费	9.38%	33.59%	33.02%	24.01%	57.03%
推动三社联动	9.34%	35.12%	32.09%	23.45%	55.54%

续表

	没有	较少	较多	很多	深度
改善干部待遇	10.18%	35.78%	32.39%	21.65%	54.04%
推动共建共享	12.56%	34.59%	30.50%	22.35%	52.84%
物业管理	30.48%	30.18%	22.77%	16.57%	39.35%

注:"深度参与度"为"参与较多"与"参与很多"比重之和。

(二) 社区对基层政府履行职责的满意度比较高

在测量的19个维度中,指标满意度均在50%以上,其中11个指标的满意度在75%以上,1个指标(指导选举参与)超过了90%,这表明社区对政府的工作总体上是满意的,这是党和政府不断加强基层执政能力、促进治理能力和治理现代化的结果。但是从统计结果可以看到,有些公共事务基层政府参与的越多并不等于满意度越高,基层政府履行职责的针对性和有效性还有待提高。得分结果如表7-2所示。

表7-2　　　　　社区对基层政府工作的评价　　　　(单位:%)

	好	中	差
指导监督选举	93.56%	6.17%	0.27%
救助扶贫	89.26%	10.47%	0.27%
开展维稳综治	86.11%	13.63%	0.27%
指导监督资产处置	84.46%	15.10%	0.44%
改善人居环境	83.24%	16.15%	0.61%
改善办公设施	82.09%	17.35%	0.56%
法律服务	81.39%	18.21%	0.40%
网格化管理	81.04%	18.02%	0.94%
信息化建设	80.47%	18.98%	0.55%
指导监督公约自治章程	79.65%	19.99%	0.35%
便民服务	79.44%	20.15%	0.41%
推进民主协商	77.27%	21.99%	0.73%

续表

	好	中	差
慈善事业	69.99%	29.12%	0.89%
增加工作经费	69.58%	28.70%	1.72%
共建共享	65.88%	32.14%	1.98%
经济发展	63.67%	34.38%	1.95%
推动三社联动	62.88%	35.44%	1.69%
物业管理	58.99%	38.66%	2.35%
改善干部待遇	57.35%	37.73%	4.92%

（三）总体上，基层政府履行社区事务的参与度与满意度呈正相关

从基层政府在社区的参与情况与社区对基层政府满意度的关系来看，参与度与满意度总体上有正向关系。各项目中参与情况的前五位（指导监督选举、救助扶贫、开展维稳综治、网格化管理、改善人居环境）与满意度的前五位（指导监督选举、救助扶贫、开展维稳综治、指导监督资产处置、改善人居环境）有四项是一样的，只有网格化管理在参与度中较高而满意度排名相对靠后。在参与度的后五位（增加工作经费、推动三社联动、改善干部待遇、共建共享、物业管理）与满意度的后五位（共建共享、经济发展、三社联动、物业管理、改善干部待遇）也有四项是一致的，但值得注意的也有如表7-2中个别事务并非参与度与满意度呈正相关。出现这种情况的原因需要思考，社区减负关键是完善体制机制，需要界定清楚政府对社区工作要负哪些责任，然后确定减什么。

二 社区工作内容呈现综合化趋势

（一）社区工作总体上综合化

2018年，首都重大智库课题"首都基层治理模式研究"课题组在北京、上海、成都调研访谈50多位居（村）委会主任，发现社区工作内容呈综合化趋势。

第一,居(村)两委行政化仍然严重,总体看居(村)两委成员将超过75%的精力用于处理行政任务,会议多、检查多、通知多、调研多。某居委会主任说:"社区减负后盖章和填表确实少了,但是通知多了,每天完不成的行政任务。自治工作只占了10%不到。"

第二,有些居委会承担大量的本该由物业服务企业做的工作,集中体现在老旧社区。快速城镇化背景下,我国社区类型很多,如商品房社区、老旧社区、"村转居"社区、城中村社区等。不同的社区类型工作内容差异较大,尤其是老旧社区、"村转居"社区、城中村社区,居委会任务更重。C市村转居社区占全市社区总数的1/3,由于历史原因,普遍存在不交物业费的现象,政府托底,物业不作为,导致房屋漏雨、上下水等问题都找居委会。老旧社区治理难更是给社区居委会带来很大的压力,据统计,全国共有老旧社区近16万个,涉及居民超过4200万户,建筑面积约为40亿平方米。在B市,老旧社区有2531个,分别占核心功能区和城市拓展区社区总量的91%和73%。老旧社区问题多,如设施维修难、安全隐患多、卫生脏乱差、居民怨气大、房屋产权关系复杂,存在着大量历史遗留问题等。经调研发现,大量老旧小区处于产权单位半弃管或完全弃管状态。产权单位弃管小区无物业管理或物业管理严重缺位,带来诸多问题,形成了"产权单位不愿管,物业管理公司管不好,街道社区不好管"的现象。这就给居委会带去巨大的压力,耗费大量时间和精力,耗费大量财力,协调困难。一方面,在找不到产权单位或物业服务企业的情况下,居民只能求助于社区居委会。某居委会主任反映,社区居委会的工作中,50%的精力用于产权单位弃管小区管理上。屋顶防水、管线修复、环境卫生清洁、安装路灯、修车棚、修门禁、换灯泡等,这些本该由物业公司承担的工作,全部由社区和街道来兜底。而现实情况是,即使社区居委会想尽各种办法,仍是需要花费大量资金解决的问题,如房屋修缮等仍然无法根本解决。另一方面,设施都需要动用大量政府财政资金,由此造成政府财政支出负担加重。F街道每年要花费1/3的社区公益金来处理产权单位弃管小区的垃圾问题,L街道每年需要支出财政资金近 600 万元左右，用于弃管小区的环境卫生清洁、防盗门等基础设施的修复。由于老问题积压、新问题不断出现，为避免居民打热线电话，街道、社区苦不堪言，感觉压力越来越大。除此之外，多产权单位互相推诿，社区协调难。某社区有 8 家产权单位，有的产权单位已经破产关停，有的产权单位经过多次转制，小区处于基本弃管状态。由于小区房龄已有 30 年，上下水管道堵塞，维修管道需要花费几百万资金，在没有上下水管道改造专项资金情况下，社区想尽各种办法联系产权单位希望共同审议解决。实际情况是前后联系了近半年，8 家产权单位始终无法凑齐，相互推诿，甩手不管，居民多次呼吁，居委会深感无力。

（二）社区工作事项减少并不理想

为了弄清社区减负实际情况，以 2016 年的社区工作作为参考，通过比较 2017 年工作与 2016 年的差别，来看看究竟哪些增了，哪些减了，增的合不合适，减得合不合适。调查数据（表 7-3）显示，总体上看，社区工作事项减负依然任重而道远，与 2016 年相比较，事项增加较多。以增加 50% 为界限，事项增加 50% 以上有环境整治、台账报表、悬挂标识、参与考核评比、出具证明（签字盖章），其中环境整治增加的比率最高，与 2016 年比增加了 88.40%。台账报表增加了 67.60%，悬挂标识增加了 64.50%，参与考核评比增加了 62.20%，出具证明（签字盖章）增加了 53.30%。与 2016 年比较，回答减少超过 10% 的只有出具证明（签字盖章）和拆迁拆违两个项目。

表 7-3　　　　与 2016 年相比，社区工作事项增减情况　　　（单位：%）

项目	有，增加了	有，基本持平	有，减少	没有这项
环境整治	88.40%	8.20%	2.60%	0.80%
台账报表	67.60%	27.70%	2.60%	2.10%
悬挂标识	64.50%	24.00%	7.70%	3.80%
参与考核评比	62.20%	31.00%	2.90%	3.90%

续表

项目	有，增加了	有，基本持平	有，减少	没有这项
出具证明（签字盖章）	53.30%	32.60%	13.60%	0.50%
建设达标项目	47.50%	26.30%	3.60%	22.60%
社区/村执法	42.60%	19.80%	6.10%	31.50%
拆迁拆违	38.40%	13.50%	12.60%	35.50%
经济创收	30.60%	18.60%	3.10%	47.70%
招商引资	17.60%	13.90%	3.70%	64.80%
协税护税	15.40%	18.10%	4.30%	62.20%

（三）环境整治是 2017 年社区重点工作事项

为进一步分析社区事项，分别对增加比较多的社区事项进行了不同社区类型的分析（详见表 7-4）。环境整治方面，城市社区和农村社区基本没有差异，回答比 2016 年增加的城市社区有 1426 个，占比为 87.40%，回答与 2016 年基本持平的城市社区有 149 个，占比 9.10%，而回答比 2016 年减少的城市社区只有 43 个，占比仅为 2.60%。回答比 2016 年增加的农村社区有 1184 个，占比为 89.70%，回答与 2016 年基本持平的农村社区有 96 个，占比 7.30%，而回答比 2016 年减少的农村社区只有 33 个，占比仅为 2.50%。说明无论是城市社区还是农村社区环境整治任务都比较重，这也与我国发展阶段有关，近年来能看到各地政府对环境的重视，如北京市的背街小巷治理、武汉推进的环境微改造。

表 7-4 城乡社区与环境整治交叉分析表 （单位：个）

社区类型	有，增加了	有，基本持平	有，减少	没有这项
城市社区	1426	149	43	13
	87.40%	9.10%	2.60%	0.90%
农村社区	1184	96	33	7
	89.70%	7.30%	2.50%	0.50%

为什么做了大量的制度设计，但反映在实际工作中不仅没有减

负,反而很多社区事项在增加,可能有三个方面的原因:一是有些"负担"与制度设计有关,恰恰是因为要做制度上的规范,必然要带来一些工作量,这是未来得以减负的保证;二是有些具有偶然性,2017年某项工作比2016年做得多,不代表其实际量就大,可能较2015年是减少的;三是社区减负只是减去了不必要的负担,而不是剥夺其大部分功能,因此有些"负"是不能减的。尽管如此,还必须承认,当前在实践中并没有真正实现"减负",类似于台账报表、悬挂标识这类完全可以由基层政府解决的工作应该进一步抓落实,这一情况需要进行反思。

三 减负事项落实情况有一定成效

（一）社区工作清单制定有落实

调查各地区社区"制定承担清单工作情况"和"制定协助清单工作情况",结果表明（见表7-5）,仅4.78%和5.65%的被调查社区没有制定承担清单和协助清单,认为承担清单和协助清单"有明显效果"或"效果突出"的占到78.66%和81.29%。但值得注意的是,城市社区（居委会）在这方面的工作不如农村社区（村委会）。一方面是由于村委会客观上独立性要强于居委会,对自己的工作更能够"做得了主";另一方面城市管理工作的复杂性、多变性也更高,居委会常常不得不应付诸多临时任务,导致一些城市社区即使有了所谓"工作清单",也流于形式。

表7-5　　　　　　　　社区减负中清单落实情况　　　　　　（单位:%）

	没有	效果不明显	有明显效果	效果突出
制定承担清单工作情况	4.78%	16.56%	50.73%	27.93%
制定协助清单工作情况	5.65%	13.06%	50.25%	31.04%

（二）规范化建设总体较好

第二个社区减负的维度是规范,即将原来不明确、灵活性大的制度明确化,包括准入制度、证明工作、印章管理工作等,调查结果表

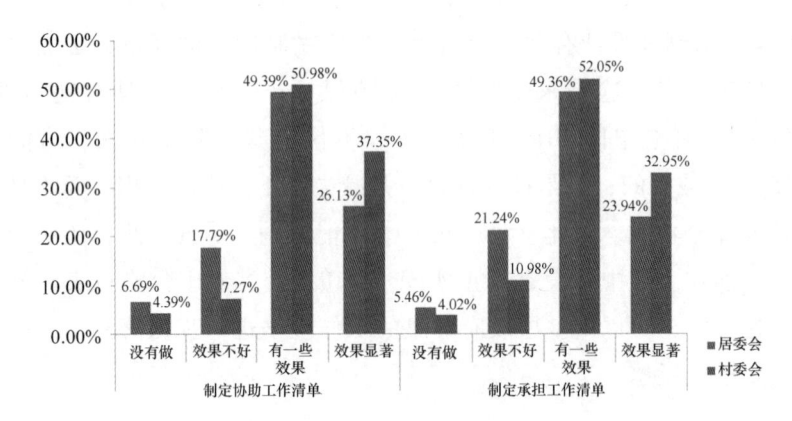

图 7-1 居（村）社区工作清单规划情况

明（详见表 7-6），目前在这方面进展情况良好，总体上评价也比较积极正面，相比较而言，对印章的规范工作成效最大，而准入制度的建设由于涉及面比较复杂，实施中遇到的问题、困难较多，没有做或效果不明显的比例稍高。从城乡对比来看，农村社区在制度规范方面也要好于城市社区，取得的效果也要显著一些，可见城市是社区减负改革的关键。

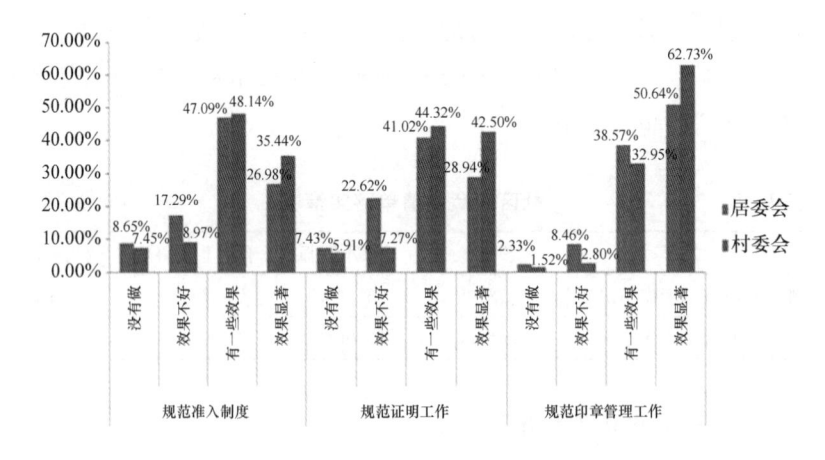

图 7-2 居（村）社区制度规范情况比较

表7-6　　　　　社区减负中规范化建设落实情况　　　（单位：%）

	没有	效果不明显	有明显效果	效果突出
准入制度工作情况	8.09%	13.58%	47.75%	30.58%
证明工作情况	6.67%	15.95%	42.36%	35.02%
印章管理工作情况	1.96%	5.91%	36.18%	55.95%

（三）取消事项结果不理想

调查涉及清理牌子工作、精简会议工作、取消任务指标工作、取消社区（村）责任事项工作、取消一票否决工作五方面内容，目前在这方面取得了一些成绩，但依然面临一些挑战。例如目前尚未启动取消一票否决、取消不必要的任务指标、取消责任事项的占比19.54%、38.22%和23.87%（见表7-7），可见进一步推动这项工作还需要很大的气力。

表7-7　　　　　社区减负中取消事项落实情况　　　（单位：%）

	没有	效果不明显	有明显效果	效果突出
清理牌子工作情况	10.70%	13.53%	41.71%	34.06%
精简会议工作情况	10.37%	22.52%	40.00%	27.11%
取消一票否决工作情况	19.54%	10.81%	38.76%	30.89%
取消任务指标工作情况	38.22%	12.75%	25.97%	23.06%
取消社区（村）责任事项工作情况	23.87%	16.64%	33.46%	26.03%

（四）考评改革落实比较好

社区减负工作将实施"双向评价"和实现"统一考评"作为核心内容，在调查中发现，这两项落实得较好（见表7-8），认为"双向评价制度"有效果的比例达到84.92%，认为"统一考评"有效果的达到了93.09%。

表7-8　　　　　　　社区减负中考评改革落实情况

	没有	效果不明显	有明显效果	效果突出
双向评价制度	5.66%	9.42%	51.40%	33.52%
统一考评制度	1.96%	4.95%	46.81%	46.28%

(五) 综合评估

总体可以看出，社区减负工作已经取得了重要进展，但是还存在不平衡、不充分的问题，规划的问题、考评的问题、规范的问题相对好解决，但实际操作的问题、切实去除冗弊的问题还需要花费大量的时间和精力。另外，总体上看，城市社区在减负方面的难度要远远大于乡村社区，应作为这项工作的重点。

四　社会组织和社工助力"社区减负"

(一) 社会组织在社区治理中发挥一定作用

调查当问及"几类社会组织在社区/村治理服务中的作用"，志愿服务和公益慈善组织、老年人社会组织、养老、托幼服务类社会组织、群众性文体组织、群众性调解治安维稳组织、社工机构、红白理事会、专业技术类社会组织，都在社区治理中发挥了一定作用，回答有用的所占比例前三的分别有志愿服务和公益慈善组织、群众性文体组织、群众性调解治安维稳组织。但总体来说，社会组织助力村和社区治理中的作用还有待进一步加强（见表7-9）。

表7-9　　　　　社会组织在村和社区/村治理服务中的作用

	很大	较大	有些作用	没作用	不知道
志愿服务和公益慈善组织	17.90%	17.30%	17.60%	4.10%	0.10%
老年人社会组织	13.40%	16.30%	18.10%	9.00%	0.20%
养老、托幼服务类社会组织	11.60%	14.50%	17.80%	12.80%	0.30%
群众性文体组织	16.40%	18.80%	16.50%	5.20%	0.10%
群众性调解治安维稳组织	17.30%	18.80%	14.60%	6.10%	0.20%

第七章 社区减负工作研究报告

续表

	很大	较大	有些作用	没作用	不知道
社工机构	9.40%	12.40%	17.50%	17.20%	0.50%
红白理事会	8.10%	7.70%	11.00%	29.00%	1.20%
专业技术类社会组织	5.10%	6.40%	11.00%	33.50%	1.00%

（二）专业社会工作助力社区减负有一定作用

问及"在您看来，引入或发展专业社会工作对社区/村'减负增效'和提升工作水平的作用如何"，调查数据显示，34.90%的人认为专业社工在减负增效方面有很大作用，有25.50%的人认为专业社工在减负增效方面有较大作用，有29.80%的人认为专业社工在减负增效方面有一些作用，但是也有6.00%的人认为专业社工在减负增效方面基本没有用，3.80%的人认为并不清楚。多数人还是认可专业社会工作对于社区"减负增效"以及提升工作水平的作用的（详见图7-3）。

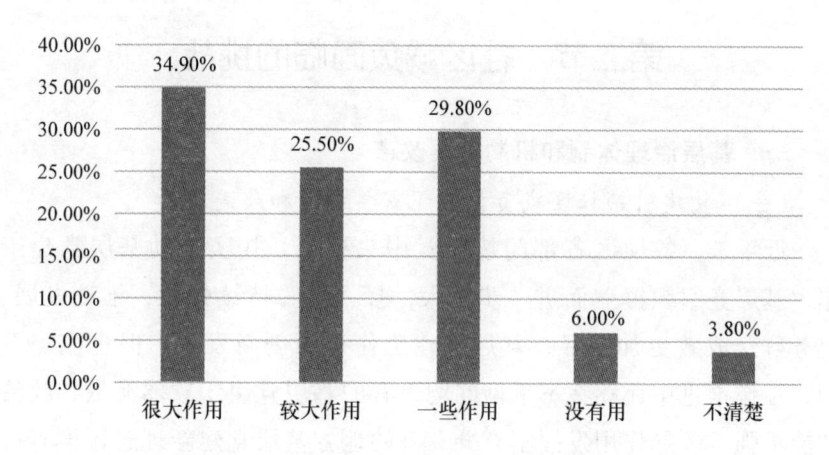

图7-3 专业社会工作在社区/村治理中"减负增效"的作用程度

当问及"您认为引入或发展专业社会工作对社区/村'减负增效'和提升工作水平有促进作用主要原因"的调查数据显示，有26.60%的人认为是因为社工的专业理念和方法具有优势，26.30%人认为专业社工能更好地动员社会力量，29.60%的人认为增加专业社工能分担居/村委会的一部分工作也是主要原因，也有16.80%的人认为是因为居民更加信任专业社工。专业社会工作对社区治理具有减负增效的作用，即专业社会工作有助于社区的治理，社工能帮助社区"减负增效"的原因可见表7-10。

表7-10　　　　社工能帮助社区"减负增效"的原因

减负增效的原因	人数	百分比
社工的专业理念和方法具有优势	1932	26.60%
专业社工能更好地动员社会力量	1908	26.30%
增加专业社工能分担居/村委会的一部分工作	2144	29.60%
居民更加信任专业社工	1215	16.80%
其他促进原因	54	0.70%

第二节　社区减负面临的挑战

一　基层治理体制和机制需要改革

（一）党建引领社区减负作用还需要加强和改进

近年来，各地区各部门按照党中央要求，扎实推动基层党建工作，基层党组织覆盖面进一步扩大，投入保障持续强化，推动发展、服务群众成效更加明显，基层党建工作得到创新发展，但也应当看到，工作推进中还存在不平衡问题，有的基层党组织软弱涣散，政治功能不强，领导作用发挥不充分；有的地方基层党建新理念还没有树立起来，仍然停留在单纯抓街道社区党建上；有的总体设计、系统推进不够，各自为战，工作碎片化；在社区层面，作为社区治理主体之一的物业公司党建工作被忽视；有的体制机制不适应治理和发展，街道社区统筹协调能力弱，共建共治共享未形成常态等，必须下大力气研究解决。

（二）社区治理结构需要优化

从源头进行社区减负，需要重视社区治理结构的调整。在"取消把社区/村作为责任主体的执法、拆迁拆违、环境整治、城市管理等事项"的调查中，23.90%的居民认为基层政府没有取消社区/村责任事项的工作，但是16.60%的人认为取消其作为责任主体的工作效果不明显，33.50%的人认为效果比较明显，26.00%的人认为这项取消社区责任主体的工作效果非常明显。由此数据可见，依旧有相当一些受访者认为政府对于社区/村责任主体划分不明确，社区在减负过程中遇到阻碍。

表7-11　　　　取消社区/村责任主体事项工作情况

		频率	百分比	有效百分比	累积百分比
有效	没有做	717	23.80	23.90	23.80
	有，但效果不明显	500	16.60	16.60	40.40
	有，效果比较明显	1005	33.40	33.50	73.80
	有，效果非常明显	782	26.00	26.00	99.80
缺失	系统	6	0.9		

表7-12　　　　了解居委会的职责情况

		频率	百分比	有效百分比	累积百分比
有效	完全不了解	60	6.10	6.20	6.20
	了解一些	606	61.70	62.20	68.40
	非常了解	307	31.30	31.60	100.00
缺失	系统	9.00	0.90		

当问及"您是否了解居委会的职责情况"，回答非常了解的居民只有三成，超过60%的居民回答了解一些。问及"您是否了解物业服务企业的职责"，回答非常了解的居民只8.60%。可见，需要进行组织结构的改革，推动社区治理教育和培育，让一般老百姓知道治理主体各自的角色。

表7-13　　　　　了解物业服务企业的职责情况

		频率	百分比	有效百分比	累积百分比
有效	完全不了解	283	28.80	30.50	30.50
	了解一些	566	57.60	60.90	91.40
	非常了解	80	8.10	8.60	100.00
缺失	系统	53.00	5.40		

（三）现有社区规模与居委会委员规模不匹配

现在全国社区规模大多在1000—3000户。以北京为例，规模在1000户以下的社区为558个，占20.10%；1000—2000户的1111个，占40.00%；2000—3000户的637个，占22.90%；3000户以上的472个，占17.00%。

但居委会组织法还是沿用1989年实施的《居委会组织法》，当时规定居委会委员由五至九人组成，但当时居委会的户数规模很小，一般在一百户到七百户的范围之内。现在居委会委员人数没有增加，但社区规模远远扩大，客观上居委会没有时间、没有精力做更多社区自治的工作。需要修订《居委会组织法》，从法律上厘清居委会的规模和职能。

二　专业社工作用发挥还不够

（一）社区中有专业的社会工作岗位或项目不多

在"社区/村是否有专业的社会工作岗位或项目"的调查中，经数据显示，仅有25.30%的受访者提出所在社区中是设有专业的社会工作岗位的，74.70%的人表示所在社区没有专业的社工岗位或项目。在"社工运营方式"的回答中，有74.70%的人表示不适用该问题，而在剩下的25.30%的受访者中，15.80%的人表示是政府在购买社会工作机构的服务。1.40%的受访者提出是社会组织或企业购买社会工作机构的服务，2.20%的人表示是所在社区/村建立专业的社工机构开展项目服务，有4.60%的受访者所在社区是自己设立专业社工岗位开展服务。

第七章　社区减负工作研究报告

总体而言，多数社区并没有专业社工的服务，少数拥有专业社工服务的社区主要还是靠政府购买社会工作的专业服务，社区或组织自己购买或设立的比例相对较少，社区自己建立或设立专业社工岗位开展服务的社区就更少。

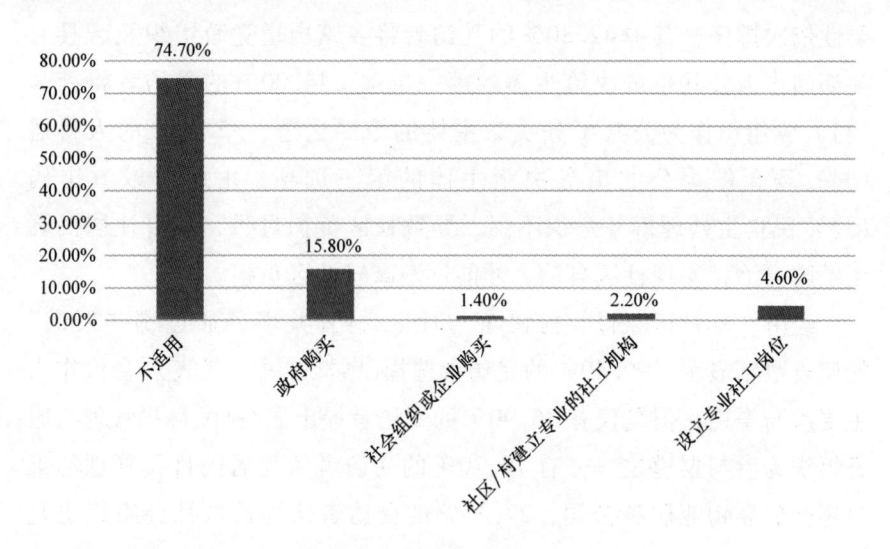

图7-4　社工运营方式

（二）社工的专业化认知比较差

在"是否了解专业社会工作"的调查中，有21.10%的人认为自己非常了解专业社会工作，57.00%的人回答一般了解，还有21.90%回答不了解专业社会工作。此数据表明，社区工作者对于专业的社会工作明显缺乏详细的认知，并且多数社区工作者的专业性不高，并不能很好的运用专业知识实现社区治理。在"是否接受过培训"回答中，只有48.80%的受访者表示，社区工作者是全部接受过培训的，19.00%的受访者表示多数社区工作者是接受过专业培训的，24.90%的人认为只有少数社区工作者是接受过专业培训的，7.20%的受访者认为社区工作者都没有接受过培训。

由此可见，多数社区工作者并没有十分专业的社工知识进行社区治理与服务，所以在一些问题的解决过程中，无法应用专业的知识去解决。

三 社区居民的自治能力还待加强

在问及"社区/村参与社区/村公共事务决策的主体"时，按照重要性依次排序，其中42.80%的受访者将乡镇街道党政组织及区县有关部门作为公共事务决策主体的第一选项，44.00%的受访者将社区（村）党组织作为公共事务决策主体的第二选项，35.30%的人将居（村）委会作为公共事务决策主体的第三选项，由此可以看出居（村）民自主处理事务意识不强，导致社区负担过重，只有让居民真正了解自治，实现社区自治，才能逐渐减轻社区负担。

经由"本社区/村居/村民参与社区/村公共事务通过哪些渠道"的调查数据显示，99.40%的受访者选择以居/村民（代表）会议作为主要参与渠道，但是仅有36.90%的受访者提出居/村民自我管理与服务组织为参与渠道之一，有18.70%的受访者认为居民自我管理的渠道还会依靠物业服务公司，27.30%的受访者认为社区社会组织也是参与渠道之一，仍有86.50%的受访者将直接向社区/村两委反映情况作为主要参与渠道，57.90%的受访者认为向社区居/村监委会反映情况也是渠道之一，4.00%的受访者表示还有其他渠道。由此可见，居民参与社区事务过程中，依旧依赖于居/村委员会，在日常工作繁琐的情况下，社区依旧要解决居民各项事务，造成社区负担，所以增加居民自治能力，有利于减轻社区负担（见图7-5）。

四 新技术助力社区减负能力亟须提升

经由"使用网络管理平台情况"调查数据显示，其中，12.80%的受访者并不使用网络管理平台，17.20%的受访者只使用一个网络管理平台，单一化较为严重。社区的治理实现网络化信息化管理也是实现社区治理体系治理能力现代化的重要表现，只有实现社区治理的信息化，才能够有效减轻社区治理负担。并且在问及"办公所使用的管理平台间是否共享"的问题时，21.60%的人表示所有平台是不共

第七章 社区减负工作研究报告

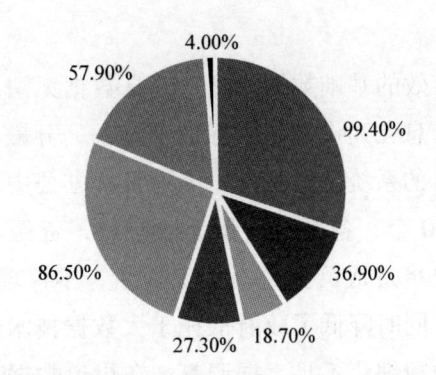

- 居/村民（代表）会议　　　　居/村民自我管理与服务组织
- 物业服务公司　　　　　　　　社区社会组织
- 直接向社区/村两委反映　　　 向社区居/村监委会反映
- 其他渠道

图7-5　本社区/村居/村民参与社区/村公共事务主要渠道

享的，35.00%的受访者认为只有部分平台之间是能够实现共享，但是依旧有13.30%的人也表示所在社区可以实现平台间的完全共享。信息化管理依旧是社区治理体系更新的一大重点，也是一大难点。

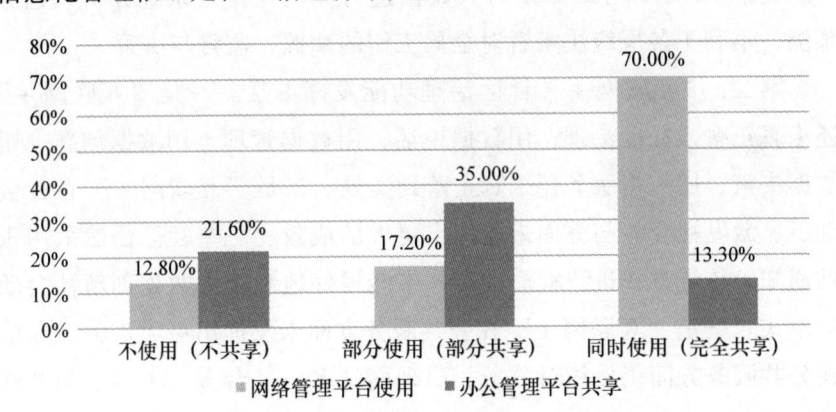

图7-6　社区管理/服务信息网络使用与共享情况

2018年北京重大智库课题《首都基层治理模式》调研发现，"互联网+"社区治理面临很大挑战，还存在以下不利于社区减负的问题。

第一，统一有效的基础数据缺乏。一是数据无法共享，各部门条块分割，各部门信息化建设的技术标准不统一，分散建设，每个业务部门都有一套各自的系统。据统计，街道日常办公中需要经常使用的垂直系统就多达 20 个，各系统数据无法交换，资源不能共享，未来在系统整合时，也将造成巨大的对接工作量，不仅增加大数据建设、后期管理的成本，同时降低了政府依托于大数据技术进行社会治理的效率。二是数据的精细化不足，据调查，在街道数据分中心建设过程中，暴露出数字底图精细化不足，不能为街道所用。以 S 区为例，根据市社工委要求，各街道数据分中心需要统一使用规划国土委 S 分局的数字底图，但是数字底图数据主要作为参考数据而不是应用数据。街道有用的数据项少、数据更新周期长、底图数据使用权限没有向街道放开。出现了数据不好用，街道不愿意用的问题。三是对大数据深度挖掘不充分，因为大数据一体化运作机制、大数据汇总机制不健全，当前可以为市、区、街道、社区所用的统一有效的"块数据"与"条数据"缺乏，导致难以对大数据进行深度挖掘、系统分析、趋势预测，不利于各层级决策者对全局工作的掌握、监督与决策。

第二，"互联网＋"社区治理功能发挥不足。一是"互联网＋"还未真正融入社区治理，用数据说话、用数据管理、用数据创新、用数据决策、用数据服务还未真正落到实处。二是"互联网＋"在社会动员、激发社会参与方面未发挥出更大的成效。一些社区仍然采用张贴通知等传统方式进行社会动员，未能很好地利用大数据创新社会动员模式。三是"互联网＋"在公共服务方面未发挥出更大作为。当前在公共服务方面仍然相对分散，出现网站多、平台多、卡多、APP 软件多，公众办事不便利等问题。有必要依托于大数据，推进电子政务跨层级、跨系统、跨部门、跨业务的互通共联，协同运作。

第三，治理主体"互联网＋"思维不强。一是基层治理主体仍然存在固化思维模式。随着大数据、"互联网＋"理念和技术的应用，暴露出社区治理主体"互联网＋"思维不强，对于大数据的理解停留在概念阶段。仍然存在"人为数据服务，数据为部门所有"的滞后观念。二是基层治理主体互联网技术运用的能力较差。随着互联网技术发展日新月异，基层工作者的知识水平、专业能力与智能化发展趋势不相适应，能将"互联网+"思维真正运用于社区治理创新中的人才凤毛麟角。三是社区网站建设滞后、网络问政平台僵尸化、线上与公众缺乏有效互动等问题均反映出社区治理主体"互联网+"思维不强，互联网技术运用能力较差。

第三节　社区减负的地方探索

一　社区减负的北京经验

北京市通过"街乡吹哨、部门报到"进行基层治理体制机制改革，从根本上对街道和社区进行再组织，推进社区减负。

"街乡吹哨、部门报到"的改革重点在于做实、做强基层，赋权、下沉、增效。赋权是对市、区级层面涉及辖区重大事项的意见建议权、对辖区需多部门协调解决的综合性事项的统筹协调和督办权、对政府职能部门派出机构领导人员任免调整奖惩的建议权、对综合执法派驻人员的日常管理考核权；下沉是按照"区属、街管、街用"的原则，在街道乡镇普遍建立实体化综合执法中心，公安、消防、城管、交通、市场监管等部门执法力量到街道乡镇办公，将人员、责任、工作机制、工作场地相对固化，推动执法力量下沉基层、综合执法；增效是要通过调整街道组织结构，包括综合保障办、党群工作办、平安建设办、城市管理办、民生保障办、社区建设办，街道综合执法队、党群服务中心、街区治理中心、市民服务中心。

"街乡吹哨、部门报到"聚焦"三把哨"，即综合执法哨、应急处置哨、重点工作哨。综合执法哨是指针对城乡治理乱象如地桩地锁、黑车黑摩的等需要综合执法的问题，明确了街乡承担主体责任，赋予其吹哨权力，以快速调动执法力量和执法资源，促进执法协同，推动联合执法向综合执法转变；应急处置哨是指针对消防、防汛、地下管线等应急处置事项，整合各类政府服务管理资源，实现快速反应、合力应对；重点工作哨是指针对违法建设拆除、群租房和开墙打洞治理等重点工作，明确街乡可以吹哨，推进各类重点难点问题在基层一线解决。区职能部门、执法队伍到街道乡镇报到，驻区党组织和在职党员回属地街乡、社区村报到，街道干部到一线、到社区报到。

"街乡吹哨、部门报到"是一揽子改革，具体到社区减负，市民政局会同市委组织部等部门印发了《关于进一步开展社区减负工作的意见》，健全完善社区公共服务准入制度，制定社区居民委员会公共服务事项清单。共取消市级各部门下派的150项社区工作事项，列出社区依法履职事项23项、协助政府事项13项、盖章证明事项15项等3份工作清单，取消社区评比达标项目25项，取消社区工作机构27个。在社区设立的工作机构和加挂的各种牌子基本得到清理，社区会议、纸质工作台账减少了50%，考核评比基本取消，居委会开具的各类证明减少约40%。通过为社区减负增效，一是厘清基层政府和社区组织在基层治理中的角色定位，努力构建政府依法治理和居民依法自治有效衔接的社区治理机制。二是加强管理明确社区职责，规范考核评比工作。三是全面清理社区减负事项，精简社区工作项目。四是完善政府购买服务制度，加强社区社会组织扶持培育。研究制定《社区依法履行职责主要事项》《社区依法协助政府工作主要事项》《社区居委会日常出具证明事项》《社区电子台账和报送系统》和《社区政府购买服务指导目录》等。按照"分区域、分类型"的工作思路，拟在核心区、功能拓展区、城市发展新区和生态涵养区分别抽取平房区、商品房区、回迁房区、保障房区等不同类型的社区，全面做好社区工作职责事项确认和清理工作，保证减负工作效果。五是完善社区工作机制，印发《北京市社区工作事项准入联席会制度》。按照市委、市政府工作要求，深入基层指导各区建立以社区居民满意度为主要标准的社区工作综合考评机制，重点是取消对社区的"一票否决"事项，建立社区居民、驻区单位对社区居民委员会工作的评价指标体系，将居民满意程度作为评价居民委员会工作的重要指标。

二 社区减负的成都经验

(一)凝聚"党员线",强化党建引领

一是优化党组织设置。采取"社区党委+院落楼栋党支部+特色党小组+党员示范岗"的方式,下设院落楼栋党支部,根据党员年龄和特长划分基层治理、就业创业、困难帮扶等特色党小组30个,在营业厅、社区广场等人流集中区设立党员示范岗48个,有效延伸党组织"触角"。二是建立互联互动机制。充分发挥社区党委资源整合能力,与辖区派出所、石油公司等7家区域内党组织签订共建责任书,与四川大学、四川航科等8个区域外党组织签订联建协议,实现组织联建、活动联办、资源联享、党员联管。三是创新党员教育管理。推行"承诺、践诺、评诺"机制,每名党员每年作出不缺席组织生活、积极参与志愿服务、为社区发展治理献计策等承诺5—7项,每季度在党员大会上"交账",按年度评出"优秀""合格""不合格"等次,评定结果作为评优表彰的重要依据,切实引导党员当标杆、作示范。

(二)健全"自治线",强化居民主体

一是组建"三级"议事组织。坚持"分层议事、分类议事"原则,组建社区、居民小组、小区三级议事会,逐级推选议事会代表,严格按照"四议两公开"程序,实现民事民议、民事民决。2017年,社区三级议事会共同议定智慧居家养老建设、老旧院落改造、小区美化等事项165件,议定事项全部得到高效顺利实施。二是设立"四大"专委会。按需设置社区教育、小区自治、公共管理、公共服务四大专委会,每个专委会成员由相关领域单位、团体、机构的专业人员组成,细化梳理专委会职能职责126项,切实为居民提供专业化、个性化的社区服务。三是实施"五微"治理。实施建立微中心、设立微平台、培育微组织、完善微机制、开展微服务"五微"治理,打造小区居民活动室、微生活馆等微中心5个,组建乡贤队伍9支,订立垃圾五分类、搭建十不准等居民公约10个,实现小区微治理灵活化规

范化。

（三）发动"志愿线"，强化供需对接

一是组建志愿服务队伍。采取"中心+站点+服务队"模式，成立社区志愿者指导中心，设立志愿者服务站点5个，组建文明劝导、爱心服务等志愿者服务队41支，注册志愿者2000余人，占社区居民总数近17%，构成"人人做志愿、志愿为人人"的志愿服务模式。二是健全志愿服务机制。以"服务换积分、积分兑实物、积分兑服务"的方式，成立志愿者"积分银行"，制定志愿服务积分兑换办法，志愿积分可在12个点位兑换商品和15处公共服务空间兑换有偿社会服务。2017年，社区全年志愿服务总时长达3.5万小时，评选"志愿服务达人"105人。三是打造志愿服务品牌。通过走访入户、网上征询等方式，定期收集社区居民在居家、教育、养老等方面的需求，按需设置志愿服务"订单"，明确服务主题、内容和形式，以品牌化进行包装和实施，先后创建"安公孝老行""小小设计师""绿动公园城"等品牌志愿服务活动品牌，实现居民需求与提供服务精准对接。

（四）壮大"社团线"，强化多元参与

一是培育社会组织。围绕文化、教育、关爱、人居等服务领域，孵化培育"根系式"社会组织8家，采取"财政资金少量补贴+提供有偿服务"的方式，有效提高社会组织"自我造血"功能。2017年，社会组织为社区居民提供社会服务项目27个，服务居民5万余人次。二是发展自组织。建立自组织激励机制和管理规范，根据居民兴趣爱好和自身需求，由社区党委引导成立京剧社、读书会等自组织85个，注册会员2500余人，年均开展活动1400余场次，有效丰富了居民业余文化生活。三是调动群团组织。鼓励社区离退休干部、专业人才、企业高管等资源多、经历丰富的精英人士进入社区团委、老协、妇联、残联等群团组织，通过引智借力、撬动资源，不断丰富服务活动平台载体，成功创建"青少年心理成长"等市级活动品牌，形成了"党建引领、群团助力"的工作格局。

(五) 延伸"服务线",强化高效便民

一是完善社区服务配套设施。采取公建配套、共建共享、商业运作等方式,打造党群服务中心、社区图书馆、儿童托管中心、就业创业中心、物业指导中心等3000平方米公共空间。引导培育健康管理中心、老年食堂、慈善超市、社区诊所、平价菜市等社区配套服务主体,形成涵盖老中青幼的"15分钟社区生活服务圈"。二是建立社区服务长效机制。设立社区基金,开设慈善茶座、报摊、图书角等"自我造血"项目,定期举办慈善义卖、公益晚会等活动,年募集服务资金30余万元;搭建安公关爱APP、红色公益走廊等线上线下众筹平台,实现服务项目自筹自给。2017年,社区实施非政府财政供给的服务项目38个,惠及居民2300余人次。三是搭建居民互助服务平台。建立全民参与服务中心,全面收集居民可提供服务资源和个体需求,引导居民为居民点对点提供互助服务,有效发挥服务乘积效应。2017年,居民开展互助服务项目275个,营造了"全民享受服务,全民提供服务"的浓厚氛围。

通过加强小区(院落)党组织建设,并探索创新了项目化党建、区域化联建等党建工作机制,增强了社区党组织主导地位,形成了"社区党组织引领,党员带头,居民参与,社会协同"的全新格局。

三 新技术助力社区减负

(一) 浙江省保障"最多跑一次"改革规定①,明确数据共享

浙江省通过"最多跑一次"改革实现,探索完善互联网+政务服务。改革规定省人民政府应当组织有关部门加强公共数据平台标准化建设,制定数据汇集、数据平台、数据安全、大数据应用等标准,构建跨部门、跨层级、跨领域的标准模型,推动政府数字化转型。省公共数据工作机构负责归集、整合公共数据,组织建设人口、法人单位、自然资源和空间地理、宏观经济、公共信用信息等综合数据信息

---

① 浙江在线,https://zj.zjol.com.cn/news.html?id=1094410。

资源库。

行政机关应当按照国家和省有关规定对公共数据和电子文件进行归档和登记备份。除法律、行政法规另有规定外，同级行政机关和上下级行政机关之间应当共享公共数据，公共数据共享权限按照国家和省有关规定执行。行政机关应当确保共享获得的公共数据安全，不得用于与履行职责无关的活动，不得随意更改、编造共享获得的公共数据。

设区的市、县（市、区）人民政府依托浙江政务服务网建立"一窗受理"平台。"一窗受理"平台应当延伸至经济开发区管理机构、乡镇人民政府（街道办事处）；有条件的地方，延伸至居（村）民委员会。县级以上人民政府有关部门的业务系统应当与"一窗受理"平台联通。

省口岸主管部门负责推进国际贸易"单一窗口"建设，建立跨部门的综合管理服务平台，实现海关、海事、边检、税务、外汇管理等监管部门之间信息互换、监管互认、执法互助。申请人可以通过综合管理服务平台一次性递交监管部门需要的标准化电子信息，监管部门通过平台反馈处理结果。

设区的市、县（市、区）人民政府应当依托浙江政务服务网建立统一平台负责受理各类政务咨询、投诉和举报，统一受理电话号码、网站等信息应当向社会公布。

自然人、法人和非法人组织有权通过统一受理电话号码、网站等途径对行政机关、综合行政服务机构及其工作人员不按照"最多跑一次"改革要求履行职责的行为进行投诉、举报。

（二）成都市推进"天府市民云"，打造"互联网+市民服务"

"天府市民云"是成都市一站式"互联网+"市民服务平台，有效地整合了政务服务、生活服务、社区服务等各类资源，面向广大市民提供智能化城市服务，包括一号通行、一库共享、一站服务、一体运营、延伸服务链条、下沉服务层级。

针对全市信息化服务"卡多、平台多、网站多"情况，集成市级部门 APP 20 余个、公众号 40 余个、其他市场主体 APP、公众号 500 余个，破除部门利益藩篱，统筹服务事项。全面集成整合市民最关心、需求最迫切的网上办事、信息咨询、交通出行、便民缴费、生活消费等功能。

坚持"一号通行、一站服务"的建设模式，打破"数据孤岛"的共享困局。以实名认证为支撑，以政务云为数据支持，为市民提供权威、可信、便捷、安全的智能服务，一次认证就可畅享所有服务。促进跨部门数据共享，避免信息重复查验，建立安全可控的个人信息库。打破各部门系统割裂、数据断层等现状，建立权威统一市民服务平台，让市民办事像网购一样方便。

突出"政府主导、企业主体、市场化逻辑"的运营模式，打破"久久无功"的机制困局。改变过去"只管建设不管运营""只讲财政投入不求市场效益"等问题，组建国有控股公司主导，专业化团队运营，兼顾社会公益与经营效益，确保项目可持续性。依托信息资源和金融服务集成实现经济价值转化，打造新经济标杆企业。

坚持"需求导向、技术创新"的建设路径，破解"服务不优"的发展难题。坚持市民需求导向、市场倒逼整合的路径，持续集成整合市民最关心、需求最迫切的网上办事、交通出行等功能，开发教育缴费、小区服务等特色服务，接入华西挂号、扫码乘车、在线违章缴罚等服务，深受市民欢迎。运用虚拟卡技术，将社保卡、天府通卡等实体卡服务集成到天府市民云 APP 上来，不断整合各类实体卡功能，提升天府市民云智能服务功能。

强化"系统保障、制度护航"的运行措施，破解"信息失真"的安全难题。系统部署于电子政务云三级等保区，受政务云保护。用户敏感信息使用算法加密，严防隐私数据泄露。建立实名认证体系，进行人脸识别、单设备登录、两次鉴权等多重认证满足安全需求。建立运营推广联席会议制度、服务运维保障及动态调整机制、市民需求和意见建议"收分转解"制度、信息及运维安全保障制度、长效宣传推广制度等工作机制，形成长效层层压实责任。

突出"一干多支、平台引领"的协同格局，破解"区域壁垒"的服务难题，做强"主干"，引领辐射带动"多支"协同发展。以文化旅游、交通出行、医疗卫生等公共服务一体化为切入点，依托天府市民云一体化市民服务平台，与德阳、巴中达成"互联网+市民服务"一体化战略合作，探索数据互通、服务共享，促进市民服务区域一体化。

（三）广州市南沙区通过"互联网+时间银行"促进居民参与

"南沙时间银行"是南沙区政府于2013年12月启动的一项社区互助服务项目，会员将参与志愿服务的时间存储在时间银行中，等将来自己需要帮助的时候可提取所存储的时间获得相应的服务，也可以通过银行兑换系统用服务时间换取自己所需要的物品。人人拥有时间资源，人人皆有专长所能。南沙时间银行通过"存储时间、随需使用"的志愿者服务模式，把志愿服务、扶贫帮困和助人自助、文明创建有效结合，从而可以更好激励志愿者参与服务的积极性，促进社区服务的可持续性进行。

"南沙时间银行"是针对会员进行服务及相关活动等行为的时间提供存储、支取、交换等相应服务的公共服务支撑平台。"南沙时间银行"的性质为以时间存储交换为核心，以时间货币化为媒介的第三方时间存管平台，是公益类银行账户体系。

"南沙时间银行"以带有公益性质的社区服务为主要服务方向，倡导鼓励所有会员积极参与此类服务。此外，在不违反国家、地方法律、法规的前提下，任何符合中国普遍道德认识的服务及活动均可通过南沙时间银行平台进行发布和交换。

以真实资料按规定程序注册成为南沙时间银行会员，才能通过南沙时间银行平台参与服务交换、时间币存取等服务。南沙时间银行的会员分为"团体会员"和"个人会员"。

南沙时间银行综合服务平台主要由后台管理处理系统和南沙时间银行平台两部分组成，其中后台管理处理系统主要实现时间银行各种数据的处理与存储、操作系统的后台管理等；交互式平台主要实现系统与会员的对接与互动、会员间的互动、时间银行各种功能的操作平台等。另外，所有会员均可通过使用计算机登录南沙时间银行平台或使用手机登录南沙时间银行 APP，自主使用管理自己的南沙时间银行会员账户及时间币，进行发布、承接服务需求及兑换商城礼品等操作。

（四）街道探索"互联网+"虚拟社区，助力社区减负

北京市朝阳区双井街道在 12 个实体社区基础上提出了虚拟社会服务管理创新的互联网服务平台——"双井 13 社区"。"双井 13 社区"充分利用互联网、云计算、大数据、物联网等先进技术，依托"社区卡"将政务服务、便民服务、社交服务、公众参与融为一体，让社区"人"互联互通、社区"事"共商共治、社区"组织"自我管理、社区"空间"开放共享。初步构建了多层次、立体化的运行机制，实现"互联网+党群""互联网+政民""互联网+居民"，线上+线下互动的模式。通过"互联网+党群"，实施"1+N 计划"——一名党员联系多名群众，成为线上群组"党代表"，"党代表"派到虚拟社群中，了解群众所思、所需、所急；通过互联网+政民，实现在线议事票决、社会参与，推动协商民主机制化；通过"互联网+公益"，依托"社区卡"对各类群体道德量化，公益积分可兑换或赠予，社区好人榜一目了然，形成可持续"公益交换机制"；通过"YI 空间智慧服务站"实现线上+线下互动，旨在构建基于社区的闭合生态圈，让居民在本社区内即实现基本的政务诉求和基本生活商务服务需求。

第四节　推动社区减负的对策建议

一　建立和完善社区减负的体制机制

一是坚持党建引领。习近平总书记在全国组织工作会议上特别强调："引领基层各类组织自觉贯彻党的组织，确保基层治理方向。要构建党组织统一领导、各类社会组织积极协同、广大群众广泛参与的

基层治理体系。"① 社会治理的主体是人民群众，党是社会治理主体的领导核心和主导力量。党的领导就是在更大范围、更宽领域、更深层次上让人民群众广泛参与社会治理。党领导基层治理不是大包大揽，而是组织好人民群众参与到社会治理中来，要激发社会治理活力，防止出现"政府干、群众看"的现象。"社区减负"以党建为引领，通过健全制度体系、落实治理责任，将党的领导与政府负责、社会多元主体共同参与的治理安排有机结合，使党委领导成为新时代中国特色社会治理体系的鲜明特征和强大制度优势。

二是加强基层体制改革。传统的自上而下"以条为主"的管理方式已经不适应现代社会的发展，需要通过条块关系改革，以基层街道为重心，职责清单明晰街道职能定位，合理人员编制保证街道机构有效运转，建立双向考核机制以完善基层考评制度，资源下沉，力量下沉，构建服务型政府，通过组织变革提升政府治理能力和水平。

二　提高社区治理专业化水平

一是选强配优基层党员人才，激发基层党组织新活力。"育才造士，为国之本"，贯彻落实减负最重要的是拥有高素质干部队伍，重点是要做好干部培训、选拔、管理、使用工作。加强城市社区居委会党组织建设，制定城市社区党组织和党员队伍发展规划，选强配优基层党组织领导班子，制定激励机制，进一步发挥城市社区党组织领导核心作用。做好基层党组织领导接班人培养计划，培养有数量、有质量的优秀年轻干部队伍，建立源头培养、跟踪培养、全程培养的素质培养体系，鼓励优秀的年轻干部加强学习、积累经验、增长才干，自觉向实践学习、拜人民为师。二是进一步发挥城市社区内退休党员在基层党组织建设中的基础性作用。制定和贯彻落实在职党员社区报到制度，形成单位与城市社区双向督导落实、双向考核评价，培养在职党员社区认同，激发参与社区治理热情，进一步发挥在职党员个人专

---

① 《习近平在全国组织工作会议上的讲话》，人民网，http://jhsjk.people.cn。

业性优势，增强基层党组织活动新动能，形成"企业回报社区、党员服务社区"的良好氛围。三是完善购买服务，推动社工机构参与社区治理。四是鼓励高校等科研院所参与。利用高校、党校、科研院所，通过进课堂、进街道、进社区，加强社区治理相关知识学习培训，培养一批有专业能力、懂社区、爱社区、爱居民的社区干部；引入社会学和规划等专业跨界专家团队参与，以街道为单元，实行责任制。

三 推进"互联网+社区减负"模式

党的十九大报告提出"提高社会治理社会化、法治化、智能化、专业化水平"的要求。社会治理智能化是实现社会治理现代化的重要内容。一是进一步提高智能化水平，大力推动多网合一，加快社区公共服务综合信息平台建设，实现社区一站式公共服务，数据一次性采集，诉求一次性受理。统一数据建设标准，统一标准地址库，为全市大数据建设提供基础。从市级层面出台数据采集、分类、汇总、管理的统一规范化标准，建设标准地址库。标准地址库将人、法人、房屋、事件等基础数据，与标准地址进行关联与融合，将数据落到楼栋、房间。统一智慧应用建设、统一人员培训、统一评估考核，规范业务应用系统与社区公共服务信息平台的共享范围、共享方式和共享标准，实现有效的多网合一。二是拓宽电子公共服务功能，建立一站式"互联网+"市民服务平台，可借鉴成都"天府市民云"APP建设经验，建设一站式"互联网+"市民服务平台APP。由市级政府牵头，协同各相关职能部门，整合各部门基础数据库，经市信息化部门许可后，为全市市民提供便利化的一站式服务，实现一次认证、一号通行、一站服务、全网通办。集多种功能为一体，建设成集教育、医疗、养老、社保、公积金、交通等多种公共服务为一体的综合性服务平台，设有查询、申报、办理、缴费、咨询、意见反馈等多种功能，打造"一次都不跑"的电子政务平台。三是运用"互联网+"思维，加强人才队伍建设。落实"互联网+党群"，走好网上群众路线。随着互联网时代的到来，党的群众工作的环境也发生了变化，党的群众路线有必要向线上网络空间拓展,"从网民中来,到网民中去"是走好网上群众路线的工作方法。"从网民中来",就是要"网络问政",汲取网民智慧与意见,有效引导网络舆论。因此要建立健全网络议事平台,对网民意见给予及时反馈、详细答复。同时注意辨别真伪、在众多网民意见中寻找最大公约数,提炼出真实民意。"到网民中去",就是将群众的意见落到实际行动中,绝不能停留在网络空间的回帖、留言,而是落实网民的合理利益诉求,将突出问题纳入到政策议程中。四是推进"互联网+公众参与"。针对社区动员难、志愿服务不足的问题,可借鉴北京市双井街道"幸福双井社区卡"的经验,推动公众参与社会治理。四是加强基层人才队伍建设。强化"互联网+"思维的培养,在推进社区工作队伍培训工作中,将"互联网+"思维的培养放在重要地位。

四 推进社区治理规划的可持续发展

我国正处于向高质量发展的深刻转型阶段,社区治理面临一系列新情况新挑战。有规划的社区系统治理、源头治理是构建并提高治理体系和治理能力现代化的必然要求,是减负增效、政府服务群众、抓落实"最后一公里"长效化的路径。一是加快对社区治理规划进行顶层设计,加强组织领导,围绕"建什么样的社区,怎样建社区",根据每个社区的实际情况,结合当地省市的社会治理规划和总体规划,谋划社区未来可持续发展的新蓝图。加强组织领导,完善规划实施统筹机制。强化党建引领,明确主责部门,实行部门联动机制,加强宣传培训。二是建立社区全面体检机制,实行清单制,提高社区治理规划的科学性和有效性。对社区进行全面体检,全面调研和全覆盖调研,全面调研是内容的全面,全覆盖调研是家家户户调研。深入调查社区究竟有哪些硬件和软件痛点,老百姓究竟有哪些需求热点,社区有哪些单位资源、人力资源、存量空间资源等。还可以实行社区诊断,制定社区体检报告清单,并电子化。根据调研的情况进行系统梳理和分类,建立双清单制,即需求清单和资源清单。接着,制定社区

第七章 社区减负工作研究报告

治理行动计划和发展规划。最后,定期对社区进行体检,建立全面体检常态化机制。三是保障规划有效实施。完善政策机制,深入推进区域化大党建机制,强化党建引领,推动政府、辖区单位、居民同心同向行动,推动规划有效实施。四是建立第三方评价机制,让老百姓真正得到实惠。在第三方评价中,应将老百姓的评价作为社区绩效考核的重要指标,引导社区良性、健康、高质量发展,让老百姓得到真正的实惠。

第八章　农村社区建设工作研究报告

农村社区建设是加强农村服务管理，夯实党的执政基础，实现乡村振兴和国家治理现代化的基础工程。近年来，农村社区建设受到党和政府的高度重视，各地大力加强农村社区治理体系和治理能力建设，提升农村社区服务和治理水平，农村社区建设工作取得了新的进展和成效，呈现出新的特征和趋势。本章旨在对农村社区建设工作进行梳理，为进一步深化农村社区建设工作提供建议。

第一节　农村社区建设内容和目标

2006年10月党的十六届六中全会首次提出"积极推进农村社区建设"。2007年10月，党的十七大报告中进一步明确提出"把城乡社区建设成为管理有序、服务完善、文明祥和的社会生活共同体"作为农村社区建设的基本内容和目标。同年，民政部确定在全国选择农村社区建设试验区，大力推进农村社区建设的试点工作。2009年，民政部开展了"农村社区建设实验全覆盖"创建活动，提出实现农村建设的"领导协调机制""社区建设规划""综合服务设施""社区各项服务"以及"社区各项管理"五个全覆盖，成为农村社区建设的具体内容和工作目标。虽然民政部要求农村社区建设全覆盖工作"分类指导、分层推进、分批解决"，并没有提出农村社区建设全覆盖的截止时间，但是，一些省市在相关规划中大都提出了更加具体的目标。

第八章　农村社区建设工作研究报告

2012年党的十八大召开，我国进入"中国特色社会主义建设的新时代"，农村社区建设也进入一个新阶段。党的十八大报告及十八届三中全会决定都将健全基层群众自治制度，加强城乡社区治理，推进基层民主协商作为农村基层民主建设和社会治理的工作重点，并因此成为农村社区建设的重要内容。2015年6月，中办国办在《关于深入推进农村社区建设试点工作的指导意见》中就明确强调"积极推进农村基层社会治理的理论创新、实践创新和制度创新""努力构建新型乡村治理体制机制"。2017年4月民政部印发了《关于全国开展农村社区治理实验区的通知》，决定从2018年1月至2021年1月开展为期三年的农村社区治理实验探索工作。2017年6月中共中央、国务院发布《关于加强和完善城乡社区治理的意见》，进一步明确提出"完善城乡社区治理体制""全面提升城乡社区治理法治化、科学化、精细化水平和组织化程度，促进城乡社区治理体系和治理能力现代化""努力把城乡社区建设成为和谐有序、绿色文明、创新包容、共建共享的幸福家园"。这是对城乡社区建设的内容、重点和目标的新的要求和规范，也表明新时期农村社区建设更加突出党的领导、社区治理和社区的全面发展。

2017年10月党的十九大提出"实施乡村振兴战略"，进一步强调"坚持党对一切工作的领导""加强农村基层基础工作，健全自治、法治、德治相结合的治理体系"。这一要求具体体现在2018年1月《中共中央国务院关于实施乡村振兴战略的意见》以及随后制订的《国家乡村振兴战略规划（2018—2022年）》之中，两份文件都将"加强农村基础工作，构建乡村治理新体系"作为乡村振兴的核心内容，并将"加强农村基层党组织建设""深化村民自治实践""建设法治乡村""提升乡村德治水平"以及"建设平安乡村"等作为建设的基本内容。《国家乡村振兴战略规划（2018—2022年）》则进一步明确了目标和任务，细化工作内容和重点，部署相关政策与措施。这些规定不仅对农村社区建设提出了具体要求，也为新时代农村社区建设指明了方向。

总的来看，新时代农村社区建设工作的内容、目标和重点呈现出一些新的特征和新的趋势。

一 强化党的领导

农村社区建设一直是在党的领导下进行的，加强党的领导一直是农村社区建设工作的重点。十九大以来，我国农村社区建设进一步强化党的领导，其中，最突出的反映在两个层面：一方面进一步加强农村社区建设党的领导，另一方面进一步加强农村社区党的建设。2017年《中共中央国务院关于加强和完善城乡社区治理的意见》就明确要求，"坚持党的领导，固本强基。加强党对城乡社区治理工作的领导，推进城乡社区基层党组织建设，切实发挥基层党组织领导核心作用，带领群众坚定不移贯彻党的理论和路线方针政策，确保城乡社区治理始终保持正确政治方向"。农村社区建设的首要工作就是"把加强基层党的建设、巩固党的执政基础作为贯穿社会治理和基层建设的主线，以改革创新精神探索加强基层党的建设引领社会治理的路径。加强和改进街道（乡镇）、城乡社区党组织对社区各类组织和各项工作的领导，确保党的路线方针政策在城乡社区全面贯彻落实"。2018年8月时任民政部部长黄树贤在《求是》发表署名文章强调："要进一步强化政治引领。以习近平新时代中国特色社会主义思想为指引，切实加强党对城乡社区治理的领导，将党的领导贯穿于城乡社区治理全过程各领域，确保党的路线方针政策在城乡社区全面贯彻落实。""强化基层党组织政治功能和服务功能，加强基层党组织对城乡社区各类组织和各项工作的领导，为城乡社区治理工作提供坚强政治保证。"[①] 在加强各级党组织对社区建设工作的政治领导的同时，各地坚持"以基层党建引领城乡社区治理"，改革和完善农村基层党组织，大力推进社区党建，扩大农村党建工作覆盖面；进一步加

---

① 黄树贤：《开创新时代城乡社区治理新局面——学习贯彻习近平总书记关于城乡社区治理的重要论述》，《求是》2018年第15期。

第八章　农村社区建设工作研究报告

大对农村基层党组织建设的投入，构建稳定的经费保障机制；按照《中国共产党农村基层组织工作条例》"坚持党对一切工作的领导的要求"，加强农村基层党组织的集中统一领导，充分发挥社区党组织总揽全局、协调各方的领导核心作用。

二　突出社区治理

早在 2000 年 11 月中共中央办公厅、国务院办公厅转发《民政部关于在全国推进城市社区建设的意见》就明确指出："社区建设是指在党和政府的领导下，依靠社区力量，利用社区资源，强化社区功能，解决社区问题，促进社区政治、经济、文化、环境协调和健康发展，不断提高社区成员生活水平和生活质量的过程。"① 这一规范表述不仅概括了城市社区建设的主要内容、运行机制及建设目标，也成为此后农村社区建设的基本目标、内容和要求。社区建设的重心在于完善社区的组织、管理和服务，更好地满足居民的需求，提升服务水平和生活质量。也正因如此，2006 年 10 月中共十六届六中全会讨论通过的《中共中央关于构建社会主义和谐社会若干重大问题的决定》进一步明确强调"全面开展城市社区建设，积极推进农村社区建设，健全新型社区管理和服务体制，把社区建设成为管理有序、服务完善、文明祥和的社会生活共同体"。值得注意的是，虽然 2005 年 12 月 31 日《中共中央、国务院关于推进社会主义新农村建设的若干意见》（2006 年中央一号文件）中提出"乡村治理机制"的概念，强调"加强农村民主政治建设，完善建设社会主义新农村的乡村治理机制"。但是，乡村治理机制不过是农村社区建设的内容之一。2006 年 10 月中共十六届六中全会讨论提出积极推进农村社区建设也是着眼于"构建社会主义和谐社会"，农村社区建设是"完善社会管理，保持社会

---

① 参见中共中央办公厅、国务院办公厅转发的《民政部关于在全国推进城市社区建设的意见》，2000 年 11 月。

安定有序"的措施之一。① 2012年十八届三中全会提出"推进国家治理体系和治理能力现代化"之后，社区治理作为乡村治理体系建设的主要内容和国家治理体系的基础工程日益受到重视和研究。2015年6月，中办、国办在《关于深入推进农村社区建设试点工作的指导意见》中就明确强调："农村社区建设要在党和政府的领导下，在行政村范围内，依靠全体居民，整合各类资源，强化社区自治和服务功能，促进农村社区经济、政治、文化、社会、生态全面协调可持续发展，不断提升农村居民生活质量和文明素养，努力构建新型乡村治理体制机制。"② 2017年6月中共中央、国务院发布《关于加强和完善城乡社区治理的意见》，将城乡社区作为"社会治理的基本单元"，加强和完善城乡社区治理作为"夯实党的执政根基、巩固基层政权提供有力支撑，为推进国家治理体系和治理能力现代化奠定坚实基础"的重大战略任务和基础性工程，致力于"全面提升城乡社区治理法治化、科学化、精细化水平和组织化程度，促进城乡社区治理体系和治理能力现代化"。党的十九大进一步将"加强社区治理体系建设""打造共建共治共享的社会治理格局""健全自治、法治、德治相结合的乡村治理体系"作为新时代国家治理体系和治理能力现代化建设和乡村振兴战略的重要目标，"社区治理"才逐渐成为农村社区建设工作的主要目标、基本内容和工作重点，并取代"社区建设"成为主要政策用语。农村社区建设工作进一步突出社区治理，从"社区建设"向"社区治理"重心转移。

三 完善治理体系

自2012年十八届三中全会提出"推进国家治理体系和治理能力现代化"以来，党和政府就将"治理体系"和"治理能力"作为

---

① 参见《中共中央关于构建社会主义和谐社会若干重大问题的决定》（2006年10月11日中国共产党第十六届中央委员会第六次全体会议通过）。

② 2015年5月31日，中共中央办公厅、国务院办公厅印发《关于深入推进农村社区建设试点工作的指导意见》。

整个国家和基层治理的中心问题。2017年10月党的十九大报告进一步明确提出"健全自治、法治、德治相结合的乡村治理体系",农村社区建设也置于整个国家和乡村治理体系建设的基础性工程,不断推进社区治理体系建设。从十九大以来农村社区治理体系建设的内容来看,最突出地集中在如下四个方面:一是在法律上确认基层群众性自治组织及集体经济组织法人为独立的特别法人地位,进一步明确社区组织各自的法律地位和权力责任;二是通过新的《党章》和《中国共产党农村基层组织工作条例》,明确农村基层党组织与村/社区各类组织的权责关系,确认基层党组织的在组织和治理中的领导地位;三是各地都制定区县职能部门、街道办事处(乡镇政府)在社区治理方面的权责清单;依法厘清街道办事处(乡镇政府)和基层群众性自治组织权责边界,明确基层群众性自治组织承担的社区工作事项清单以及协助政府的社区工作事项清单,从而进一步理顺基层政府与社区组织的权责关系,促进基层政府与基层群众自治组织有效衔接、良性互动;四是进一步完善农村基层的执法体系、服务体系、信息体系,推动乡村治理资源整合,重心下沉,并实现相关组织、管理、服务的有效衔接。由此,通过健全社区组织、理顺内外关系、明确领导核心、强化组织衔接,着力打造新型农村社区治理体系。

四 提升治理能力

由于农村社区建设起步晚,基础设施落后,组织制度初创,扩大农村社区建设的覆盖面,加强社区公共设施建设,完善社区组织与制度一直是农村社区建设工作的重点。经过十多年的努力,农村社区建设基本实现了全覆盖,社区公共基础设施条件显著改善,社区组织与制度体系基本形成,当前农村社区建设的重点逐渐转移到社区能力建设上,更加突出了社区内涵发展。《中共中央国务院关于加强和完善城乡社区治理的意见》就明确提出"增强社区居民参与能力提高社区居民议事协商能力""提高社区服务供给能力""强化社区文化引领能力""增强社区依法办事能力""提升社区矛盾预防化解能力""完增强社区信息化应用能力"六大能力建设。通过加强农村社区治理能力建设,提升社区治理水平,"社区公共服务、公共管理、公共安全得到有效保障",并"为夯实党的执政根基、巩固基层政权提供有力支撑,为推进国家治理体系和治理能力现代化奠定坚实基础"。

五 推进治理创新

农村社区建设是一个不断探索和创新的过程。自农村社区建设开始以来,党和政府就一直强调充分尊重基层首创精神,鼓励和支持地方和基层实践创新。2015年5月中共中央办公厅、国务院办公厅还专门下发《关于深入推进农村社区建设试点工作的指导意见》,着力"打造一批管理有序、服务完善、文明祥和的农村社区建设示范点,为全面推进农村社区建设、统筹城乡发展探索路径、积累经验"。十九大以后,民政部进一步推进农村社区建设实验,明确强调"在中国特色社会主义进入新时代的历史方位下推进城乡社区治理,更要把推动基层改革创新作为重中之重,自觉将改革信念和创新思维贯穿于基层探索实践全过程,要在城乡社区治理中引导形成鼓励基层探索实践、支持基层改革创新的鲜明工作导向,以基层改革创新的星星之火,形成新时代城乡社区治理创新发展的燎原之势"。

第二节 农村社区建设的实践进展

2018年民政部及各级地方政府根据新时代农村社区建设的新要求,围绕农村社区党的建设、组织建设、能力建设,全面推进农村社区建设,促进农村社区治理体系和治理能力现代化,农村社区建设工作取得了新的进展和成效。

第八章　农村社区建设工作研究报告

一　建立和完善党建引领体制

"加强党对城乡社区治理的领导""以基层党建引领城乡社区治理，充分发挥社区党组织总揽全局、协调各方的领导核心作用，完善社区党组织功能，提升服务居民能力，发挥党员先锋模范作用，把社区各类组织各方力量真正凝聚起来，有力推动城乡社区治理工作向纵深发展"[①]，不仅是新时代城乡社区建设的政治要求，也是2018年农村社区建设的核心内容。其中，最突出的进展包括三个方面：一是颁布和实施《中国共产党农村基层组织工作条例》，对农村基层党组织设置、领导地位、工作内容、活动方式及人员配备进行规范。明确要求"党的农村基层组织应当加强对各类组织的统一领导""讨论和决定本村经济建设、政治建设、文化建设、社会建设、生态文明建设和党的建设以及乡村振兴中的重要问题""村党组织书记应当通过法定程序担任村民委员会主任和村级集体经济组织、合作经济组织负责人，村'两委'班子成员应当交叉任职"。2018年村党组织书记兼任村委会主任的村占比已经超过《国家乡村振兴战略规划（2018—2022年）》所设定的"2020年达到35%"的目标。二是继续选派机关优秀干部到村担任"第一书记"，大力推进村级组织"第一书记"全覆盖，加强社区（村）的党组织建设和工作指导。2018年，25.60%的村有派驻的"第一书记"。如果算上曾经有过第一书记的村，占比近四成。高达96.00%的受访者对"第一书记"的工作表示"满意"和"非常满意"，说明"第一书记"的工作得到了所在地区干部群众的高度认可。三是大力推进农村社区化党建及两新组织的党的建设工作。26.00%的村社区在"两新组织中建立了党组织（包括党小组）"，29.60%的"在两新组织中选派了党建联络员或指导员等"，进一步强化了社区党组织的组织基础，推进了

[①]　黄树贤：《奋力开创新时代城乡社区治理新局面——学习贯彻习近平总书记关于城乡社区治理的重要论述》，《求是》2018年第15期。

党的组织的全覆盖。

表 8-1　　　　　　　　　书记兼职情况

	取值	频率	百分比	有效百分比
书记是否兼任居（村）委会主任	1 是	1350	44.90	47.30
	2 否	1504	50.00	52.70
书记是否兼任集体经济组织负责人	1 是	1201	39.90	40.80
	2 否	1746	58.00	59.20

表 8-2　　　　　　　　　第一书记工作情况

是否有第一书记				对第一书记的满意度			
取值	频率	百分比	有效百分比	取值	频率	百分比	有效百分比
现在有	770	25.60	25.60	非常满意	559	18.60	47.70
有过	405	13.50	13.50	满意	566	18.80	48.30
没有	1832	60.90	60.90	不满意	38	1.30	3.20
				非常不满意	10	0.30	0.90

表 8-3　　　　　　　　　两新组织党建情况

分类	取值	频率	百分比	有效百分比
有效	没有开展	1131	37.60	37.70
	在两新组织中选派了党建联络员或指导员等	891	29.60	29.70
	在两新组织中建立了党组织（包括党小组）	784	26.00	26.10
	其他	196	6.50	6.50

二　加强社区自治组织建设

加强农村群众自治组织建设，健全和创新村党组织领导的村民自治机制是农村社区建设的核心内容。2018 年，全国组织完成了 65 万个基层群众自治组织特别法人统一社会信用代码赋码工作，在法律上确认基层群众性自治组织及集体经济组织法人为独立的特别法人地位,为保障村民自治组织和集体经济组织的权益奠定了基础;与此同时,为适应党的基层组织任期的变化,调整了村民委员会的任期,使之与村(社区)党组织任期相一致,实现村社区群众性自治组织与村社区党组织选举活动的衔接,也保障村社区领导班子的协调和稳定性;进一步加强村规民约的制订工作。根据《国家人权报告》,全国98%的村制定了村规民约或村民自治章程。①2018年12月4日,民政部、中央组织部等七部委还联合下发《关于做好村规民约和居民公约工作的指导意见》,明确要求到2020年全国所有村、社区普遍制定或修订形成务实管用的村规民约、居民公约,进一步加强村民自治和社区治理的规范化和法治化;在完善村民自治组织,民政部印发了《关于大力培育发展社区社会组织的意见》,加快社区社会组织建设,要求力争到2020年,社区社会组织培育发展初见成效,实现城市社区平均拥有不少于10个社区社会组织,农村社区平均拥有不少于5个社区社会组织。各地在实践中强化了社区社会组织的培育和建设工作。浙江省民政厅制定出台《关于进一步规范提升社会组织参与社会治理工作的实施意见》,着力提升社会组织参与社会治理的社会化、法治化、智能化和专业化水平。从调查来看,2018年受访社区区域内已在民政部门登记注册(具有法人资格)的社区社会组织平均达到1.83个,备案的社会组织数量平均达到2.02个。

表8-4　　　　　　　　社区社会组织建设情况

类型	N	极小值	极大值	中位数	均值	标准差
注册社会组织数量	2989	0.00	90.00	0.00	1.83	4.35
备案社会组织数量	2989	0.00	120.00	0.00	2.02	4.84
社会团体数量	2994	0.00	39.00	0.00	0.89	—

---

① 《国家人权报告》(2018),《人民日报》,2018年10月19日。

农村社区服务设施和工作平台建设一直是农村社区建设的重点工作之一。2018年，各地根据中共中央、国务院《关于加强和完善城乡社区治理的意见》的要求，着力加强社区综合服务设施建设，改善办公条件。不少地方将城乡社区综合服务设施建设纳入当地国民经济和社会发展规划、城乡规划、土地利用规划等，"按照每百户居民拥有综合服务设施面积不低于30平方米的标准"，以新建、改造、购买、项目配套和整合共享等形式，逐步实现城乡社区综合服务设施全覆盖。2018年重庆市启动实施"社区共建"计划，2018年内城乡社区综合服务设施覆盖率将达80%以上；[1] 2018年11月安徽池州市农村社区综合服务设施覆盖率达到100%。[2] 从全国来看，对3007个社区（村）调查显示，2018年社区（村）服务设施总面积平均达到665.55平方米，中位数为360.00平方米。根据调查点户数测算，调查点村平百户服务设施为38.09平方米，中位数为32.70平方米。这也显示除少数村社区仍没有服务设施之外，2018年农村社区村平每百户村民拥有的服务设施已经达到国家规定每百户居民拥有的综合服务设施面积不低于30平方米的标准。87.20%的社区（村）建立并使用网格信息管理平台，70.00%的还同时使用多个信息平台。不少地方依托"互联网+政务服务"相关重点工程，加快城乡社区公共服务综合信息平台建设，实现一号申请、一窗受理、一网通办，强化"一门式"服务模式的社区应用，加快互联网与社区治理和服务体系的深度融合，提升农村社区信息基础设施和技术装备水平。从调查来看，82.10%的受访者对改善办公设施作用给予好评；80.50%的受访者高度肯定信息化建设作用。

---

[1] 《城乡社区综合服务设施覆盖率将达80%》，人民网，2018年1月25日。
[2] 《池州市试点探索农村社区建设，农村社区综合服务设施实现全覆盖》，《池州日报》，2018年11月12日。

第八章 农村社区建设工作研究报告

表 8-5　　　　　社区（村）服务设施建设情况

	N	极小值	极大值	中位数	均值	标准差
总户数（户）	3009	42.00	21400.00	1100.00	1747.49	1862.51
社区（村）服务设施总面积（m²）	3007	0.00	73370.00	360.00	665.55	1743.95
村平百户服务设施总面积（m²）	—	—	342.80	32.70	38.09	—

表 8-6　　　　　使用网络管理平台情况

分类	取值	频率	百分比	有效百分比
有效	不使用	386	12.80	12.80
	只使用一个	517	17.20	17.20
	同时使用多个	2106	70.00	70.00

表 8-7　　　　　对办公设施和信息化建设的评价

	取值	频率	百分比	有效百分比
改善办公设施作用评价	1 好	2352	78.10	82.10
	2 中	497	16.50	17.30
	3 差	16	0.50	0.60
信息化建设作用评价	1 好	2361	78.40	80.50
	2 中	557	18.50	19.00
	3 差	16	0.50	0.50

三　加强社区人才队伍建设

2018年各地都非常重视农村社区干部队伍建设，尤其是加强社区党组织带头人队伍建设，选优配强社区党组织书记。鼓励和支持退伍军人、普通高校和职业院校毕业生及各类优秀人才到农村社区工作，支持农村社区通过向社会公开招聘、挂职锻炼等方式配备和使用社会工作专业人才。2018年,村(居)委会成员平均达到5.7人,享受报酬的平均5.07人,达到《村民委员会组织法》3—7人的要求。25.30%的社区(村)配备了专业社工岗位。在实践中,各地大力加强社区工作者队伍建设,浙江省专门出台《关于进一步加强专职社区工作者队伍建设的指导意见》,明确要求每个社区原则上将每250户配备1名专职社区工作者,其中1500户以下的社区不少于6名。《成都市社区专职工作者管理办法》规定每个社区可配备5—11名专职工作者。全国调查显示,每个社区的社区工作者人数平均达到8.19名。在完善社区工作者的人员配备的同时,民政部和各地方都大力加强社区工作者的培训。2018年5月30日中宣部宣教局、民政部基层政权和社区建设司在武汉主办全国社区工作者培训首期培训班。根据培训安排,来自全国各地的3000名社区工作者代表,将分成15期接受培训,以提升社区工作者的专业技能。与此同时,各地着力提高社区工作者的待遇。南京市为社工划定"最低工资线",保障社区工作者的薪酬福利待遇。城市社区党组织书记、居委会主任报酬(含基本工资、绩效工资和"五险一金")不低于上年全市城镇非私营单位从业人员平均工资水平(2017年全市城镇非私营单位从业人员平均工资水平为9.8万元左右);宁波制定实施细则,明确专职社区工作者年平均工资将提高至少1.6万元。青海也全面提高社区专职工作者待遇,其中,基本报酬按照2016年全省城镇常住居民月人均可支配收入的1.1倍确定最低报酬系数,报酬系数的高低与岗位序列和社区工作年限挂钩,最高为2.7倍,并实行动态调整。

表8-8　　　　　　　　有无专业社工岗位

分类	取值	频率	百分比	有效百分比
有效	1 有	761	25.30	25.30
	2 没有	2248	74.70	74.70

表8-9　　居（村）委员会成员与社区工作者数量

	N	极小值	极大值	中位数	均值	标准差
居（村）委员成员人数	3010	0.00	108.00	5.00	5.70	3.37
居（村）委会享受报酬人数	3009	0.00	55.00	5.00	5.07	2.96
社区工作者人数	3009	0.00	184.00	7.00	8.19	9.72

自2017年中共中央办公厅、国务院办公厅印发了《关于建立健全村务监督委员会的指导意见》后，各地普遍推进村务监督委员会的建设，明确村务监督委员会的职责权限、监督内容、工作方式、管理考核及组织领导等内容，进一步加强对村社区党员干部、村（社）务公开的监督，提升村民自治组织自我监督水平。从调查来看，90.70%的村（社区）已经建立了村务监督委员会，还有2.20%的"正在建立"，其中59.30%的"能够发挥重要作用"，29.40%的也"能够发挥一些作用"。这反映2018年度绝大多数村（社区）设立了村务监督委员会，且普遍能发挥相应的作用。这也从村（社区）经济责任审计情况得到证实。调查显示，63.90%的村（社区）对村（社区）干部进行过经济审计，其中，35.30%"实行过三次及以上"，15.80%的"实行过两次"，还有12.80%的实行过一次，显示出村委监督工作普遍需要加强。

表8-10　　设立村务监督委员会情况

分类	取值	频率	百分比	有效百分比
有效	没有建立居/村务监督委员会（或民主理财小组）	213	7.10	7.10
	正在建立	67	2.20	2.20
	建立了，但没什么作用	59	2.00	2.00
	建立了，并且能够发挥一些作用	884	29.40	29.40
	建立了，并且能够发挥重要作用	1786	59.30	59.30

表8-11 经济责任审计情况

分类	取值	频率	百分比	有效百分比
有效	没有实行过	1078	35.80	36.10
	实行过一次	381	12.70	12.80
	实行过两次	470	15.60	15.80
	实行过三次及以上	1054	35.00	35.30

四 大力推进法治建设

"坚持法治为本""建设法治乡村",构建"自治、法治和德治相结合的乡村治理体系"是新时代乡村社区建设和乡村治理建设的重要目标和内容。2018年各地继续推进综合行政执法改革向基层延伸,完善乡村治安防控信息系统和县乡村三级综治中心功能,大力推进基层执法力量整合和下沉,将人、财、物投向基层,推动基层治理重心下沉;另外,继续完善地方和基层政府权力清单制度,并推进权力清单向村社区基层延伸,全面推行村级小微权力清单制度,进一步厘清基层政府与村社区的权责关系,加大基层小微权力腐败惩处力度,提升基层治理的法制化和规范化水平。2018年4月23日民政部还专门下发《关于贯彻落实〈中共中央国务院关于开展扫黑除恶专项斗争的通知〉的意见》,结合农村社区建设的实际,深入开展扫黑除恶专项斗争,始终对准涉黑涉恶人员操纵村民委员会选举、争当村民委员会成员或者扶持代理人;插手村级公共事务,垄断农村资源、侵占集体资产,利用家族、宗族势力横行乡里、称霸一方、欺压残害村民等治理方面问题,严厉打击农村黑恶势力、宗族恶势力,严厉打击黄赌毒盗拐骗等违法犯罪行为,提升社区依法治理和乡村法治水平。调查显示,2018年农村社区执法工作显著增强,80.80%的受访者表示村社区提供了法律服务;62.40%的受访者表示社区执法工作比2016年增加或持平,尤其是各地突出了农村环境整治工作,高达88.50%的受访者表示环境整治工作比2016年增加了,8.20%的受访者表示与环境整治工作持平，不到1%的受访者（0.70%）反映没有开展此项工作，这也显示农村环境整治是农村执法工作的重点。

表8-12　　　　　　　　社区执法工作情况

执法工作				环境整治			
取值	频率	百分比	有效百分比	取值	频率	百分比	有效百分比
没有这方面工作	948	31.50	31.50	没有这方面工作	22	0.70	0.70
有，比2016年减少了	183	6.10	6.10	有，比2016年减少了	78	2.60	2.60
有，与2016年基本持平	595	19.80	19.80	有，与2016年基本持平	248	8.20	8.20
有，比2016年增加了	1281	42.60	42.60	有，比2016年增加了	2662	88.50	88.50

五　不断加强社区服务体系建设

基层治理重心下移的同时，2018年各地继续贯彻实施《城乡社区服务体系"十三五"规划》，推进农村社区服务体系建设，致力构建"机构健全、设施完备、主体多元、供给充分、群众满意的城乡社区服务体系"，提升农村社区服务精细化、专业化、标准化水平，让农民群众生活更加丰富和便捷。其一是加强农村社区服务机构和平台建设，构建社区服务网络。各地普遍根据社区空间结构、人口规模、民众需求和服务半径建立社区公共服务中心和服务设施，同时积极扶持城乡社区服务类社会服务机构，支持城乡社区服务类社会服务机构承接社区公共服务项目、发展专业社会工作服务和社区志愿服务。其二是编制城乡社区公共服务指导目录，提高社区服务供给能力，实现政府基本公共服务与社区服务和农民需求的衔接。其三是创新社区服务供给方式，强化服务流程的监督。鼓励和引导各类市场主体参与社区服务业，大力开展城乡社区志愿服务。各地普遍结合"互联网+政务服务"，完善数据接口和共享方式，推进农村社区公共服务综合信息平台建设，推行首问负责、一窗受理、全程代办、服务承诺等制度。最后，结合社会保障和精准扶贫，加强对贫困地区居民以及低保对象、空巢老人、留守老人、留守儿童、残疾人等为服务对象的社会服务。

表8-13　　　　　　　　　村社区志愿者情况

	N	极小值	极大值	中位数	均值	标准差
志愿者数量	2993	0.00	9372.00	23.00	214.51	457.41
志愿者占比	1905	0.00	79.40	3.00	6.66	8.75
志愿者组织数量	2991	0.00	380.00	0.00	2.23	13.30

六　大力开展地方实验探索

早在2017年4月民政部就印发了《关于全国开展农村社区治理实验区的通知》，大力推进社区治理实践创新。2018年1月在各地申报和省级评估的基础上，经专家评审和研究审核，民政部确定全国48个单位为首批全国农村社区治理实验区，决定从2018年1月至2021年1月开展为期三年的农村社区治理实验探索工作。从实验内容来看，涉及党建引领的农村社区治理机制；自治、法治、德治相结合的农村社区治理体系；以农村社区为基本单元的群众自治机制建设；农村社区民主协商制度化；农村社区公共安全机制创新；农村社区文化传承与弘扬机制建设；农村社区公共空间建设和运行机制创新；农村社区公共服务综合信息平台建设；农村"政社互动"和"三社联动"机制建设；特殊类型农村地区农村社区建设以及农村社区的乡贤参与、美丽乡村和优美社区建设及两岸农村社区发展经验融合等等，内容更加广泛，针对性更强。与此同时，继续推进"全国和谐社区建设示范单位创建活动""全国农村幸福社区建设示范活动"。通过这些不同范围、不同类型的试点和实验，大力推进农村社区建设的理论创新、实践创新和制度创新，充分发挥典型引路、示范带动作用，有效提升农村社区建设和社区治理的整体水平。

为了加强农村人居环境整治工作，2018年2月，中共中央办公厅、国务院办公厅印发了《农村人居环境整治三年行动方案》，要求

第八章 农村社区建设工作研究报告

东部地区、中西部城市近郊区等有基础、有条件的地区,人居环境质量要全面提升,基本实现农村生活垃圾处置体系全覆盖,基本完成农村户用厕所无害化改造,厕所粪污基本得到处理或资源化利用;对于中西部有较好基础、基本具备条件的地区,人居环境质量要实现较大提升,力争实现90%左右的村庄生活垃圾得到治理,卫生厕所普及率达85%左右,生活污水乱排乱放得到管控,村内道路通行条件明显改善。而对于地处偏远、经济欠发达等地区,在优先保障农民基本生活条件的基础上,实现人居环境干净整洁的基本要求。为此,各省区市也相继制订了本地区农村人居环境整治三年行动方案,明确2018—2020年各年度的工作任务。《山东省农村人居环境整治三年行动实施方案》要求2018年全部乡镇基本完成农村无害化卫生厕所改造;《河北省农村人居环境整治三年行动方案(2018—2020年)》力争2018年每个县(市、区)至少创建1个垃圾分类和资源化利用示范点。2018年县(市、区)行政村村域生活垃圾收集处理率达到90%,《吉林省农村人居环境整治三年行动实施方案》要求,到2018年年底,完成23个县(市)农村生活垃圾治理达标验收,完成30%非正规垃圾堆放点整治任务。完成20万户农村卫生厕所改造。启动30个乡镇集中污水处理设施建设。浙江"千村示范、万村整治"工程是我国农村人居环境整治的样板和典型经验。2018年4月18日,浙江省委办公厅和省政府办公厅发布《浙江省高水平推进农村人居环境提升三年行动方案(2018—2020年)》,强调以"千村示范、万村整治"工程引领美丽乡村建设,到2020年,力争率先实现生态保护系统化、环境治理全域化、村容村貌品质化、城乡区域一体化;率先构建生产生活生态融合、人和自然和谐共生、自然人文相得益彰的美丽宜居乡村建设新格局;率先建立农村人居环境建设治理体系,实现治理能力现代化。将农村环境整治从单纯的生态环境整治拓展到社会生活环境及乡村治理建设的高度。各省区市都强调在农村环境整治中充分发挥村民自治的功能及村民群众的主体作用。《山东省农村人居环境整治三年行动实施方案》就明确要求:"严格落实'一事一议'和村务财务公开制度，确保农村人居环境治理的各项决策都具有广泛的群众基础。加大监督管理力度，所有建制村全部建立村务监督委员会，加强和规范农村人居环境整治监督工作。建立完善村规民约。指导村'两委'制定或修订村民普遍认可、容易推行的村规民约，将公共环境卫生整治、基础设施建设管护、历史遗迹与特色景观保护、民俗文化传承、良好生活习惯培养等内容纳入村规民约。""将农村人居环境作为培育和践行社会主义核心价值观的重要内容。以思想道德文化建设引领乡风文明，积极开展移风易俗、弘扬新时代新风行动，鼓励倡导村民讲文明、讲卫生、改陋习、树新风，摈弃乱扔、乱吐、乱贴等不文明行为，让村民潜移默化受到教育，努力提升村民的文明素质。"由此探索农村精神文明建设的新内容、新方法和新机制，这也显示出农村社区环境和文化建设正不断实化、细化和深化。

总的来看，2018年农村社区建设有显著的成效，完成甚至提前完成一些建设任务。《国家乡村振兴战略规划（2018—2022年）》《城乡社区服务体系建设规划（2016—2020年）》等对乡村治理及社区建设提出了一系列规划目标，要求2020年村庄规划管理覆盖率达到89%，2022年达到90%；建有综合服务站的村2020年达到50%，2022年达到53%；村党组织书记兼任村委会主任的村2020年达到35%，2022年达到50%；有村规民约的村到2020年达到100%。按照每百户30平方米标准配建城乡社区综合服务设施；力争到2020年，城乡社区注册志愿者人数占本地区居民比例达到13%；农村社区公共服务综合信息平台覆盖率达到30%；农村社区平均拥有不少于5个社区社会组织等等。2018年度"村党组织书记兼任村委会主任的村占比""农村社区公共服务综合信息平台覆盖率"已经提前完成2020年的建设目标；如果从村平百户拥有的社区服务设施来看，也超过2020年规定的每百户农村社区综合服务设施建设标准。2017年年底全国有村规民约的村占比达到98%，接近完成2020年百分之百的要求。

第八章 农村社区建设工作研究报告

表 8-14 **2018 年农村社区建设目标完成度**

数据来源	主要指标	单位	2016年基期值	2020年目标值	2018年完成值	达到2020年目标值
《国家乡村振兴战略规划（2018—2022年）》	村庄规划管理覆盖率	%	—	80	90	
	建有综合服务站的村占比	%	14.3	50	53	
	村党组织书记兼任村委会主任的村占比	%	30	35	44.9	超额完成
	有村规民约的村占比	%	98	100	98	98%
《城乡社区服务体系建设规划（2016—2020年）》	农村社区综合服务设施建设标准	M²/百户		30	38.09	平均超过
	农村社区公共服务综合信息平台覆盖率	%		30	87.2	超额完成
	农村社区平均拥有社区社会组织数	个		>5	2.2	44%
	社区专业社会工作者	名/村		1		25.3%
	社区注册志愿者人数占本地区居民比例	%		13	6.66	51.2%

不过，从实践来看，当前农村社区建设与社区治理在组织、设施、运转、功能和能力建设方面还存在不平衡性。调查数据显示，当前仍有65.9%的受访者反映"党建缺乏资金"，53.6%的受访者反映开展组织活动"缺乏设施和平台"。中共中央国务院《关于加强和完善城乡社区治理的意见》将社区人居环境、综合服务设施建设、社区规划与资源配置以及政社关系等视为当前社区治理工作中的短板，要求大力"改善社区人居环境""加快社区综合服务设施建设""优化社区资源配置""推进社区减负增效"，补齐治理短板。另外，我国农村社区建设具有明显的地域非均衡性，这不仅表现在城乡之间社区建设工作的不平衡性，尤其是农村社区资源投入、人员配置、公共服务水平总体落后；也表现在不同地区农村社区建置规模、服务内容、设施标准、治理水平具有较大差异和非均衡性，中西部尤其是贫困地区农村公共设施建设和服务水平落后；还表现在不同地区农村社区建

设推进的力度、广度以及创新力存在显著的差异。2017年经过各地自主申报并最终确定的全国农村治理实验区的分布就显示，有22个省市和自治区获批实验区，安徽和广西达到五个实验区，除3个特别行政区之外还有9个省市和自治区没有实验区，这也突出反映当前农村社区建设实验和创新方面的非均衡性。

表8-15　村/社区基层党建工作中存在的主要困难

	受访者	频率	百分比	有效百分比
党建缺乏资金	3008	1982	65.8	65.9
党员整体素质不高能力不强	3008	1334	44.3	44.3
缺乏设施和平台	3010	1613	53.6	53.6
党组织缺少吸引力和凝聚力	3008	526	17.5	17.5

表8-16　全国农村社区治理实验区分布

实验区数量	省、市、自治区								省级单位数量
5个	安徽	广西							2
4个	河南								1
3个	吉林	江苏	浙江	四川					4
2个	北京	上海	山东	湖北	贵州	海南	新疆		7
1个	河北	内蒙古	黑龙江	辽宁	重庆	甘肃	宁夏	江西	8
0个	天津、重庆、山西、陕西、青海、福建、湖南、广东、云南								9

第三节　推进农村社区建设的建议

2018年我国农村社区建设取得了新的成效，也显示出新的特点和发展趋势。不过，农村社区建设工作与社区建设目标和农民群众的需求仍有一定的距离，农村社区组织与运行仍存在明显的短板，社区建设工作仍面临不少困难，建设任务依然艰巨，需要进一步立足新时代的要求，立足农民群众的需求，聚集社区建设任务和目标，精心部署，扎实推进，努力将农村社区建设成为和谐有序、绿色文明、创新

第八章 农村社区建设工作研究报告

包容、共建共享的幸福家园,让农民群众有更多的获得感、幸福感和安全感。

一 把握农村社区建设的新要求

党的十九大报告明确指出,"中国特色社会主义进入新时代"。在新的历史时代,农村社区建设不仅具有新的任务、新的目标和新的要求,也面临新的社会政治和政策环境,要求在农村社区建设工作紧密结合新的时代条件和实践要求,以新的视野、新的措施和新的担当扎实推进各项工作。其中,最为突出的有三大变化:一是从"社会生活共同体"建设扩大到"幸福家园"建设,农村社区建设任务显著扩大。2007年党的十七大报告明确规定"把城乡社区建设成为管理有序、服务完善、文明祥和的社会生活共同体",而2017年中共中央国务院《关于加强和完善城乡社区治理的意见》则规定"努力把城乡社区建设成为和谐有序、绿色文明、创新包容、共建共享的幸福家园"。农村社区建设不仅包括管理、服务和文化建设的内容,也包括了生态环境、共建共享、包容创新的环境、机制与发展目标。二是从"社会建设"提升到"政治建设",进一步突出农村社区党的建设、党的领导和政治建设。2019年1月9日《中共中央关于加强党的政治建设的意见》进一步明确强调"坚持和加强党的全面领导",加强各级组织的政治建设。如果说长期以来社区被视为"社会生活共同体",社区建设主要是一项"社会建设"的话,当前更加强调农村社区组织的政治属性和政治功用,农村社区建设具有更多的政治内涵、政治要求和政治目标。三是从"社区建设"转变为"社区治理",更加突出农村社区的有序治理以及在国家治理中的基础性作用,这一切都表明新时代农村社区建设工作的目标、任务和重点发生了重大变化,各级主管部门及实践工作者必须深刻认识和准确把握新时代农村社区建设的新定位、新目标和新要求,明确当前农村社区建设的方向和重点。

二 完成社区建设规划指标

农村社区建设是党和政府加强农村社会建设、政治建设和政权建

· 255 ·

设，提升农民群众生活质量，实现乡村社会有序治理，促进乡村全面发展的重大战略部署。近年来，党和政府及相关部门都制订了一系列战略规划，对农村社区建设提出了具体的建设目标。不过，仍有一些建设目标完成度较低。有调查数据显示，社区注册志愿者人数占本地区居民比例完成目标值的51.2%；农村社区平均拥有社区社会组织数达到目标值的44.0%；仅有25.3%的调查点表示拥有社区专业社会工作者，离2020年要求村平均1位社区专业社会工作者的要求仍有较大的距离。因此，当前农村社区建设工作应瞄准国家和部门规定的建设目标，制订实施农村社区建设行动计划，分解、细化和明确年度建设和责任目标，把握时间节点，督促检查落实，确保如期完成党和政府及部门的建设规划和目标任务。

三 强化农村社区建设薄弱环节

"抓重点、补短板、强弱项"是新时期党中央治国理政，推动各项事业高质量发展的重点方法。"短板"是影响发展进步和阻碍目标完成的、带有全局性、深层性、关键性、决定性的薄弱环节和制约因素。一项事业及一个系统整体功能发挥的程度，取决于"短板"。我国农村社区建设也存在一些严重的短板，突出地反映在农村社区建设工作的不平衡性。从实践来看，当前农村社区建设工作要努力补齐社区组织建设和能力建设的短板，进一步完善社区治理结构和党的领导机制，加强农村社区公共服务和社区治理的能力建设，提升社区治理和公共服务水平。在治理重心下沉过程中，妥善处理政府行政与社区自治的关系，依据社区工作事项清单建立社区工作事项准入制度，应当由基层政府履行的法定职责，不得要求基层群众性自治组织承担；依法需要基层群众性自治组织协助的工作事项，应当为其提供经费和必要工作条件。进一步清理规范基层政府各职能部门在社区设立的工作机构和加挂的各种牌子，精简社区会议和工作台账，全面清理基层政府各职能部门要求基层群众性自治组织出具的各类证明。实行基层政府统一对社区工作进行综合考核评比，各职能部门不再单独组织考核评比活动,取消对社区工作的"一票否决"事项,由此实现政府行政与社区自治有效衔接和良性互动,提升社区治理的水平。由于城乡之间及不同地区社区建设工作不平衡,要统筹城乡社区建设,大力加强薄弱地区,尤其是中西部贫困地区社区建设工作的力度,提升全国社区建设的水平。

四 完善党的领导和社区治理体制

在现代社会中,法治和制度是有序治理的基础,也是社会和社区和谐的前提。在农村社区建设中,构建和完善社区治理体制是基础性的工程,也是当前社区治理的重点和难点。中共中央国务院《关于加强和完善城乡社区治理的意见》就明确强调"坚持以基层党组织建设为关键、政府治理为主导、居民需求为导向、改革创新为动力,健全体系、整合资源、增强能力,完善城乡社区治理体制"。同时要求社区建设和社区治理中"弘扬社会主义法治精神,坚持运用法治思维和法治方式推进改革,建立惩恶扬善长效机制,破解城乡社区治理难题"。从实践来看,农村社区建设和社区治理仍面临一些领导体制不顺,组织关系不清等组织性、结构性和制度性问题,最为突出的是在加强党的统一领导的过程中,如何理顺党组织与社区自治组织和集体经济组织的关系。《中国共产党农村基层组织工作条例》明确要求,"党的农村基层组织应当加强对各类组织的统一领导""讨论和决定本村经济建设、政治建设、文化建设、社会建设、生态文明建设和党的建设以及乡村振兴中的重要问题"。在实践中,各地普遍实行党组织书记兼任村委会主任和集体经济组织、合作经济组织负责人,大力推进村级组织"第一书记"全覆盖。然而,根据《村民委员会组织法》,"村民委员会组织是村民自我管理、自我教育、自我服务的基层群众性自治组织""村民委员会主任、副主任和委员,由村民直接选举产生。任何组织或者个人不得指定、委派或者撤换村民委员会成员"。而农村集体经济组织、合作经济组织作为农村村民的集体经济组织,已经赋予特别法人地位,具有相对独立的产权和治理结构,集体经济组织或合作经济组织的负责人也由拥有集体产权的成员中选举产生。因此，如果党支部书记尤其是下派的"第一书记"并非村委会和村集体成员就无法兼任村委会主任和村集体负责人。也正因如此，《中国共产党农村基层组织工作条例》明确要求"村党组织书记应当通过法定程序担任村民委员会主任和村级集体经济组织、合作经济组织负责人，村'两委'班子成员应当交叉任职"。这也要求在加强党的统一领导，推进党组织书记兼任村委会和村集体负责人过程中必须坚持法治思维和法治方式，依法依规，通过"法定程序"实现负责人的兼职，从而实现党的领导的组织化、制度化和法治化。

农村社区建设工作是一项政治性、政策性和实践性很强的工作。"党的十九大作出的重大决策部署描绘了未来五年城乡社区治理的发展蓝图，为新时代城乡社区治理指明了奋进方向。《中共中央国务院关于加强和完善城乡社区治理的意见》等一系列重要文件为新时代城乡社区治理提供了政策支撑，构筑了新时代城乡社区治理的主体框架，为做好新时代城乡社区治理工作提供了有力依据。"[1] 在新的历史时期，必须进一步"深刻领会党的十九大关于城乡社区治理的决策部署，准确把握中国特色社会主义基本方略提出的城乡社区治理新要求；准确把握中国特色社会主义进入新时代标注的城乡社区治理新定位；准确把握新时代中国特色社会主义发展战略安排中规划的城乡社区治理新目标；准确把握社会主义建设重大部署中明确的城乡社区治理新任务"，"聚焦加强党的领导，着力强化党对城乡社区治理的政治引领；聚焦加强社区治理体系建设，着力构建共建共治共享的城市社区治理格局；聚焦健全乡村治理体系，着力补齐农村社区治理短板；聚焦完善基层民主，着力加强基层群众自治组织规范化建设"[2]。积极

---

[1] 《习近平新时代中国特色社会主义思想指引下 奋力开创城乡社区治理新局面——全国社区建设部际联席会议全体会议暨全国城乡社区治理工作电视电话会议在京召开》，民政部门户网站，2018年3月1日。

[2] 《习近平新时代中国特色社会主义思想指引下 奋力开创城乡社区治理新局面——全国社区建设部际联席会议全体会议暨全国城乡社区治理工作电视电话会议在京召开》，民政部门户网站，2018年3月1日。

第八章 农村社区建设工作研究报告

推进城乡社区治理理论创新、实践创新、制度创新，充分发挥基层的主动性和创造性，推动各地立足自身资源禀赋、基础条件、人文特色等实际，确定加强和完善城乡社区治理的发展思路和推进策略，实现顶层设计和基层实践的有机结合，加快形成既有共性又有特色的农村社区治理新模式，努力把城乡社区建设成为和谐有序、绿色文明、创新包容、共建共享的幸福家园。

后　　记

民政部政策研究中心自 2015 年起在全国范围内开展"社会治理动态监测平台及深度观察点网络建设项目",该项目是财政部立项的重大课题,旨在通过长期跟踪调查我国社区治理发展进程,全面、真实、系统地反映我国社区治理状况,客观评估城乡社区治理发展水平,对各地社区治理创新的效率、效益和价值进行跟踪、监测、评价,进而为完善社区治理政策,推进社区治理体系和治理能力现代化提供依据和决策参考。

2018 年是项目开展的第四年。项目组根据党的十九大精神以及党中央、国务院对城乡社区治理提出的新要求、新部署,结合基层实践的新动向,对以往调查问卷进行了修订,并委托北京大学中国社会科学调查中心对样本社区的社区治理综合状况、社区社会组织发展、社区居民参与状况进行全方面调查,形成真实有效的数据库。之后,项目组又和专家学者组成研究团队,共同撰写研究报告。参与本书初稿撰写的主要专家学者如下:陈荣卓、原珂、黄晓春、王萍、陈建胜、张必春、王恩见、谈小燕、项继权,在此一并表示感谢。

编者

2019 年 7 月